SV

Band 536 der Bibliothek Suhrkamp

Zbigniew Herbert
Ein Barbar in einem Garten

Suhrkamp Verlag

Titel der Originalausgabe: *Barbarzyńca w ogrodzie*, 1962
Die hier vorgelegte Ausgabe ist textidentisch mit den Bänden 111 und 365 der edition suhrkamp
Die Kapitel *Bei den Dorern, Akropolis, Versuch, die griechische Landschaft zu beschreiben* sind auch enthalten in Band 339 der Bibliothek Suhrkamp: Zbigniew Herbert, *Im Vaterland der Mythen*
Die ersten sieben Kapitel sind aus dem Polnischen übersetzt von Walter Tiel, die folgenden sechs Kapitel von Klaus Staemmler

Erste Auflage 1977

Druck: Nomos Verlagsgesellschaft Baden-Baden
Printed in Germany

Inhalt

Erinnerungen aus dem Valois

Adieu Paris. Nous cherchons l'amour, le bonheur, l'innocence.
Nous ne serons jamais assez loin de toi.

Ich weiß nicht, warum die Polen, ein im Grunde doch rühriges Volk und schon durch ihre Geschichte übertrieben zum Nomadisieren ermuntert, in eine Art von starrer Kontemplation fallen, sobald sie nach Paris kommen. Die Stadt ist allerdings schön, aber recht haben wohl die, welche sagen, daß das wahre Frankreich seinen Sitz immer mehr jenseits ihrer Tore verlege.

Es lohnt also, nicht nur den traditionellen Ausflug nach Chartres und Versailles zu machen, sondern auch die minder bekannten Ortschaften zu besuchen, die in einem Umkreis von hundert Kilometer rings um die Metropole verstreut liegen; mit dem Auto von Monsieur Hulot kann man sie in anderthalb Stunden erreichen. Ein ganzer Schwarm herrlichster gotischer Kathedralen. Morienval, St. Loup-de-Naud für die, die erfahren wollen, was Romanik ist, ohne deswegen nach Burgund oder in die Provence fahren zu müssen. Ruinen in Les Andelys. Paläste in Compiègne, Fontainebleau, Rambouillet. Und Wälder, Wälder, wundervolle Wälder, wo man noch den Hornruf der Geschichte hört.

Nördlich von Paris beginnt das Valois, ältestes Frankreich, Kronland des nicht großen Frankenkönigs Chlodwig. Zweimal war es eine Domäne königlicher Brüder, und zweimal nahmen Herzöge aus dem Geschlecht der Valois den Thron ein. Ein Land, in dem, wie der Dichter sagt, während rund tausend Jahren das Herz Frankreichs geschlagen hatte.

Chantilly

Inmitten von Wäldern, an einem Flüßchen, das wie ein Mädchen aus einem Märchen heißt: Nonette, liegt Chantilly, eine wohlhabende kleine Stadt mit einem Palast, mit Villen und einer berühmten Pferderennbahn. Ich komme zum dritten Mal her. Diesmal, um Sassetta zu sehen. Man muß das ganze Städtchen durchqueren, um ihn zu finden.

Die Häuser sind sauber und üppig und glänzen wie eine kupferne Visitenkarte. Die Stunde ist morgendlich, die Jalousien vor den Fenstern sind heruntergelassen, die Gartenpforten geschlossen. Genau und eifersüchtig gegeneinander abgegrenzt sind die Gärten, wie feudale Besitztümer. Das hier am häufigsten gebrauchte Wort ist das Adjektiv ›privat‹: privater Weg, privater Brunnen, privater Besitz, private Wiese. Auf solch einer privaten Wiese spielt sich eine Degas-Szene ab. Vier Damen und vier Herren zu Pferde vollführen im Walzertakt eine Reihe von Evolutionen. Nein, nein, das hat nichts von einem Zirkus, es wirkt eher nobel, also langweilig: Paar hinter Paar, dann im Gänsemarsch, die Dame nach rechts, der Herr nach links, und dann im Kreise herum.

Auf dem Weg zu dem Palast kommt man an den großen Marställen im Stile Ludwigs XV. vorüber, einem Meisterwerk der Architektur des 17. Jahrhunderts. Ein riesiges Gebäude in der Form eines Hufeisens, worin einstmals, in guten Zeiten, Raum war für zweihundertvierzig Pferde, vierhundertzwanzig Jagdhunde, nicht gezählt die Armee der Pferdeknechte, Stallmeister, Kuriere und Veterinäre. Nach diesem Stall macht der Palast keinen großen Eindruck. Er ist in einem ›Renaissance-Stil‹ gebaut und hat ein angeklebtes ›gotisches‹ Kapellchen, das auf einen Kilometer nach einem Falsifikat riecht.

Vor zweitausend Jahren befand sich an dieser Stelle eine

gallisch-römische Befestigung, Cantilius genannt. Im Mittelalter war es der Sitz des »bouteiller de France«, der rasch vom Pfleger der königlichen Kellereien zum Kronrat avancierte. Im 14. Jahrhundert erbaute der Kanzler Orgemont hier ein Schloß, das durch Heirat in den Besitz der Barone von Montmorency überging, Konetabeln, Heerführern, Beratern des Monarchen, die mit der königlichen Familie verwandt waren. Besonders einer von ihnen ist in die Historie eingegangen – Anne de Montmorency, Ritter, Diplomat und Beirat von sechs aufeinander folgenden Königen Frankreichs. Er gebot über hundert Schlösser, ein gewaltiges Vermögen, großen Einfluß und einen nahezu unverwüstlichen Körper: in der Schlacht gegen die Protestanten bei Saint-Denis, als er in seinem fünfundsiebzigsten Lebensjahr stand, bedurfte es fünfer Degenstiche, zweier Streitkolbenschläge und eines Arkebusenschusses, um ihn aus dem Sattel zu werfen. Und noch im Stürzen zerbrach er mit dem Kiefer den Knauf seines Degens.
In der sentimentalen Geschichte Frankreichs nimmt Chantilly ebenfalls einen ehrenvollen Platz ein; hier nämlich erlebte Vert-Galant, also Heinrich IV., seine letzte Liebe. Er hatte sich in die Tochter seines Freundes und Gastgebers verliebt, in Caroline de Montmorency. Die schöne Lola stand im Alter Lolitas, der König zählte vierundfünfzig Jahre; aber da er ein erfahrener Politiker war, verehelichte er Caroline mit Heinrich I. Bourbon-Condé, der sich durch Bescheidenheit und Plumpheit auszeichnete und den Ruf eines Tölpels hatte. Eine durchsichtige Kabale. Das Schicksal jedoch spielte nicht mit; das junge Paar entfloh aus Chantilly und verbarg sich in Brüssel im Schutze des spanischen Königs. Heinrich IV. wütete; was bereits daraus zu ersehen ist, daß er sich an den Papst wandte mit der Bitte um Intervention in dieser recht weltlichen Affäre. Bald darauf beruhigte das Stilett Ravaillacs das königliche Herz.

Der Palast erweist sich als eine nicht eben gelungene Imitation, aber die architektonischen Mängel werden von der Umgebung wettgemacht: Park, Waldungen, ein breiter grüner Schloßgraben, in dem gefräßige Karpfen baden. Der Anblick ihrer ewig geöffneten Mäuler machte selbst einem Asketen Appetit. Freilich gibt es in Frankreich nicht eben viele gastronomische Asketen, und gerade Chantilly ist ja mit dem Namen Vatel verbunden, der in die Hagiographie der Vielfraße und Feinschmecker Eingang gefunden hat.

Und das war so: am 23. April des Jahres 1671 kam Ludwig XIV. mit dem Hofgefolge in Chantilly angereist, das damals dem großen Condé gehörte. Ein Kongreß fand statt, an dem fünftausend Personen teilnahmen. Ein Heer von Dienern und Köchen wurde mobilisiert; befehligt wurde es vom Contrôleur général de la Bouche de Monsieur le Prince, namens Vatel. Anfangs lief alles ausgezeichnet, eines Tages jedoch fehlte es an zwei Tischen (ihrer waren insgesamt sechzig) an Gebäck. Der arme Vatel vermochte die Schmach nicht zu ertragen und durchbohrte sich mit dem Degen. Wovon mit Geschmack und erröteten Wangen Madame de Sévigné erzählt.

Die Galerie in Chantilly ist dem Louvre ebenbürtig, obwohl hier die Stile und Epochen derart durcheinandergemischt sind, daß man sich auf den ersten Blick nicht zurechtfinden kann. Obendrein haben die fürstlichen Sammler (wohl aus Zerstreutheit) zwischen Meisterwerken unglaubliche Schinken aus dem 19. Jahrhundert aufgehängt. Ohne diese Bildersammlung jedoch wäre unsere Kenntnis insbesondere der französischen Malerei des 15. und 16. Jahrhunderts stümperhaft und unvollständig. Erwähnen wir nur die Porträts von Corneille de Lyon, die reiche Kollektion von Zeichnungen und Bildern Jean und François Clouets, das Stundenbuch Etienne Chevaliers, das Jean Fouquet illuminiert hat, und eine der prächtigsten

illustrierten Handschriften nicht nur der französischen Kunstgeschichte: *Les très riches heures du Duc de Berry.*
Das Anschauen und Verstehen der Miniaturen verlangt spezifische Dispositionen und Fähigkeiten. Man muß in eine Welt eintreten, die dicht verschlossen ist, wie eine Glaskugel. Wir befinden uns ein wenig in der Situation Alicens im Wunderland, die mit einem goldenen Schlüsselchen eine Tür öffnet und wohl den herrlichsten Garten auf Erden erblickt, der jedoch allzu klein ist, als daß sie ihn betreten könnte. »Ach, wenn man sich doch nur zusammenschieben könnte wie ein Teleskop.« Das Anschauen von Miniaturen ist für die, welche sich wie ein Teleskop zusammenzuschieben verstehen.
Die Geschichte hat nur die Vornamen der Illuminatoren der berühmten Handschrift überliefert: Pol, Jan und Hermann, und wir wissen, daß sie aus Limburg stammten, also aus Flandern, das im 15. Jahrhundert von den mächtigen und der Kunst ergebenen burgundischen Herzögen regiert wurde.
Wir haben gesagt, daß *Les très riches heures* Miniaturen sind. Das freilich ist eine rein katalogisierende Bezeichnung; ästhetisch betrachtet, verhält sich die Sache ganz anders. Wir haben da vor uns den Punkt, an dem die Malerei die Blätter der Handschriften verläßt und die Staffelei-Malerei ihren Ursprung nimmt. Damit dies geschehe, genügt es nicht, die Blätter aus dem Verband zu reißen und sie an die Wand zu hängen, es muß vielmehr diesem Akt eine ›innere‹ Entwicklung der Miniatur vorangehen. Die Miniatur muß eine solche Intensität und Vielfalt der Farbe annehmen, daß sie die gesamte veränderliche Materie der Welt auszudrücken vermag. Dazu ist es unerläßlich, daß sie sich an ihrem eigenen, von ihrer Umgebung unabhängigen Licht entzünde; und schließlich, daß sie umrissene Grenzen und Tiefen besitze. Mit einem Wort, daß sie zu einem selbständigen Körper werde und von der

Stufe einfacher Formen auf die höhere Stufe entwickelter Strukturen trete. Die Miniaturen der Brüder aus Limburg verheißen diesen Umbruch. Die lineare Perspektive ist naiv und auf eine bezaubernde Weise unbeholfen, aber die Entfaltung und Gestaltung des Raumes mittels der Farbe geschieht derart überzeugend, daß der Blick unbehindert in die Tiefe des Bildes geht.
Juli. Auf saftgrünem Vordergrund findet Schafschur statt. Der Blick des Betrachters läuft über ein gelbes Rechteck von Roggen, springt über einen Bach und hält inne vor der perlgrauen Mauer eines Schlosses mit blauem Dach. Hinter kegelförmigen Bergen und goldenen Hügeln blinkt Bläue – Unendlichkeit.
Die Landschaft ist hier den Sittenszenen nicht zur Dekoration, sondern als Partner beigegeben – als dramatische Person; wobei die Leidenschaft für das Detail bei den Brüdern aus Limburg frappierend ist. Unter dem Zeichen des Skorpions und der Waage geht das Pflügen vor sich. Die Furchen sind gleichmäßig getrennt und wie Zöpfchen geflochten. Krähen suchen zwischen den Schollen nach Würmern. Und da das Bild nur eine Hand groß ist und auf ihm ein Schloß mit allen Türmen unterzubringen war, ließen sich die Würmer nicht mehr darstellen, was den Maler sicherlich bekümmert hat, denn sein Wahrheitshunger war echt und von Grund auf flämisch.
Doch Sassetta, wo ist Sassetta, bin ich doch seinetwegen hierher gekommen. Welch eine Freude, ›mein‹ Bild am richtigen Platz zu finden. Es ist klein und wird von seinen Nachbarn fast erdrückt. Es heißt *Verlobung des hl. Franziskus mit der Armut* und zeigt zwei Mönche, die drei schlanken Mädchen, einem grauen, einem grünen und einem purpurnen, gegenüberstehen. Von der Handfläche des Heiligen zur Handfläche der mittleren Gestalt spinnt sich eine subtile Bewegung wie ein zarter Faden. Im linken oberen Bildteil entschweben drei mystische Fräulein in den

Himmel, natürlich und ohne gewaltsame Gesten; lediglich die nach hinten gebogenen Fußsohlen erzählen vom Flug. Auf der rechten Seite des Bildes steht ein weißes steinernes Schloß – überaus leicht, ein Schmetterling vermöchte es zu entführen. Die Landschaft ist toskanisch – graugrün, denn eben naht der Abend. Baumkronen stehen einzeln im Gelände, wie Notenköpfe. Der Himmel senkt sich herab in Streifen wie bei östlichen Malern – ganz oben herrscht kühles Blau, aber über der Linie sanft modulierter Höhen sprüht Mondhelle, licht, gewichtlos und ohne Grenzen.
Schätzt man ein Werk danach ein, ob und wie es die Kunst ›vorwärtsstößt‹, so wirkt dies Bild Sassettas skandalös anachronistisch und bezeugt die Blindheit des Künstlers für das, was ›neu‹ ist. Er lebte in der Mitte des Quattrocento und dabei malte er, als schriebe man das dreizehnte Jahrhundert. Den Körper baute er aus Pflanzenfasern auf, nicht aus Fleisch und Knochen, wie es sich in der Epoche Masaccios und Donatellos gehören würde. Seine Mißachtung der Gesetze der Schwerkraft war absolut, und der empfindsame Linearismus seines Stils bewirkte, daß er den Byzantinern näher rückte als irgendein Maler Venedigs oder Florenz'. – Es fällt schwer, sich von Sassetta loszureißen, dessen Bilder die Anschauung nicht revolutionieren, sondern einen unwiderstehlichen Zauber verströmen. Glücklicherweise unterscheidet sich die Kunstgeschichte von einem Handbuch der Geometrie; es ist Platz in ihr auch für Zauberer – solche wie Sano di Pietro aus Siena, Baldovinetti aus Florenz oder Carpaccio aus Venedig.
Aus dem Palast geht man über mächtige Stufen hinab in den wohlkalkulierten französischen Garten, der durch die ›Allée des Philosophes‹ abgeschlossen wird, auf der sich einst die herzoglichen Gäste ergingen: Bossuet (seine Grabrede auf den Tod des Großen Condé raubt noch heute den Gymnasiasten den Schlaf, aber was war das für eine vortreffliche Redekunst!), Fénelon, Bourdaloue, La Bruyè-

re (er unterrichtete den herzoglichen Enkel), Molière (er verdankte dem Hausherrn die Aufführung des *Tartuffe*), Boileau, Racine, La Fontaine, nicht zu vergessen die Damen: de La Fayette und de Sévigné. Eine ganze Anthologie der französischen Literatur des 17. Jahrhunderts. – Jenseits der Philosophenallee wuchert zu beiden Seiten ein englischer Park – gewundene Wege, Dickichte, völlige Mißachtung der klassischen Regeln,dafür aber liebenswerte Kaskaden, Inseln und winzige Dörfchen mit Mühlen und Hütten, darinnen die erlauchte Gesellschaft, als Landbewohner verkleidet, die üppigen Mahlzeiten verdaute.
Bevor der nach Senlis fahrende Autobus in den Wald eintaucht, sieht man noch einmal durch ein Tor von Grün den Palast sich im Wasser spiegeln. Urplötzlich tritt er hervor, wie unter einem Blitz.

Senlis

> Wer hat diesen Abgrund erdacht und ihn nach oben geworfen?
> *Julian Przyboś*
> Demain, les archers de Senlis doivent rendre le bouquet à ceux de Loisy. *Sylvie*

Senlis ist eine Stadt, durch die die Geschichte geschritten ist; sie hat in ihren Mauern ein paar Jahrhunderte gehaust, dann ist sie davongegangen. Zurückgelassen hat sie eine von Gras überwachsene Arena, einen zerrissenen Ring gallo-römischen Mauerwerks, das heute von wildem Wein bestürmt wird, Stümpfe eines Königspalastes, die Abtei des heiligen Viktor, die jetzt ein marktschreierisch angepriesenes Internat ist, und die Kathedrale, eine der ältesten aus dem großen Rudel gotischer Kathedralen der Ile-de-France.
Gleichwohl ist Senlis kein trübseliges Nest, hoffnungslos

trist wie eine aus dem Grab hervorgeholte Krone. Eher gleicht es einer silbernen Münze mit dem Bildnis eines einst dräuenden Kaisers, die man jetzt straflos zwischen den Fingern drehen kann, wie eine Nuß. Es ist auf einer Anhöhe gelegen, vom Flüßchen Nonette umgürtet, im Angesicht steinalter Wälder.

Wir sagten, die Kathedrale von Senlis sei eine der ältesten gotischen Kathedralen überhaupt. Das bedarf einer Erklärung, denn die Chronologien in dieser Materie sind trügerisch und oft irreführend. Der Initiator der Gotik – wenn man so sagen darf – war Suger, Minister und Regent des Königreichs, der, zum Abt der Krönungskathedrale von Saint-Denis ernannt (heute steht sie in einer Arbeitervorstadt von Paris und ist geschwärzt vom Ruß der Fabriken), sich an die Rekonstruktion der alten karolingischen Kirche machte, indem er die Portale, den Chor erweiterte und das Gewölbe erhöhte. Dabei wurden Spitzbögen und das Kreuz-Rippen-Gewölbe verwendet, die nach Meinung mancher Forscher die entscheidenden Wesensmerkmale der Gotik sind. Am 19. Januar 1143 ging über die Stadt ein gewaltiger Sturm hinweg, der Bäume fällte und Häuser zerstörte. Die noch im Aufbau befindliche Kathedrale blieb unbeschädigt, was Fromme als ein Wunder ansahen und die Architekten für einen Beweis der konstruktiven Widerstandsfähigkeit des neuen Gewölbe-Typs. Eine neue Epoche der Architektur war eröffnet.

Es ist freilich eine umstrittene Frage, ob Bögen, die sich in der Form des Buchstabens X im Kreuz-Rippen-Gewölbe überschneiden (und deren Erfindung irrtümlich den Baumeistern der Kathedralen zugeschrieben wird), eine so kapitale funktionelle und konstruktive Bedeutung haben, wie das Viollet-le-Duc, Choisy oder Lasterrie unterstellten. Neuere Forschungen des Ingenieurs Sabouret und des Architekten Pol Abraham haben zu der erstaunlichen These geführt, diese Art, Gewölbe zu errichten, sei rein ornamental und sonst nichts; diese Behauptung wird unterstützt von Beobachtungen, die man 1914 an bombardierten Kathedralen gemacht hat, und durch laboratorische Untersuchungen der Haltbarkeit der damaligen Baustoffe. So einfach, wie der erste Blick es vermuten läßt, ist das Problem also nicht. Überdies legen Kunsthistoriker aus ästhetischen Gründen den Nachdruck eher auf den *Stil* als auf die *Konstruktion* und das neue System der Proportionen der Gotik.

Einer populären Auffassung zufolge erscheint ein neuer Stil in der Kunst dann, wenn der alte verblüht. Diese botanische Theorie läßt sich jedoch nicht aufrechterhalten, wo es sich um die Phase Romanik-Gotik handelt. Um die Mitte des 12. Jahrhunderts zeigte der romanische Stil keinerlei Symptome des Verfalls. Daß er schließlich verdrängt wurde, ging sicher nicht auf einen allgemeinen Wunsch nach größeren Kirchen zurück (die Kathedrale in Vézelay ist nicht viel kleiner als Notre-Dame in Paris), noch hatte sich der Plan der Kathedrale im Grundsätzlichen verändert. Manche Historiker verbinden die Entstehung der Gotik mit der expansiven Politik der Kapetinger, dem Ringen des Geistes des Nordens mit dem Geiste des Südens, das seinen blutigen Ausdruck in dem Kreuzzug gegen die Albigenser fand. Über allen Zweifel gewiß ist es, daß der neue Stil dem Bewußtsein und der geistigen Einstellung des Zeitalters entsprach. Den kontemplativen, andächtig in sich konzentrierten romanischen Kirchen stellte man dynamische und schwungvolle Bauwerke entgegen, in denen das Licht, die »Essenz der Göttlichkeit«, die dominierende Rolle zu spielen begann. Das traf sich mit der Vorliebe Sugers für die Pracht, den Reichtum des Interieurs und der Kirchenfenster – jene Konstellationen von Edelsteinen bei Tausenden brennender Kerzen.

Suger ist eine anregende und passionierende Gestalt. Sohn eines Dieners, Freund von Königen, Politiker, Organisator und Baumeister, birgt er unter geistlichem Gewand herrische Leidenschaften. Vielen Zeitgenossen war er ein Ärgernis wegen seiner Neigung zum Prunk. Berichtet er von dem Gold, den Kristallen, Amethysten, Rubinen und Smaragden, die ihm überraschend von drei Äbten geschenkt wurden, sieht man seine Augen aufleuchten in sehr weltlichem Glanz. Überhaupt war Bescheidenheit seine Stärke nicht. Im Etat der Abtei gab es einen Posten für die Einrichtung eines Feiertags ihm zu Ehren nach seinem Tode, was bisher ein Privileg der Könige war. Er befahl, in der Kathedrale dreizehn Inschriften anzubringen, die seine eigenen Verdienste unterstrichen. Auf einem der Kirchenfenster ist er abgebildet, zu Füßen der Jungfrau Maria. Die Füße hat er demütig gefaltet, aber die Hände sind in voller Aktion. Und obendrein ist sein Name in ebenso großen Lettern festgehalten wie der Name der Jungfrau. – Indes, er war ein subtiler Schreiber und ein scharfsinniger Kopf. Den heiligen Bernhard, den Repräsentanten des zisterziensischen, strengen Zweiges der Benediktiner, ärgerte er über die Maßen, und der Streit dieser beiden Mächte der Kirche ist nicht minder aufregend als der zwischen den Klassikern und den Romantikern.

Die festliche Einweihung des neuen Chors in Saint-Denis fand am zweiten Sonntag im Juni des Jahres 1144 statt. Es war nicht allein ein großer Tag Sugers, sondern auch ein Datum des Umbruchs in der Geschichte der Architektur. An den Feierlichkeiten nahmen König Ludwig VII., die Königin, die Würdenträger, die Erzbischöfe und Bischöfe teil. Als ziemlich sicher darf gelten, daß die Bischöfe, heimgekehrt in ihre düsteren Kirchen in Chartres, Soissons, Reims, Beauvais und Senlis, nicht mehr ruhig schlafen konnten.

Schon 1153 erhielt der Bischof von Senlis, Thibault, einen Brief mit dem Auftrag für die Quästoren, Frankreich nach allen vier Himmelsrichtungen zu bereisen, um die finanziellen Mittel zur Errichtung einer Kathedrale zu beschaffen. Der Bau kam nur langsam voran. 1191 fand die Einweihung statt. Das Werk war jedoch nicht vollendet. In der Mitte des 18. Jahrhunderts wurde noch ein Querschiff angebaut und dem Südturm eine herrliche Nadelspitze aufgesetzt. Dies ist, zweifellos, der schönste Teil der Kathedrale. Die Fluglinie des achtzig Meter hohen Turms macht einem den Atem stocken. Die Fassade ist schlank, streng und nackt. Die Nadelspitze schwankt in den Wolken wie der Wipfel eines Baums. Namenlose Baumeister haben hier an das Geheimnis der organischen Architektur gerührt.

Eine Feuersbrunst hatte den unglücklichen Erneuerern einen Weg gebahnt. Die Südfassade kontrastiert gewaltig mit dem Antlitz der Kathedrale, sie ist übersät mit verflochtenen Linien, ein Dickicht der Flammengotik. Nichts vermag mit der klaren Architektur des hohen 13. Jahrhunderts zu wetteifern; die ausgeklügelten Grimassen der Gotik des 16. Jahrhunderts offenbaren tödliche Erschöpfung.

In das Innere führen drei Portale; die beiden seitlichen Tympana zeigen ein rares architektonisches Motiv (Säulen und Bögen, also Abstraktion, nicht Anekdote), das Tympanum über dem Haupteingang markiert eine neue Epoche in der Geschichte der Ikonographie. An Stelle des romanischen Jüngsten Gerichts (eines majestätischen Christus, eines Haufens Apostel und Heiliger, schwerfällig gen Himmel steigender Erlöster und in die Hölle verstoßener Verdammter) erscheint in Senlis zum allerersten Mal ein Thema Mariä, das später in Chartres, in der Pariser Notre-Dame, in Reims und anderen Kathedralen aufgenommen wird.

Gemeinhin meiden die Ikonographen riskante Hypothesen, doch scheint es, daß die plötzliche Verwendung eines Marien-Themas in der monumentalen gotischen Bildhauerkunst eine Antwort war auf die Minnedichtung der Troubadoure, auf den Kult des Weibes und die höfische Liebestheorie, die zu sublimieren die Kirche für notwendig erachtete.

Tod, Auferstehung und Triumph Mariä sind mit Schlichtheit und Verve erzählt. Am schönsten ist die Darstellung der Auferstehung. Sechs Engel heben Maria, die in einen Kokon rohen Stoffes gewickelt ist, vom Bett. Die Engel haben Pausbacken, sind jung und spielen die Szene mit Ergriffenheit und einem Schwung, als trügen sie auf dem Rücken nicht Flügel, sondern Tornister.

Der Ruf der Gotik ist ebenso unwiderstehlich wie der Ruf der Berge, und man kann vor ihr nicht lange passiver Betrachter bleiben. Das hat nichts gemein mit den romanischen Kathedralen, von deren Tonnengewölben tropfenweise Trost herabsintert. Die gotische Kathedrale appelliert nicht allein an unsere Augen, sondern auch an unsere Muskeln. Schwindelgefühl im Kopf mischt sich mit ästhetischem Vergnügen.

Ich beginne, den Turm zu ersteigen. Anfangs Treppen mit noch deutlichen Stufen, wie ein steiniger Pfad. Bald trete ich auf eine breite Plattform des Triforiums hinaus. Hier sieht es so aus, als wäre eine Geröll-Lawine niedergegangen: Maskarone, Wasserspeier, abgebrochene Heiligenköpfe liegen umher. Ein Blick nach unten, ein Blick nach oben. Ich halte in der Mitte zwischen dem Steingewölbe und dem Boden des Kirchenschiffes.

Der weitere Aufstieg ist beschwerlicher. Die Stufen sind ausgewetzt, oft muß ich nach Griffen suchen. Endlich erreiche ich eine neue Plattform, eine schmale, kurze Galerie, senkrecht über dem Hauptportal gelegen. Zu beiden Seiten zwei Gipfel – Türme mit schlanker Dachspitze. Im Hintergrund, wie eine mächtige Laubhütte aus Fichtenästen, das Dach, das das Hauptschiff bedeckt.

Acht Jahrhunderte haben dies Bauwerk in ein der Natur

ähnliches Gebilde verwandelt. Mooskappen, Gras zwischen den Quadern, grellgelbe, aus den Fugen und Knikken sprießende Blumen. Die Kathedrale gleicht einem Berg, und kein anderer Stil späterer Zeitalter, weder die Renaissance noch der Klassizismus, vermöchten eine solche Symbiose der Architektur und der Vegetation zu ertragen. Die Gotik ist natürlich.

Auch Tiere haben sich hier angesiedelt. Hinter einem felsenhaften Sims hervor schaut mich eine riesige Eidechse mit goldenen, konvexen Augen an. Hundsköpfige Ungeheuer sonnen sich auf unzugänglichen Steinbändern. Dieser ganze Tierzwinger schläft jetzt. Eines künftigen Tages freilich (mag sein, daß es der Tag des Jüngsten Gerichts sein wird) werden seine Bewohner anfangen, über die steinernen Sprossen hinabzuklettern zur Stadt.

Vier Skulpturen schmücken die kleine Galerie: Adam und Eva und zwei Heilige. Sie haben die Anmut volkstümlicher Schnitzereien. Besonders Eva ist reizend. Grobkörnig, kuhäugig, untersetzt. Ein schwerer Haarstrang fällt ihr auf den breiten, warmen Rücken.

Ich muß mich auf den Weg machen. Es beginnt die Gipfelpartie. Ein senkrechter Kamin. Manchmal wird es vollkommen dunkel, ich taste mich blindlings vorwärts, mit beiden Händen an der Wand Halt suchend. Immer wieder geht die Stufenfolge in eine Geröllrinne über. Immer öfter halte ich inne, um Atem zu schöpfen. Ab und zu spalten kleine Fenster die Mauer, grelles Licht schlägt herein und blendet mich für Sekunden. In den Durchbrüchen sind Wolken und Himmel zu sehen. Ich bin hoch oben in einem Steinschlund, der in den Weltraum aufspringt.

Jetzt enden die Stufen. Vor mir habe ich eine Wand, ich suche nach Griffen. Ich muß senkrecht klettern, mit dem ganzen Körper balancieren. Schließlich erreiche ich eine exponierte Trittplatte. Das Blut hämmert in den Schläfen. Ich presse mich in eine Nische. Unter mir ein viele Klafter tiefer Bergrutsch. Weite Felder. »Mit der Kelle in der Hand singt der Maurer Abraham Knupfer, singt, aufgehangen in der Luft auf einem so hohen Gerüst, daß er, die gotischen Sprüche an der großen Glocke lesend, unter seinen Füßen sowohl die Kirche mit ihren dreißig hochgipfeligen Bögen wie auch die Stadt der dreißig Kirchen hat. Er sieht, wie die steinernen Wasserspeier Sturzbäche von Schiefergeschupp in die wirre Bodenlosigkeit der Galerien kotzen, der Fenster, Balkone, Glockengehäuse, Türmchen, Dächer und hölzernen Bänder, an denen als grauer Fleck der abgerupfte, kraftlose Flügel eines Habichts haftet.«

Der Abstieg dauert so lange wie der in die Hölle. Endlich trete ich in eine schmale Gasse hinaus – mit zusammengefalteten Flügeln und der Erinnerung eines Fluges.

Gegenüber der Kathedrale stehen die Rümpfe des Königspalastes, der sich an die blockigen römisch-gallischen Mauern lehnt. Er wurde oft von den Königen der ersten beiden Dynastien besucht, bevor ihr Geschmack sich wandelte und sie ihren Sitz nach Compiègne und Fontainebleau verlegten. Wie geologische Formationen ruhen die Steinschichten aufeinander: ein römischer Säulensockel, Spuren merowingischen Bauwerks, ein römischer und ein gotischer Bogen.

Gleich nebenan befindet sich das *Musée de la Vénerie,* das der Reiseführer als das einzige seiner Art in Europa anpreist.

In Wirklichkeit handelt es sich um ein kärgliches Magazin mit Jagdhörnern, Geweihen, ausgestopftem Wild, dekorativ aufgehängten Hufen. Auch ein Tierfell ist zu sehen, das zu einem Zopf geflochten ist, und Bildnisse von Herzögen, Marquis und Hunden. All das ist recht methodisch und in erkennbarer Sorgfalt für die Details der Wissenschaft von der Jagdkunst geordnet, zum Beispiel ein Zyklus von Skizzen, die Stürze vom Pferd oder die Etappen einer Hirschjagd darstellen. Ich erfuhr bei dieser Gele-

genheit, daß der Ausdruck »Halali« das endgültige Schlachten des erjagten Wildes bedeutet.
Unweit der Stadt liegt der Wald Halatte, der zu Zeiten der Römer wohl so etwas wie ein geheiligter Kurort gewesen sein mag. Steinfiguren auf Ex-votos lüpfen steinerne Hemden und entblößen die Schamteile. Ich weiß nicht, ob diese Reliefs von Historikern der Wissenschaft, insbesondere von Medizinern schon untersucht wurden, aber sie sind ein wahrhaft kapitaler Gegenstand für den Forscher. (Im Lapidarium zu Dijon entdeckte ich steinerne Lungen, irgendeinem Gott von irgendeinem Schwindsüchtigen geopfert.) Auf den ersten Blick sehen die aus Stein gehauenen Köpfe wie Ebenbilder von Genesenen aus. Doch soll man sich über sie beugen und sie genau betrachten. Ja, das sind Gesichter von Idioten, Melancholikern, Debilen, und der Bildhauer, der ja kein Künstler, sondern ein Steinmetz war, hat die Krankheit mit der Präzision eines Psychiaters definiert.
Im ersten Stock des Museums für Archäologie und Skulptur, das dieses Material jetzt beherbergt, zieht der Kopf des *Irren* den Blick auf sich. Wahrscheinlich stammt er von der Kathedrale her und nahm dort in der Hierarchie der Geschöpfe einen den Kriechtieren nahen Platz ein. Es handelt sich um die Darstellung nicht eines Wahnsinnigen, sondern eines sanften Tölpels, eines verspotteten Stadttrottels, der in einer roten Mütze einhergeht und lauthals kräht. Seine Augen sind leer wie die Schale eines Hühnereies, der Mund steht ihm offen wie in einem um Nachsicht bittenden Lächeln. In unmittelbarer Nachbarschaft dieses Kopfes ist eine der meisterlichen Schöpfungen früher gotischer Skulptur aufgestellt, der *Kopf eines Propheten* – eine Studie edler Klugheit und Menschenwürde. Kein Zweifel: die gotischen Bildhauer waren sich der reichen Skala der Menschlichkeit durchaus bewußt.
Auf dem Schild der Sonnenuhr verschiebt sich der Schat-

ten. In dichter Herbstluft schläft Senlis wie ein Weiher unter Entengrütze. Man muß weiterfahren. Auf dem Weg zum Bahnhof komme ich an der alten Kirche des heiligen Petrus und an der Kirche des heiligen Frambourg vorüber. Der Baubeginn beider Kirchen reicht in die Wende vom 11. zum 12. Jahrhundert zurück. Nun sind sie geschlossen. In der ersten wird Markt abgehalten, die zweite dient als Garage. Ein reiches Volk, diese Franzosen.

Chaalis

> Dieser alte, einsame Kaisersitz stellt nichts der Begeisterung Würdiges vor, außer Ruinen eines Klosters mit byzantinischen Arkaden, deren letzte Reihe sich noch im Spiegel der Teiche betrachtet.
> *Sylvie*

Vor dem Bahnhof in Senlis, dicht neben dem Denkmal für die Gefallenen, einem Schaustück pathetischer Scheußlichkeit, fährt man mit dem klapprigen Autobus nach Chaalis ab. Auf diesem Wege holperte in einer Karriole Gérard de Nerval mit dem Bruder Sylvies zu einer Vorstellung, bei der er zum letzten Mal Adrienne sehen sollte; als Engel verkleidet.

In der literarischen Geographie der französischen Romantik nimmt das Valois einen gleich ehrenwerten Platz ein wie Schottland bei den Engländern. Gérard de Nerval widmete diesen Gegenden *Sylvie,* die er zwei Jahre vor seinem Tode schrieb, als für ihn die Lichter des Orients bereits erloschen und er nach einem Lebensabschnitt voller Enthusiasmus und Liebe in einen der Verdüsterung eintrat. Der Radius seiner Reisen verkürzte sich auf die Umgebung von Paris, stille verödende Ortschaften, arme und wie Taubenschläge kleine Gutshöfe, wo hinter grünen, von Rosen und Weinlaub umrahmten Fensterläden ein Käfig mit Grasmücken schwankte. Nichts Beruhigenderes als eine Provinznacht im Gasthof ›Zum Antlitz des Heiligen Johannes‹ in einem Zimmer mit altmodischer Tapete und einem Trumeau. Abends sangen auf den Wiesen weißgekleidete Mädchen und wanden Girlanden, und des Nachts fuhren bewimpelte Barken die Knaben nach Kythera. In den feuchten Wäldern des Valois machte »Werther ohne Pistolen« Jagd auf Chimären.

Maler und Poeten der Romantik haben die Ruinen der Abtei überschwänglich gelobt. Man muß beklagen, daß nur so wenig bis auf unsere Tage überdauert hat, denn die Kirche in Chaalis gehörte zu den ersten gotischen Bauwerken der Zisterzienser. Ihre Ausmaße waren imponierend (81 mal 27 Meter), und beide Flügel des mächtigen Transepts endeten in fünf radial angelegten Kapellen. Überlebt haben die Säulenschäfte, deren Kapitelle so exakt wie Musiknoten gesetzt sind. Die Abtei ruht wie ein verlassenes Vogelnest unter der hohen Kurve des Himmels. Kräftig geschlossene Bögen, Schwibbögen, Pfeiler, befreit von dem Druck der Steine, stoßen die Bürde der Unendlichkeit von sich.

Seitlich von den Ruinen steht ein Palais aus dem 15. Jahrhundert, erbaut von Jean Aubert, der auch die großen Marställe in Chantilly errichtet hat. Im Innern des Palais befindet sich eine Bildersammlung, die nach den Jacquemart-André benannt ist. Diese um die Förderung der Kunst verdiente Familie besaß auch einen Palast und eine Sammlung in Paris am Boulevard Haussmann (heute ein berühmtes Museum). Ein gewisser Maler mit aristokratischen Verschwägerungen erzählte mir folgende Geschichte: einst, als das Museum noch die private Residenz der Familie war, habe er dort an einem Mittagessen teilgenommen, in dessen Verlauf die Frau des Hauses ihrem Mann herbe Vorwürfe machte, weil er mit Hartnäckigkeit im Speisesaal »diesen schrecklichen Tizian« halte.

Die Kollektion in Chaalis kommt der in Paris nicht gleich,

sie ist ein typisches *bric à brac*, hübsch, aber ein wenig enervierend. Altertümliche Brustbilder aus dem 18. Jahrhundert; Stilleben von Holländern, schwer wie Küchengerüche; Vasen; Barometer; ein Wandschirm mit Konterfeis von Affen; Samoware; die Kopie des Marmorthrons eines Großmoguls; und ein Giotto. Dieser Giotto – zwei spröde und konventionelle Panneaus von welker Farbe – mißfiel mir vom ersten Augenblick an. Ich verriet meine Zweifel einem der Museumswärter in dunkelblauer Uniform mit silbernen Knöpfen. Er stand an der Wand, und wie das so ist, führte er eine durchaus geheimnisvolle Existenz, halb Sache, halb Mensch. Langsam hob er die Reptilien-Lider, hörte meine Bemerkungen an, und dann zischte er, im Museum Jacquemart-André gebe es keine Falsifikate; dergleichen habe es hier niemals gegeben und werde es auch in Zukunft nicht geben. Ich ließ ihn in Ruhe an der Wand stehen. Wenn er völlig vertrocknet sein wird, mag man ihn zu einer Hellebarde oder zu einem Stuhl machen.
Im ersten Stock sind zwei Kammern vollgestopft mit Andenken an Jean Jacques Rousseau. Ein paar imaginäre Porträts, deren eines den Jüngling auf einer Bank im Park schlafend darstellt (»J. J. sans argent, sans asile, à Lyon et pourtant sans souci sur l'avenir passe souvent la nuit à la belle étoile«, sagt der Kommentar). In einer Vitrine ein nicht sehr sauberer Kragen, was ein unvorteilhaftes Licht auf die Lebensgefährtin des Philosophen wirft, die bei den Biographen ohnehin schlecht wegkommt. Auch ein Hut ist da, eine Feder und ein Fauteuil, in dem, wie es heißt, der Autor der *Bekenntnisse* den letzten Atemzug tat. An der Wand ein Stich, der Jean Jacques' Sterbestunde schildert. Der Illustrator brachte sogar die angeblich authentischen letzten Worte des Philosophen an, in denen der Moribunde das Lob der Natur, des Lichtes und Gottes verkündete und seine Sehnsucht nach ewigem Frieden. Die Arie ist lang und unwirklich wie in einer Oper.

Auf Merkwürdigkeiten der Natur stößt man unweit des Palastes; sie tragen romantisch übertriebene Namen: das »Sandmeer« und die »Wüste«. Das Meer hat einen Durchmesser von nicht ganz einem Kilometer. Es sieht so aus, als wäre mitten in den Wald ein Meteor gefallen und hätte die Erde ausgebrannt. Der Wald ist schön, kompakt, aus Birken, Eichen und Buchen gemischt, kupferfarben in Bodennähe. Es ist der wilde Teil des Parks von Ermenonville. Durch den Wald führt eine Asphaltchaussee. Ohne Unterlaß rasen auf ihr Autos dahin. Ich bin der einzige Fußgänger weit und breit. Einige Autos verlangsamen die Fahrt – man schaut mich aufmerksam an.

Ermenonville

> Bisher ist die französische Literatur beim Anblick des Grünen ideal gleichgültig gewesen: erst Rousseau sollte es offenbaren. Von diesem Gesichtspunkt kann man ihn mit einem Wort definieren: Rousseau hat als erster *das Grün* in unsere Literatur eingeführt. *Sainte-Beuve*
>
> Ich rezitierte weiter Fragmente aus ›Heloise‹, während Sylvie Walderdbeeren pflückte. *Sylvie*

Die Theorie der Gärten ist weit unentbehrlicher zum Verständnis des Klassizismus und der Präromantik als die Theorie der Dichtung. Ein Spaziergang durch Ermenonville gibt mehr als die Lektüre Delilles. Übrigens ist der ›jardin paysager‹ des 18. Jahrhunderts, auch englischer Garten genannt, eigentlich Poetik, Katalog von Figuren und Pfaden, nur daß diese mit Kaskaden, Stegen, einer Baumgruppe oder künstlichen Ruinen geschmückt sind. Alles war da, was ein empfindsames Herz begehrte: eine ›Grotte heimlicher Rendezvous‹, eine ›Bank der geplagten Mutter‹, ein ›Grabmal des unglücklichen Liebhabers‹. Indes, die Geschichte ist grausam umgesprungen mit den Pflänzlingen des Sentimentalismus. Um so mehr lohnt es,

Ermenonville zu sehen, das zu den am besten erhaltenen Gärten des 18. Jahrhunderts zählt.
Es ist das Werk des Marquis René de Girardin, den Greuze porträtiert hat. Er war ein nicht sonderlich schöner Mann mit einem großflächigen, blassen Gesicht und den sanften Augen eines Wachtelhunds. Gekleidet »avec une élégance naturelle et très aristocratique«, wie ein Biograph berichtet, in der Manier Werthers – ein Tuchrock mit einem weißen, phantastisch gebundenen Foulard und lederne, unterhalb der Knie geschnallte Hosen. Seine Karriere begann er im Zeichen des Mars; mehr jedoch aus Achtung vor der Tradition denn aus Berufung. Er war Hauptmann am Hofe des Herzogs von Lothringen, Stanislaus Leszczyński. Nach dessen Tode widmete er einen erheblichen Teil seiner Zeit der Einrichtung seines Erbgutes, insbesondere der Schaffung eines Parks auf den umliegenden wüsten Gegenden und Sümpfen. Nach elf Jahren faßte er die Früchte seiner Erfahrung in einem Buch zusammen: *De la composition des paysages sur le terrain ou Des moyens d'embellir la nature près des habitations* (1777). Über dem Werk des Marquis schwebt der Geist Jean Jacques', den er verehrte; und viele Seiten der *Nouvelle Héloise* rezitieren die Blätter von Ermenonville. In der Erziehung seiner Kinder richtete er sich nach den Prinzipien des *Emile,* die er durch eigene Ideen vervollständigte.
Der Marquis reiste gern und viel; in seiner Jugend besuchte er Deutschland, Italien und – was für seine Vorstellungswelt wichtig wurde – England, das damals gerade eine Epidemie des Gartenbaus durchlebte. William Kent projektierte einen Schloßpark, der zu einem oft nachgeahmten Muster werden sollte. Der berühmte Dandy Cobham verschwendete ein Vermögen an Parks. Von größtem Einfluß auf die Ästhetik Girardins war das Werk William Shenstones – eine an Kaskaden, Ruinen und Felsen reiche Gartenanlage.

Diesen Unternehmungen und Versuchen parallel lief eine literarische Renaissance: die Wiederentdeckung Hesiods, Theokrits und Vergils, denen alsbald neue Poeten sekundierten – Thomson, Gessner, Young und Gray. Die bukolische Dichtung in Frankreich patronisierte der langlebige Fénelon. »Inmitten von Pappeln und Weiden, deren zartes und frisches Grün zahllose Nester von Vögeln verbirgt, die Tag und Nacht singen«, strömt der Fluß Xanthe. »Alle Ebenen sind von goldenem Korn bedeckt, die Höhen neigen sich unter der Last der Reben und Obstbäume. Hier war die ganze Natur voll Lächeln und Locken, und der Himmel war freundlich und süß; die Erde schien bereit, aus ihren Brüsten neuen Reichtum zu spenden für die Mühsal des Landmanns.«
Die sentimentale Landschaft ist eine Dekoration sentimentaler Ökonomik, und es ist wohl keine grobe Übertreibung zu sagen, daß in Arkadien die Quellen des utopischen Sozialismus sprangen. Hier lustwandelte Vergil mit Proudhon. Die Bäuerin Proxinoë »machte vortreffliches Gebäck. Sie züchtete Bienen, deren Honig süßer war als jener, der im Goldenen Zeitalter der Menschheit an den Eichenstämmen herabfloß. Kühe kamen von selber, Ströme von Milch zu opfern ... Die Tochter ahmte ihre Mutter nach und sang mit größter Lust bei der Arbeit und während sie die Schafe auf die Weide führte. Im Takt des Liedes tanzten die Lämmer über den Rasen.«
Neben den der Besinnlichkeit des Marquis und seiner Gäste vorbehaltenen Zonen war ein Teil des Parks für »die lieben Bauern« bestimmt. Es gab dort einen Platz, wo mit dem Bogen geschossen wurde (seit urdenklichen Zeiten war dieser Sport im Valois hochgeehrt), und ein Rondell unter einer Eiche, wo man zu den Klängen einer Bauernkapelle die traditionellen Tänze – *guillot, saute* und *perrette* – tanzte.

Des habitants de l'heureuse Arcadie,
Si vous avez les nobles mœurs,
Restez ici, goûtez-y les douceurs
Et les plaisirs d'une innocente vie . . .

So hieß es der Marquis, der selber Verse schmiedete, in einen Stein meißeln, und die Tatsache, daß er mit ihnen den Park von Ermenonville dicht spickte, beweist, daß er gewisse Illusionen von seinem Talent hegte.

Konzerte zur Ergötzung der feudalen Gesellschaft fanden im Park meistens auf der ›Insel der Pappeln‹ statt, und eben infolge musikalischer Interessen traf sich Girardin mit dem Autor von *Le Devin du village*. Jean Jacques kam nach Ermenonville am 20. Mai 1778 und nahm Quartier in einem der Pavillons im Park; Thérèse Levasseur wich ihm nicht von der Seite. Es waren die letzten Tage des Philosophen. Er irrte in der Umgebung umher (»Es ist nötig, daß der Körper in Bewegung sei, damit mein Geist erwache«), die Taschen hatte er voll von Körnern für die Vögel. Er spielte mit den Kindern und erzählte ihnen Märchen. Er trug sich mit der Absicht, ein Buch zu schreiben, das *Emile* ergänzen sollte, und spann musikalische Pläne. Doch vor allem erging er sich im Park, wie sich das für den Autor der *Träume eines einsamen Wanderers* geziemte, botanisierte und seufzte über seiner Lieblingspflanze, dem Immergrün. »Diese sechs Wochen zählen nicht in der Geschichte des Schrifttums Rousseaus; nicht eine einzige Zeile seines Werkes ist mit einem Datum seines Aufenthaltes in Ermenonville verknüpft.« Er lebte im Park des Marquis wie im Herzen eines verwirklichten Traums.

Von Gnaden der Natur hatte er einen leichten Tod, aber dessen Plötzlichkeit erregte Verdacht. Zwei Tage später, am 4. Juli 1778, wurde sein Körper nachts bei Fackellicht an der schönsten Stelle des Parks beerdigt, auf der ›Insel der Pappeln‹. Auf dem Grabstein steht »Ici repose l'homme de la nature et de la vérité«. Nicht minder interessant als der romantische Effekt dieser Bestattung war ihr praktischer: fünf Wochen vorher hatte die Kirche Voltaire ein christliches Begräbnis versagt.

Ein Relief Le Sueurs ziert das Grab, in dem Rousseaus Körper ruhte. In Übereinstimmung mit einem Beschluß des Konvents (bei nicht geringer Mitarbeit Thérèse Levasseurs) wurde er in das Pantheon umgebettet. Doch der Geist Jean Jacques' verblieb in Ermenonville, das zu einem Ort literarischer, philosophischer und sogar kaiserlich-königlicher Pilgerfahrten wurde. Hier – wenn man der Überlieferung glauben darf – sprach Napoleon seine berühmten Worte: »L'avenir dira s'il n'eût pas mieux valu pour le repos de la terre, que ni Rousseau ni moi n'eussions existé.«

Die Luft im Park ist grün und schwül von verstorbenen Gefühlen. Die Pfade sind geschaffen für Leute, die keinem Ziel zustreben und nur flanieren wollen über hängende Stege, an den Ufern künstlicher Wasserläufe entlang, zum ›Altar des Träumens‹. Doch nicht einmal der ›Tempel der Philosophen‹ (Montaigne gewidmet und absichtlich unvollendet) weckt in mir dem Ort angemessene Gedanken, es sei denn den, daß man es besser vermeiden solle, Ruinen zu bauen; die Geschichte versteht es, sie in Überfülle zu produzieren.

Das Grabmal Rousseaus ist nicht der einzige Stein hier, der Hinfälligkeit reflektiert und nachdenklich stimmt. Auf dem linken, hohen Ufer des Flüßchens l'Aunette, über das verschnörkelte Brücken hinwegsetzen, befindet sich ›Das Grab des Unbekannten‹. Im Jahre 1791 beging ein dreißigjähriger Neurastheniker einen malerischen Selbstmord: ›Victime de l'amour‹, wie er sich selber taufte in einem Brief an den Marquis Girardin, den er bat, er möge geruhen, ihn »sous quelque épais feuillage« zu beerdigen.

Die Wasser des Teiches fallen in einer Kaskade. Neben der Kaskade selbstverständlich die ›Grotte der Najaden‹. Nicht weit davon die ›Bank der Königin‹, wo einst Maria Antoinette zum Grab des Philosophen hinüberschaute, das sich spiegelte in der Reglosigkeit des Wassers. Ein steinernes Rechteck von edlen Proportionen graut im Grase. Die Pappeln sind sehr hoch; wenn der Wind weht, sehen die trockenen grünen Flammen aus wie Engel Tintorettos.

Ermenonville, ein subtiles Instrument der Besinnung und der Empfindsamkeit, ist von der Zeit ernstlich in Mitleidenschaft gezogen. Eine Anzahl von Gebäuden ist zu Staub zerfallen. Es gibt keinen ›Altar der Freundschaft‹, keinen ›Obelisken der pastoralen Muse‹ mehr, noch eine Pyramide zu Ehren der bukolischen Dichter, von Theokrit bis Gessner. Der Park ist jetzt Eigentum des Touring Club. Ausflügler kommen hierher gefahren und eilen in dichten Herden über die im Reiseführer bezeichneten Pfade. Das Grab Rousseaus – et voilà. Eine Kaskade – tiens, tiens, tiens. Der ›Altar des Träumens‹ – c'est à droite. Die Luft ist schwer von Feuchtigkeit und Seufzern, der Geist des Marquis de Girardin verhüllt sein Haupt. Nach Ermenonville soll man im Frühjahr reisen, oder spät im Herbst. Die Najaden schlafen, die Kaskade schweigt, und rings um die ›Insel der Pappeln‹ steht der abgelassene Teich wie ein Spiegel aus Sumpf.

Rückkehr

Es bedarf eines geradezu artistischen Geschicks, um in Erfahrung zu bringen, wo der Autobus hält, der von Ermenonville nach Paris fährt. »On ne sait jamais«, denn er startet manchmal von der Brücke, manchmal vom Bureau de Tabac. Ich setze auf Tabak und gewinne. Wir fahren in die Nacht hinein. Kurzer Aufenthalt in Senlis. An der Haltestelle ein Soldat und ein Mädchen, ineinander versunken. Der Fahrer räuspert sich. Dann hupt er, blinkt mit den Scheinwerfern. Nach einer Weile wendet er sich um und lächelt den Passagieren zu. Ganz langsam fährt er an, so daß der Soldat an der Ecke aufspringen kann. Durch das Radio beklagt sich Edith Piaf:

La fille de joie est belle
Au coin de la rue là-bas
Elle a une clientèle
Qui lui remplit son bas.

Wenn ich in fünfundzwanzig Jahren hierher zurückkomme, wird die Piaf längst ein toter Stern sein, wie die Mistinguette. Aber mit Menschen meiner Generation, Menschen die dieselben Kriege erlebt haben, werde ich, unwillkürlich diesen Namen nennend, mich verständigen können.

In fünfundzwanzig Jahren. Wie viele Generationen von Karpfen werden dann wohl im Schlamm des Teiches am Palais in Chantilly modern. Einzig Sassetta wird unverändert, wird derselbe sein, und die Tugend der Armut, in den Himmel emporfliegend, wird sein wie der unbewegliche Pfeil der Eleaten. Dank Sassetta werde ich zweimal in ein und denselben Fluß steigen, und die Zeit, der »mit Steinchen spielende Knabe«, wird mir für einen Augenblick gnädig sein. Wieder bin ich in Bewegung. Ich eile dem Tode entgegen. Vor Augen Paris – ein Lärm von Lichtern.

Ein Stein von einer Kathedrale

Der Zug fuhr vor Mitternacht in die Gare du Nord ein. Am Ausgang redete mich ein Zwerg an und offerierte mir ein Hotelzimmer. Aber die erste Nacht in Paris im Bett zu verbringen, schien mir ein Sakrileg. Übrigens war der Vermittler rothaarig, das heißt also verdächtig. »Il y a du louche dans cette affaire«, dachte ich. Ich ließ meinen Handkoffer in der Aufbewahrung; bewaffnet mit einem französisch-polnischen Wörterbuch und einem *Reiseführer durch Europa* (zweite durchgesehene und vervollständigte Ausgabe des Akademischen Touring-Clubs, Lemberg 1909) betrat ich die Stadt.

Dies unschätzbare Buch aus der väterlichen Bibliothek bedeutete für mich die Einführung in die Geheimnisse von Paris. Es stammte aus der Zeit, als in der Stadt Omnibusse herumfuhren, von drei weißen Pferden gezogen, als an der Rue de l'Estrapade noch die polnische Fremdenpension der Madame Pióro prosperierte und das 1862 gegründete *Institut für Brot und Ehre* unter der Leitung von Präses Zamojski seinen caritativen Dienst tat. Die kulturellen Informationen des Reiseführers waren spärlich aber inhaltsreich: der Theater seien viele, die Eintrittspreise jedoch überhöht; auch zieme es sich nicht, mit Damen auf die Galerieplätze zu gehen. In der Rubrik ›Museen und Sehenswürdigkeiten‹ waren an erster Stelle *les égouts* (die Kanalisation) genannt. Am nachdrücklichsten wurde meine Einbildungskraft durch die Empfehlung angeregt, *La Morgue* neben der Kirche Notre-Dame zu besuchen. »Hier sind die Leichen Verstorbener unbekannten Namens ausgestellt (eingefroren halten sie sich bis zu drei Monaten).«

Ich spazierte den Boulevard de Sébastopol hinunter, betäubt vom Verkehr, den Fahrzeugen und den Lichtern.

Um jeden Preis wollte ich zur Seine gelangen. Ich überschritt eine Brücke und war in der Cité. Hier herrschten Ruhe und Dämmerung. Es fing an zu regnen. Ich ging an der Conciergerie vorüber, einem düsteren Gebäude wie aus Illustrationen zu Victor Hugo, und fand mich auf einem Platz Auge in Auge mit der beleuchteten Kathedrale Notre-Dame. Da geschah es: Plötzlich wußte ich, daß ich keine Arbeit über Paul Valéry schreiben und zum Ärger meiner literarischen Kollegen nach Polen zurückkehren würde, ohne Auskunft geben zu können, wer gegenwärtig als der modernste französische Dichter gilt.

Ich nahm Quartier in der Nähe der Kathedrale, auf der Insel des heiligen Ludwig. Ein paar Tage später fuhr ich, die ermäßigten Sonntags-Fahrkarten benutzend, nach Chartres. Dort wurde mein Schicksal eines Liebhabers der Gotik besiegelt. Fortan ergriff ich jede Gelegenheit, um den wahnwitzigen Plan zu verwirklichen, alle französischen Kathedralen zu besuchen. Er wurde allerdings nur teilweise ausgeführt, doch habe ich die allerwichtigsten besucht: in Senlis, Tours, Noyon, Laon, Lyon, Châlons-sur-Marne, Reims, Rouen, Beauvais, Amiens, Bourges. Von diesen Expeditionen kehrte ich nach Paris wie von Gebirgen heim und vertiefte mich in die Bücher der Bibliothek auf dem Hügel der heiligen Genoveva. Anfangs suchte ich naiverweise nach einer Formel, welche die ganze Gotik erklären würde. Das, was in ihr zugleich Konstruktion, Symbolik und Metaphysik ist. Aber die vorsichtigen Gelehrten erteilten keine eindeutige Antwort.

Die Idee zu dieser Skizze war mir in Chartres gekommen, als ich auf dem steinernen Altan des sogenannten *clocher neuf* gestanden hatte. Die über mir dahinziehenden Wolken vermittelten die Illusion eines Fluges. Unter den Sohlen hatte ich einen gewaltigen, bemoosten Sandsteinblock mit einem eingemeißelten Pfeil – dem Kennzeichen des Maurers. Vielleicht also, statt über Kirchenfenster zu schreiben, die das Licht modulieren wie gregorianischer Gesang die Stille einst modulierte, und über geheimnisvolle Chimären, die über dem Abgrund der Jahrhunderte sinnen, vielleicht lohnte es, darüber nachzudenken, wie dieser Stein hier herauf gewandert war. Das heißt über die Maurer, Steinmetzen und Architekten, und nicht über das, was in ihren Seelen sich tat, als sie die Kathedrale errichteten, sondern über die Materialien, Geräte und Mittel, die sie gebrauchten, und auch, wieviel sie verdienten. Ein bescheidenes Unterfangen, so als wenn ein Buchhalter über die Gotik schriebe, doch lehrt uns das Mittelalter auch Bescheidenheit.

Im Laufe der Jahrhunderte ist die Gotik gedemütigt und herabgemindert worden wie kaum ein zweiter der großen Stile der Kunstgeschichte. Sie war unverstanden, also gehaßt. Kritiker beschossen sie mit Spott wie die napoleonischen Soldaten das Gesicht der Sphinx. Klassikern sträubten sich die Perücken beim Anblick dieser wahnvollen Bauten: »Überall voller Fenster, Rosetten und Spitzen, die Steine scheinen wie aus Karton geschnitten; alles ist durchlöchert, alles hängt in der Luft.«

Übrigens hatte es bei der wortreichen Polemik nicht sein Bewenden. Nicht erst Napoleon III. ließ kurzerhand in Paris ein Dutzend gotischer Kirchen abbrechen. Projekte zu barbarischen Abbrüchen tauchten bereits viel früher auf, und sie waren allesamt von einer einzigen Sorge gekennzeichnet: »diese Meisterstücke des schlechten Geschmacks« auf die billigste Weise loszuwerden. Im 18. Jahrhundert demontierte man eine der schönsten gotischen Kirchen, nämlich die Kirche des heiligen Nikasius, dazu die Kathedrale von Cambrai und andere mehr. Es gab kein Erbarmen mit dem »Stil der Goten«, der »sich von jeden Adels baren Capricen leiten ließ und die Schönen Künste vergiftet hatte«, wie der Enzyklopädist Chevalier de Jaucourt behauptete.

Millionen und Abermillionen Tonnen von Stein. Im Verlauf dreier Jahrhunderte, vom 11. bis zum 14. Jahrhundert, ist in Frankreich mehr von diesem Material gefördert worden als im alten Ägypten, dem Land gigantischer Bauten. Die achtzig Kathedralen und die fünfhundert großen Kirchen, die in diesem Zeitabschnitt errichtet wurden, bildeten, zusammengenommen, ein von Menschenhand aufgeworfenes Gebirge.

In einem der Bücher habe ich eine Zeichnung gesehen, auf der die Fassade eines griechischen Tempels in die einer gotischen Kathedrale eingetragen war. Daraus ließe sich erschließen, wie viele Bauwerke von der Größenordnung der Akropolis im Gehäuse der Kathedralen zu Amiens oder Reims wie in einem Handkoffer Platz gefunden hätten. Ein solcher Vergleich erbrächte jedoch nichts, jedenfalls nichts, was uns die Funktion der sakralen Bauten in diesen voneinander so verschiedenen Epochen der Geschichte erhellen könnte. Das antike Templum war ein Haus des Gottes, die Kathedrale aber ein Haus der Gläubigen. Der Unsterblichen sind stets weniger als der Bekenner.

Die Grundfläche der Kathedralen betrug in der Regel vier- bis fünftausend Quadratmeter, es hätten darin also ohne weiteres alle Einwohner der Stadt unterschlüpfen können, und die Pilger dazu. Derlei Bauunternehmungen erforderten, wie sich denken läßt, riesige Geldbeträge. Man muß deshalb von den Finanzen sprechen.

Keinerlei Dokumente in den Archiven erlauben die Annahme, daß man vor dem Beginn der Bauarbeiten Kostenanschläge machte. In der mittelalterlichen Buchhaltung galt der romantische Grundsatz, die Kräfte seien an dem Vorhaben selber zu messen. Dank der Begeisterung der Frommen, für die eine Kathedrale auch ein Gegenstand des Lokalpatriotismus war, gab es anfangs stets reichliche Spenden, nachher nicht in jedem Falle. Dies erklärt, wes-

halb nur ganz wenige Kathedralen in einem einheitlichen Stil gebaut sind.
Um die Stabilität der Einnahmen zu sichern, empfahlen die Päpste im 13. Jahrhundert, daß ein Viertel der Einkünfte jeder einzelnen Kirche in Bauvorhaben investiert werde. Die Empfehlung fand nicht allerorten Gehör. Also wurden Fürsten und Souveräne eingespannt; Johann von Böhmen, zum Beispiel, überwies Gelder aus den Erträgen der königlichen Silberbergwerke. Städtische Gemeinden standen nicht nach. In Orvieto wurden im Jahre 1292 sämtliche Bürger namentlich auf einer Liste genannt und entsprechend ihrem Vermögen mit Steuern für die im Aufbau befindliche Kathedrale belastet. Überliefert ist ein interessantes Register der Spender zugunsten des Mailänder Doms, das Vertreter aller Berufe und sozialen Schichten umfaßt, einschließlich der Kurtisanen. Oft wurden statt Geld Sachwerte gegeben; so schenkte die Königin von Zypern einer der italienischen Kathedralen ein herrliches Goldgewebe. Nicht selten führte das Fieber der Opferfreudigkeit zu privaten und familiären Zwisten: erhalten geblieben ist das Gesuch eines italienischen Bürgers um Rückgabe von goldenen Knöpfen, die seine Frau der Kirche geschenkt hatte. Im Schatten der Domtüren entstand Gewerbe – dicht neben den Kirchenmauern wurden Kaufläden eröffnet, die feilboten, was Gläubige gespendet hatten: kostbare Juwelen so gut wie Hühner.
Almosensammler durchstreiften entlegene Länder, um die Mittel für den Bau zu beschaffen. Als die Zisterzienser mit der Arbeit an der Abtei von Silvanes begonnen hatten, wandten sie sich an den Kaiser von Konstantinopel und den König von Sizilien um Unterstützung. Die Gläubigen vereinigten sich zu Bruderschaften, die um materielle Hilfe beim Bau der Kirchen besorgt waren; die malerischste unter ihnen war wohl die *Bruderschaft der Kegelspieler* in Xanten – so wenigstens könnte man ein wenig frei *confré-*

rie des joueurs de boule übersetzen (genauer: Bruderschaft der Bocciaspieler). Mitglied konnte nicht jeder beliebige werden, denn die Kegelbrüder zählten zu ihrem Kreis einen Bischof. – Erwähnt werden müssen in diesem Zusammenhang auch die Einnahmen der Kirche aus Verkäufen sogenannter geistlicher Werte, also die Ablaßfeste. Die Kollegialkirche St. Viktor in Xanten deckte aus ihnen 1487 ein Drittel der Ausgaben. Der Erwerb des Rechtes zum Erteilen von Ablässen war übrigens nicht unentgeltlich: im Jahre 1397 kauften die Mailänder vom Papst für fünfhundert Florinen »unam bonam indulgentiam«.

Das Almosensammeln, besonders wenn es fern von dem Ort des Baues betrieben wurde, war fast immer von festlichen Umzügen begleitet. Auf Miniaturen ist das festgehalten: die Prozession mit dem Reliquiar, die knienden Gläubigen; Kranke strecken die Hände aus, Mütter mit Kindern drängen sich durch die Menge, um das Wunder zu berühren. – Die Kirche protestierte gegen den Kult mit Reliquien, noch ehe Boccaccio ihn lächerlich zu machen begann. Im Jahre 1216 verbot das Lateran-Konzil die Verehrung sogenannter heiliger Gegenstände ohne spezielle Erlaubnis. Bewunderswert bleibt immerhin der Mut der Almosensammler. Als ein Brand die Kathedrale von Laon 1112 beschädigt hatte, machten sich sieben Domherren mit den verschonten Reliquien auf, einem Fetzen vom Hemd Mariä, einem Stück Schwamm und einem Splitter vom Kreuz, und veranstalteten Prozessionen in einer Reihe französischer Städte. Sie kehrten heim mit einer beträchtlichen Geldsumme, die allerdings allzu rasch wieder ausgegeben wurde. Also mußten abermals Expeditionen unternommen werden. Ihre Begebenheiten ergäben leicht das Gespinst einer aufregenden und lehrreichen historischen Erzählung, zumindest die Komparserie wäre komplett vorhanden: Seeräuber, Wegelagerer, Militär, betrügerische Tuchhändler. Nach sieben Monaten des Umherirrens und des Abenteuerns kehrten die Reisenden zurück, reich an Spenden, die es erlaubten, die Bauarbeiten an der Kathedrale binnen eines Jahres zu beenden. Nicht überall gelang es, das Gleichgewicht zwischen Einnahmen und Ausgaben so erfolgreich herzustellen. In den Bauberichten lesen wir häufig melancholische Feststellungen: »Auf dem Bau tut sich gar nichts. Es mangelt an Geld.«

Ein anderes Problem, das die Erbauer der Kathedralen zu lösen hatten, war das des Transportes der Materialien. Seit der Antike hatten sich seine Bedingungen und Mittel kaum geändert. Man war angewiesen auf die Wasserwege, Zugtiere und Wagen. Lag der Steinbruch ungefähr ein Dutzend Kilometer von der Baustelle entfernt, wie das in Chartres der Fall war, lieferte ein Gespann täglich rund tausendfünfhundert Kilogramm Stein, das ist etwa ein Kubikmeter.
Ein französisches Sprichwort sagt: »Ein zerstörtes Schloß ist ein zur Hälfte erbautes Schloß« (Château détruit, château à demi construit). So mancher Stein einer gotischen Kathedrale stammt von den Verteidigungsmauern und Bauten des römischen Kaiserreichs. Um die Kirche von St. Alban zu errichten, trug man die Reste der antiken Stadt Verulanium ab. Der Beispiele könnte man ohne Ende aufzählen. Chroniken melden Fälle von wunderbaren Funden neuer Steinlager (wie zum Beispiel in Pontoise, die den Bau von Saint-Denis versorgten). Doch hat es dergleichen günstige Umstände nur selten gegeben. Den Rhein, die Rhone, den Arno hinab schwammen antike Säulen, Kapitelle, Blöcke rosa und weißen Marmors. Das stolze und mächtige Venedig schickte seine Segelschiffe auf die Suche nach Baumaterial für die Basilika von San Marco bis nach Sizilien, Athen, Konstantinopel, Kleinasien und sogar nach Afrika.
Wie hoch waren die Kosten des Transportes? Kam das Material aus Orten, die einige Dutzend Kilometer oder

mehr entfernt waren, so stieg sein Preis um das Vier- und Fünffache. In den Steinbrüchen von Caen zahlte man für eine Stein-Einheit ein Pfund, sechs Schillinge und acht Pence. Wenn sich das Material dann an der Baustelle in Norwich befand, betrug sein Preis vier Pfund, acht Schillinge und acht Pence. Man hat ausgerechnet, daß die Gesamtkosten vieler Kathedralen um die Hälfte hätten verringert werden können, wäre nicht die umständliche Beförderung der Frachten gewesen. Nicht blinder Vandalismus, sondern ökonomischer Zwang hat also zu der Ausschlachtung der alten Bauwerke geführt. Sehr früh hatte man begriffen, daß eines der wirkungsvollsten Mittel, die Kosten des Transportes zu senken, darin bestand, das Material in den Steinbrüchen bereits in einen solchen Zustand zu bringen, daß es als fertiges Produkt und darum leichter als der Rohstoff zum Bauplatz gebracht werden konnte. Also machten sich Steinmetze und Meister zu den Steinbrüchen auf, wo sie unter der Aufsicht der Architekten arbeiteten. Dieses Verfahren breitete sich rasch aus und führte in England zur Gründung von Unternehmen, die fertige Bauelemente, ja sogar Skulpturen lieferten.

Unmöglich, ein Transportmittel zu verschweigen, das im Mittelalter wie zu keiner anderen Zeit eine Rolle spielte: Schultern und Rücken der sich freiwillig meldenden Gläubigen. Bekannt ist, daß Pilger auf dem Wege zu dem berühmten St. Jago di Compostella in der Ortschaft Triacastella eine Portion Kalkstein aufgebürdet bekamen, die bis Castaneda getragen werden mußte, wo die Kalköfen standen. Ein oft zitierter Brief des Abtes Haimon von Chartres aus dem Jahre 1145 schildert den Haufen Weiber und Männer (was Kritikern und Kommentatoren übertrieben scheint), wie er die Wagen zog, die randvoll bepackt waren mit »Wein, Weizen, Steinen, Holz und anderen zum Leben und zum Bau der Kirche erforderlichen Dingen«. Tausende von Menschen schritten in großer Stille dahin.

Am Ziel angekommen, sangen sie Hymnen und bekannten ihre Sünden. Dieses Bild freiwilliger Arbeit der Gläubigen komplettieren zahlreiche literarische Texte. In der Zeit, als die Kathedrale von Vézelay errichtet wurde, verließ die Ehefrau des Herzogs Girart de Roussillon, Bertha mit Namen, nächtlicherweise das eheliche Lager. Der Herzog, voll des bösen Verdachtes, schlich ihr nach:

Et voit venir de loin la dame et ses ancelles
Et de ses plus privées pucelles demoiselles,
Qui venoient tout chargié de sablon et d'arène
Si qu'elles ne pouvoient monter fort qu'à grant peine.

Indes erscheint Vorsicht, ja eine gewisse Grausamkeit gegenüber diesen allzu schönen Histörchen durchaus angebracht, die sicherlich die Stimmung getreulich wiedergeben, den gesellschaftlichen Hintergrund und die Atmosphäre des Wunders beim Bau der Kathedralen. Aber hatten diese Stimmung und diese Atmosphäre irgendeinen entscheidenden Einfluß auf das Fortschreiten der Konstruktion? Nüchterne Forscher äußern ihre Zweifel. Die allgemeine Mobilmachung, von reiner Begeisterung angetrieben, war schwerlich ausschlaggebend in der Schlacht der Architekten.

Eine unerschöpfliche Quelle für Informationen, was mit dem Material geschah, nachdem es den Bauplatz erreicht hatte, sind nicht so sehr die Chroniken als die Kirchenfenster, Miniaturen und Stiche. Besonders das dem Mittelalter so liebe Thema des Turmes zu Babel gibt wertvolle und vielfältige Hinweise.

Steine und Mörtel schleppten die Arbeiter auf den Schultern, oder sie zogen die Lasten mit Hilfe einfacher, nach dem Prinzip der Seilrollen konstruierter Maschinen empor. Hohe Holzgerüste, wie sie aus dem Altertum bekannt waren und die sich entweder fest auf die Erde stützten oder

mit dem Fortschreiten des Baus Stockwerk um Stockwerk angehoben wurden, konnten, der Gebäude rings um die Kathedralen wegen, nicht angewendet werden. Man behalf sich mit Gerüsten, die wie in schwindelnder Höhe aufgehängte Schwalbennester wirkten. Auf dem Grat der Mauern installierte man Kräne und primitive Hebel. Das Seil, an dem man die Steine befestigte, wurde auf eine Trommel gewickelt, wie heute bisweilen noch das Schöpfseil mancher Dorfbrunnen. Kirchen im Elsaß und englische Dome besitzen Sammlungen solcher Maschinen. Nichts weist darauf hin, daß im Laufe des Mittelalters irgend etwas erfunden worden wäre, das die Anstrengung menschlicher Muskeln nicht so sehr hätte ersetzen als lindern können. Die gotischen Kathedralen sind im Sinne des Wortes ein Werk der Hände.
Das Repertoire von Werkzeugen war höchst einfach: eine Säge zum Schneiden von Sandsteinblöcken, verschiedene Arten von Hämmern mit stumpfen und scharfen Enden, Kellen, Meßgeräte, ein Winkeldreieck, ein Winkeleisen, ein Lot. Eine umstrittene Sache ist es, in welchem Zeitabschnitt der Meißel mit breiter Schneide auftaucht; kann sein, erst im 14. Jahrhundert. Die Werkzeugkammer der Baumeister der Kathedralen unterschied sich nicht wesentlich von der Werkzeugkammer der Schöpfer der Akropolis. Dieser Umstand hat jedoch das Bautempo weit weniger beeinträchtigt als Finanzierungsprobleme und die Schwierigkeiten beim Transport der Grundstoffe. Die Errichtung der Kathedrale von Chartres dauerte fünfzig Jahre; der von Amiens sechzig; von Notre-Dame achtzig; von Reims neunzig; von Bourges hundert. Fast keine einzige der gotischen Kathedralen wurde zu Lebzeiten derer vollendet, die ihre Türme in den Wolken erträumt hatten.

Henri Pirenne, der hervorragende belgische Mittelalter-Forscher, hat eine Analogie ausgesponnen zwischen der

Dynamik der Gesellschaft im 11. und 12. Jahrhundert in Europa und der sozialen Entwicklung, die sich um die Mitte des 19. Jahrhunderts in Amerika vollzog. Undenkbar wären die Kathedralen ohne die Blüte der Städte und die Veränderungen in der ökonomischen Struktur des Zeitalters. Die Erde war nicht mehr die einzige Quelle des Reichtums, der Wert der beweglichen Güter stieg, Handel entfaltete sich, Banken entstanden. Mit Mißbilligung blickte die Kirche auf diejenigen, die nicht durch ihrer Hände Arbeit, nicht auf Grund ihrer Abkunft, sondern durch intelligente Manipulationen bedeutende Vermögen erwarben. Denen blieb nichts anderes übrig, als einen Teil ihrer Einkünfte für erhabene Ziele zu opfern. Obschon es nur eine halbe Wahrheit ist, läßt sich sagen, daß die gotischen Bauten sich dem unreinen Gewissen der entstehenden Bourgeoisie verdanken. Sie stellten einen Gegenstand des Stolzes und ein weithin sichtbares Zeichen der Macht dar. Doch waren sie ebenso Orte gänzlich weltlicher Tätigkeiten und Begegnungen. Die Menschen des Mittelalters fühlten sich in der Kirche zu Hause. Nicht selten nahmen sie dort ihr Essen zu sich, schliefen in den Winkeln und führten Gespräche. Aus den kirchlichen Verboten, weltliche Versammlungen in Kirchen abzuhalten, kann man schließen, daß derlei Zusammenkünfte zunächst eine allgemeine Praxis waren. Noch eine andere Einzelheit erhärtet diesen Verdacht: in vielen Städten, die Kathedralen oder große Kirchen besaßen, wurde kein Rathaus erbaut. Im übrigen zeigten die Kirchenfenster ja nicht nur Darstellungen Heiliger; oft und oft fungierten sie als Reklameflächen für Seidenwarenhändler, Zimmerleute oder Schuster. Bekannt ist, daß um die allergünstigste Placierung der Reklame verbissen gekämpft wurde. Die allergünstigste – das heißt: die effektvollste und dem Blick der potentiellen Kunden nächste.

Es ist sonderbar und des Nachdenkens wert, warum Könige und Fürsten beim Bauen der Kathedralen eine nur bescheidene Rolle gespielt haben. Außer bei den strikt königlichen Sakralbauten, wie der Sainte Chapelle oder dem Londoner Westminster, erschöpfte sich ihr Interesse in Subventionen, gelegentlichen Besuchen der Baustellen und darin, mitunter einen Hofarchitekten zu entsenden, der eine Expertise anzufertigen hatte. Das war alles.

Mit ständiger Sorge um die Gestalt und das Schicksal der Bauwerke belastet waren in England, Frankreich, Deutschland die Äbte und Bischöfe, in Italien die städtischen Gemeinden. Der Abt Suger darf als das Vorbild all derer gelten, die ihre ganze Energie, ihre Zeit und ihre Talente den Kathedralen gewidmet haben. Man kann ihn sich gut vorstellen, wie er mit den Vergoldern und Malern diskutierte, die Ikonographie der Glasfenster festlegte, an den Gerüsten emporklomm oder eine Expedition von Holzfällern in die benachbarten Wälder anführte auf der Suche nach hohen und starken Bäumen. Ihm ist es zu danken, daß der Bau von Saint-Denis nur drei Jahre und drei Monate währte, was einen Rekord darstellte, der jahrhundertelang ungebrochen blieb. Schirmherren solchen Schlages waren Sully für Notre-Dame, der Bischof Evrart de Fouilloy für Amiens, Gautier de Mortagne für Auxerre.

Doch genügten Energie und Begeisterung eines einzelnen nicht, um derart große Unternehmungen ununterbrochen unter Aufsicht zu halten. So wurden eigens dafür Institutionen geschaffen, Unternehmerverbände gleichsam, die in verschiedenen Ländern verschiedene Namen trugen: *fabrique, œuvre, Werk, work, opera.* Sie besorgten die Verwaltung und das Rechnungswesen, disponierten die Geldmittel, engagierten Künstler und Arbeiter, verwahrten die Pläne. Das Domkapitel delegierte einen oder mehrere Geistliche, die fortan *custos fabricae, magister fabricae, magister operis* hießen. Sie waren jedoch nicht, wie die Titel vermuten lassen könnten, Techniker, sondern Verwalter. Der Verwaltungsapparat selber spezialisierte sich rasch. In Frankreich, zum Beispiel, bezeichnete *la fabrique* das Sachgebiet der Finanzen, *l'œuvre* das der Bauführung im engeren Sinne. Mit der Zeit erlangten die neuen Verwaltungsorgane eine ziemliche Autonomie, am nachdrücklichsten in Italien, wo die Gemeinden beträchtlichen Einfluß auf die Errichtung der Kathedralen hatten.

Stellen wir uns einmal vor, wie es auf einer Baustelle zuging. Die dort Beschäftigten bildeten eine kleine, hierarchisch geordnete Gesellschaft. Auf der untersten Stufe standen die Arbeiter, die auf den Miniaturen dargestellt sind, wie sie die Leitern emporsteigen und Steine, Mörtel in kleinen Trögen tragen oder geduldig die Räder der Winden drehen. Diese Gruppe rekrutierte sich meist aus entlaufenen Bauern, Söhnen dörflicher Familien, die sich in die Städte aufgemacht hatten, um Brot zu suchen und Freiheit. Die Ungelernten mußten die schwerste Arbeit verrichten: sie hoben die Fundamente aus (manchmal bis zu einer Tiefe von zehn Metern) und schleppten das Baumaterial herbei. Dabei mochte sie – vor allem die Jüngeren, Geschickten – die Hoffnung beseelt haben, eines Tages in diesem harten Dienst abgelöst zu werden und dann auf den Mauergraten die Steine legen zu dürfen. Wirtschaftlicher Ansporn spielte also schon in dieser Gemeinschaft eine Rolle. Ein Steinträger oder ein mit der Schaufel Arbeitender verdiente täglich sieben Denare, ein Maurer zweiundzwanzig.

Ist es verwunderlich, wenn die Arbeiter nicht eben wohlwollend auf jene schauten, die sich freiwillig auf der Baustelle meldeten, wie der erlauchte Renaud de Montauban, der in der Mühsal Sühne für begangene Sünden suchte? Das *Chanson de geste des quatre fils Aymon* berichtet, daß abends, wenn die Arbeiter ihren Tagelohn empfingen, Renaud nur einen Denar erhielt. Und ich glaube nicht, daß er müßig und faul war. Im Gegenteil, er schleppte für drei,

so daß sich die Maurer untereinander stritten, wem von ihnen er helfen sollte. Man gab ihm den Spitznamen ›Arbeiter des heiligen Petrus‹. Nach acht Tagen aber schlugen ihn die verzweifelten Kollegen mit einem Hammer auf den Hinterkopf; den Körper warfen sie in den Rhein. Aus dieser blutigen Geschichte ist zu folgern, daß die Zahl der ungelernten Arbeiter groß und der Wettbewerb rücksichtslos war. Das numerische Verhältnis der gelernten Arbeiter zu den ungelernten war eins zu drei, eins zu vier, und mehr. Die Äbte von Ramzey murrten gegen diejenigen, die nicht aus Frömmigkeit, sondern des Geldes wegen – »par l'amour de la paie« – beim Bau mitwirken wollten; was uns so erstaunlich nicht vorkommt.
Betrachtet man die Dinge formal, so scheint es, daß zwischen der Gruppe der Arbeiter und den Meistern eine tiefe Kluft bestanden hat. Doch ganz so schlimm war es nicht. Die gotischen Kathedralen, diese mächtigen Improvisationen, verlangten ein sinnvolles Zusammenwirken aller am Bau Beteiligten. Schon das Material machte Kooperation zu einer Bedingung. Der auf dem Bauplatz vom Steinmetz behauene Stein mußte exakt und glatt in die offene Mauerstelle passen, denn er war kein auswechselbares Element, wie es der Ziegelstein ist. Darum wohl sehen wir in den Lohn-Tabellen, die ein wenig hausbacken und nicht hierarchisch geordnet sind, sich deutlich voneinander unterscheidende Arbeitskolonnen. Gleich unter der Position des Maurermeisters befand sich die der Gehilfen, genannt: *valets, compagnons, serviteurs,* von denen vor allem die letzteren ein Handwerk erlernen mußten, wenn auch ein vergleichsweise unkompliziertes wie das Anrichten des Mörtels. (Die Gipser dagegen zählten bereits zu den gewerblichen Handwerkern, wie man der Liste von Etienne Boileau entnehmen kann.)
Weiter oben in der Rangordnung standen die Maurer und die Meister aller Metiers, die selbständig in Holz, in Stein,

in Blei oder in Eisen arbeiteten. Sie eben waren die Konstrukteure. Die Maurer mußten die Steine legen, was deutlich in den englischen Berufsbezeichnungen zum Ausdruck kommt: *setter, layer.* Von ihnen hing es ab, ob ein Bogen den Druck des Gewölbes aushielt, ein Schlußstein nicht zerbröckelte. Miniaturen stellen sie dar bewaffnet mit einer Kelle, einer Wasserwaage und einer Bleischnur zum Loten. Im Winter verschwanden ihre Namen aus der Lohnliste, wenn sie den Bau verließen, nachdem sie die oberen Mauerpartien mit Stroh und Reisig abgedeckt hatten, um die Mauer vor Kälte und Nässe zu schützen.

Nichts oder nur wenig wissen wir hingegen von denen, die in den Steinbrüchen tätig waren. Sehr selten nur werden sie erwähnt, und das sehr detaillierte Statut des Etienne Boileau gibt uns über sie keinerlei Auskünfte. Sie waren, soviel steht fest, schlecht entlohnt und arbeiteten unter unfreundlichsten Bedingungen. Sie waren die anonymen Söldner des Kreuzzugs der Dome. Und ohne sie, die sich in feuchter, dunkler Unterwelt plagten, ohne sie, die in den Fels die Negative der Kathedralen meißelten, ohne sie wäre das nicht zu denken, was zum Staunen unser aller Augen erschaffen wurde. Meistens wurden die Steinbrüche noch vor Beginn der Ausschachtung der Fundamente ausgebeutet. Man arbeitete in Gruppen zu je acht Arbeitern unter der Leitung eines Meisters, der wesentlich mehr als seine Arbeiter verdiente; außerdem bekam er für jedes ordentliche Steinstück eine Prämie. Das Tempo der Arbeit muß sehr rasch gewesen sein, wie aus Nachrichten zu ersehen ist, die sich auf Steinbrüche bezogen, welche der Zisterzienser-Abtei im Königstal in Cheshire unterstanden. Im Laufe dreier Jahre wurden dort fünfunddreißigtausend Tonnen Stein gefördert; jede Viertelstunde verließ ein vollbeladener Wagen den Steinbruch.

Walter de Chereford, der Vorsteher der Arbeiten im Königstal, verfiel im Jahre 1277 auf den Gedanken, einen Schuppen für die Steinmetze zu errichten. Sicherlich ahnte er nicht, daß die auf französisch so genannte Loge eine blendende politische Karriere machen würde. Waren doch die Motive sehr prosaisch und rein praktischer Natur. Es ging darum, denen, die die Blöcke behauten, die Elemente für die Skulpturen vorbereiteten, einen Platz zu sichern, an dem sie ihr Essen verzehren und auch Schutz vor Hitze und Kälte finden konnten. Schlafstellen gab es dort nicht. Dagegen ist es gewiß, daß der Steinmetzschuppen (wir wissen, daß dieser erste aus tausendvierhundert Brettern bestand, also nicht sonderlich geräumig und innen ganz primitiv eingerichtet war) zu einem Ort beruflicher Diskussionen wurde. Es ist auch ein Dokument erhalten geblieben, indem von einer Intervention der bischöflichen Polizei die Rede ist, welche die Temperamente der streitenden Steinmetze hatte beruhigen müssen. Dies geschah nicht in England, sondern in Frankreich bei dem Bau der Kathedrale von Notre-Dame, denn der Brauch, Logen zu errichten, hatte sich schnell in allen Ländern verbreitet.
Auf einem Bilde van Eycks, das die heilige Barbara, die Schutzpatronin der Bauleute darstellt, sieht die Loge, oder nach unseren Begriffen der Schuppen, neben der riesigen Kathedrale wie ein kleiner Vogekäfig aus. Tatsächlich konnten höchstens zwanzig Handwerker darin Platz finden. Und sie waren in der Tat wie wandernde Vögel. Damals gab es noch keine Visa, also fuhren sie ungehindert mit dem Schiff über den Kanal *La Manche,* setzten über den Rhein und zogen sogar mit den Kreuzrittern nach Palästina. Manchmal nahm sie ein Architekt mit wie Etienne de Bonneuille, als er nach Upsala reiste, um dort eine Kathedrale zu bauen. Nicht nur aus Lust an Abenteuern reisten die Meister, sondern um bessere Arbeitsbedingungen zu suchen. Bisweilen auch war es eine Flucht vor

Zwangsarbeit, wie in England, wo der König Steinmetzmeister und Maurer rekrutieren ließ, um seine Schlösser zu bauen. Die Handwerksleute der Kathedralen jedoch waren frei und konnten sich wenden, wohin sie mochten.

Die in Stein arbeiteten, wurden »tailleurs de pierre« genannt, und dieser Begriff umfaßte sowohl die, die Steinblöcke behauten, als auch die Spezialisten, die eine Rosette ausführten, einen Gewölbebogen oder Skulpturen schufen. Eines der Geheimnisse der gotischen Architektur und ein uns unverständlicher Tatbestand ist, daß Bildhauer nicht als Künstler behandelt wurden, sondern in der anonymen Masse der Steinarbeiter untertauchten. Ihre Individualität wurde von den Architekten und Theologen gezügelt. Das Konzil zu Nicäa im Jahre 787 hatte festgestellt, daß die Kunst die Angelegenheit des Künstlers wäre, die Komposition aber (heute würden wir sagen: das Thema) die Sache der Ordensväter. Dieser Satz muß wohl einen nicht nur deklarativen Wert gehabt haben, denn im Jahre 1306 mußte der Bildhauer Tideman aus einer Londoner Kirche seine Christusfigur zurücknehmen, die als mit den Regeln der Tradition unvereinbar erachtet wurde, und obendrein wurde er gezwungen, seinen Lohn zurückzuerstatten.

Die zur Klassifizierung der einzelnen Handwerker verwendete Terminologie war arm und recht verwirrend. Oft wurde sie abgeleitet nicht aus den Tätigkeiten, sondern aus deren Gegenständen. So bezeichnete, zum Beispiel, der englische Ausdruck *hard hewers* Handwerksleute, die an schwerem Gestein arbeiteten (etwa aus der Grafschaft Kent), im Gegensatz zu denen, die zarten Stein behauten, der sich für Skulpturen eignete, und die man *freestone masons* nannte (später gebrauchte man den verkürzten Ausdruck *freemason*, aus dem dann die französische Bezeichnung *franc-maçon* hervorging, die jedoch das Mittelalter nicht gekannt hat und die sich auf die im 18. Jahrhundert entstandene bündische Philosophie der Freimaurerei bezog).

Die Arbeitszeit regulierte eine Sonnenuhr. Sie begann also bei Morgenrot und endete bei Abenddämmerung. Die englischen Maurer, wie das aus Dokumenten aus der zweiten Hälfte des 16. Jahrhunderts hervorgeht, hatten im Winter eine Stunde Zeit zum Mittagessen und nachmittags eine Pause von fünfzehn Minuten, im Sommer aber eine Stunde zum Mittagessen und zwei Pausen zu je dreißig Minuten. Im Winter wurde acht bis zehn Stunden gearbeitet, im Sommer zwölf. Der Feiertage gab es fünfzig; rechnet man die Sonntage hinzu, so ergab das etwa zweihundertfünfzig Tage effektiver Arbeitszeit im Jahr.
Um gelernte Arbeiter anzulocken, sicherte man ihnen einen Wohnplatz in Herbergen zu. Ziemlich spät, denn erst im 16. Jahrhundert, ist die Rede von einem ersten Hotel für Meister, einem *hospicium lathomorum,* bei Eton in England, und zwar mit einer Küche.
Die Lohnskalen waren einigermaßen unterschiedlich. Knoop und Jones führten in Caernarvon in den Jahren von 1278 bis 1280 siebzehn verschiedene Lohnsätze für Maurer an. Ungelernten Arbeitern wurde der Tagelohn an jedem Tage abends gezahlt. Handwerker hingegen erhielten ihren Lohn jeweils sonnabends. Wieviel verdienten sie? Eine heikle Frage, denn wir wissen nur zu gut, wie leicht es ist, irreführende Statistiken aufzustellen, die schwarz auf weiß nachweisen, daß es uns gut geht, oder daß es uns einst besser ging, oder daß es anderswo besser ist als bei uns. Die Sache kompliziert sich noch, wenn es sich um eine entlegene Epoche handelt. Auf Verantwortung eines der Parteilichkeit unverdächtigen französischen Forschers, Pierre du Colombier, wiederholen wir, daß die materiellen Bedingungen für die Arbeiter im Mittelalter günstiger waren als für die Arbeiter gegen Ende des 19. Jahrhunderts. Hinzufügen muß man, daß sich diese Feststellung wohl auf gelernte Arbeiter bezieht, nicht aber auf jene, die in Steinbrüchen dunkle Gänge herausschlugen. Baissel gibt nach

genauen Studien an, daß ein Maurer, um dreihundertsechzig Kilo Weizen zu kaufen, im 14. Jahrhundert zwölf Tage arbeiten mußte, im Jahre 1500 zwanzig Tage, und im Jahre 1882 zweiundzwanzig Tage.
Nur sehr wenige Eintragungen erlauben in die Verhältnisse einzudringen, die damals zwischen Arbeitgebern und Arbeitnehmern herrschten. Im 12. Jahrhundert brach beim Bau des Klosters in Obazin ein Streik aus. Die Arbeiter mochten die lange Fastenzeit nicht ertragen, kauften also ein Schwein, schlachteten es, aßen einen Teil auf, den Rest versteckten sie. Der Abt Stedan entdeckte das versteckte Fleisch und hieß die Leute es fortwerfen. Tags darauf verweigerten die Arbeiter den Dienst und beleidigten sogar den Abt. Der Streit endete mit einer Buße der revoltierenden Mannschaft. Ein anderer Fall eines Arbeitskampfes ist uns aus Siena überliefert. Dort wollten die Bauarbeiter Wein aus den der Kirchenverwaltung gehörenden Weinbergen kriegen. Über dreißig Jahre zog sich die Auseinandersetzung hin. Übrigens begründeten die Meuterer ihren Wunsch recht vernünftig, indem sie sagten, sie wollten keine Zeit verlieren und immer erst den Arbeitsplatz verlassen müssen, um sich die Gurgel zu spülen. Schließlich gab die Bauleitung nach und kam den billigen und verständlichen Forderungen der Arbeiter entgegen.

Die mittelalterliche Tradition führt die Genealogie der Kathedralen-Erbauer bis auf die Urheber des Tempels Salomonis zurück. Eine zugleich würdevolle und mystische Deszendenz. Auch in zeitgenössischen Erzählungen ist der mittelalterliche Architekt von einer geheimnisvollen Aura umgeben; er ist zur Hälfte Magier, zur Hälfte Alchimist, Astronom der Kreuzgewölbe, kurz: ein seltsamer Mensch unbekannter Herkunft, der eine esoterische Kenntnis der Proportionstechnik und der Konstruktion besitzt. In Wirklichkeit waren die Anfänge dieses Standes

überaus schlicht. Der Architekt war zuerst nichts anderes als einer der vielen anonymen Meister. Allein schon seine soziale Einordnung und berufliche Klassifizierung war zu verschiedenen Zeiten sehr verschieden, was beweist, daß seine Stellung und Funktion bei der Ausführung des Baues nur ungenau umrissen waren. Meistens war er Steinmetz oder Maurer. Bisweilen spielte die Rolle des Architekten der Schirmherr des Baues selber, ein Abt oder Bischof oder sonst ein welterfahrener und gebildeter Mann, der viele Länder bereist hatte, was besonders wichtig erschien, denn nicht selten waren die Kathedralen Nachahmungen berühmter, bereits existierender sakraler Bauwerke.
Allmählich präzisierte sich die Rolle des Architekten; seine Bedeutung wuchs, kann man sagen, im Maße, in dem die Kathedralen wuchsen. Um die Mitte des 13. Jahrhunderts stabilisierte sich das Ansehen dieses Berufes. Doch eben in diesem Zeitabschnitt stoßen wir auf einen Text, vor dem wir voller Staunen die Hände auseinanderbreiten. Der Moralist und Prediger Nicolas de Biard entrüstete sich: »Es ist zu einem Brauch geworden, daß bei großen Bauten ein Meister da ist, der die Arbeit durch Worte dirigiert, selber aber selten oder gar nicht mit Hand anlegt.« Das ähnele dem Verhalten vieler Prälaten, fügte Nicolas de Biard hinzu, um seine Mißbilligung abzurunden.
Das Zitat beweist, daß die Emanzipation des neuen Berufsstandes nicht gerade leicht war. Die Architektur war kein Universitätsfach. Also gab es unter ihren Jüngern neben erfahrenen Handwerkern bisweilen auch Amateure, die zu diesem Beruf gekommen waren wie ein gewisser berühmter Perrault, der »aus einem schlechten Arzt sich in einen guten Architekten verwandelte«, oder den Mathematiker und Astronomen Wren, oder den Komödienschreiber Vanbrough. Doch waren das wenigstens Intellektuelle, wie wir heute sagen würden. Es gab unter den Architekten aber auch ungebildete Leute (Peach berichtet davon), zum Bei-

spiel jenen Dorfmaurer, einen Analphabeten, der auf Malta eine große Kirche mit einer Kuppel errichtete. Vielfach widmeten Mönchsorden sich der neuen beruflichen Tätigkeit: im Mittelalter war der Ruf der Zisterzienser als der von Konstrukteuren allgemein und lieferte sogar den Anlaß zu einem Streit zwischen Papst und Friedrich II. Der Kaiser zwang die Zisterzienser, ihm seine Burgen zu bauen.

Die Theologen sprachen der Architektur einen Platz unter den freien Künsten ab. (Zweifellos schmerzte das die Architekten, die solche Ungerechtigkeit dadurch wettzumachen trachteten, daß sie sich Universitätstitel zulegten, beispielsweise *magister cementariorum, magister lapidorum.)* Wir wissen, daß dies den Unwillen der Pariser Behörden erregte, die keineswegs damit einverstanden waren, daß Architekten mit Maurern auf eine Stufe gestellt wurden. (Arme Juristen! Was ist von ihrer Kasuistik übrig geblieben? Witzeleien in Komödien.)

Wie sieht das heute aus? Wer gilt uns als ein Architekt? Doch wohl der, der die Pläne anfertigt. Sind die Pläne der mittelalterlichen Kathedralen erhalten geblieben? Erst seit der Mitte des 13. Jahrhunderts. Aus jenem Zeitabschnitt stammt das unschätzbare Album Villard de Honnecourts, von dem noch die Rede sein wird. Zwar besitzen wir Aufzeichnungen der Abtei von Sankt Gallen aus dem 11. Jahrhundert und einen Entwurf der Wasserverteilung für die Abtei Canterbury aus dem 12. Jahrhundert, aber schwerlich sind diese Skizzen Pläne zu nennen wegen ihrer naiven Perspektive, die an Zeichnungen von Kindern erinnert. Diesen Mangel an Quellen zur Erforschung der Taten der Architektur kann man sehr leicht mit dem hohen Preis des Pergamentes erklären. Vielleicht wurden deshalb Pläne auf anderem, weniger dauerhaftem Material angefertigt. Und vielleicht leuchtete die Idee des begonnenen Baues im Geiste der Initiatoren nicht allzu klar.

Die Bauleitungen der Kathedralen in Straßburg, Köln, Orvieto, in Wien, Florenz und Siena hüteten eifersüchtig ihre Pläne und Projekte. Zu jener Zeit war es, daß so genannte *tracing houses, chambres aux traits* – kleine, dem Architekten untergeordnete Zeichnergruppen – organisiert wurden. Pergament war billiger geworden, die Zeichentechnik hatte sich sehr entwickelt; trotzdem ist es schwierig, die Geschichte des Baues auf Grund dieses Materials wiedererstehen zu lassen. Denn häufig wurden nur Aufriß- und Fassadenzeichnungen gemacht, und diese fast niemals vollständig. Auch kümmerte man sich gar nicht um Genauigkeit und das Einhalten des Maßstabs. Es handelte sich also um etwas summarische Zusammenfassungen und nicht um technisch genaue Zeichnungen für die Ausführenden. Das gleiche war es mit den aus Wachs oder aus mit Gips bedecktem Holz angefertigten Modellen, wie sie auf Bildern Heilige und Stifter auf ihren Händen tragen. Alles das waren Verständigungsmittel zwischen dem Architekten und dem Schirmherrn des Baues, nicht aber zwischen dem Entwerfenden und den Ausführenden.
Durch eine glückliche Fügung blieb jedoch ein Dokument erhalten, das uns einen zuverlässigeren und tieferen Einblick in die Werkstatt eines Architekten erlaubt als alle anderen erhaltenen Überlieferungen und Pläne: das erste und einzige uns bekannte mittelalterliche Handbuch für Architektur, eine kleine Enzyklopädie der Bauwissenschaft und zugleich ein Heft mit Notizen und Zeichnungen, praktischen Ratschlägen und Erfindungen. Es ist die Rede vom Album Villard de Honnecourts. Leider machen die dreiunddreißig Pergamentblätter, die auf unsere Zeit gekommen sind, kaum die Hälfte des Werkes aus. Es fehlt ein ganzer Teil, der dem Zimmereihandwerk und der Holzkonstruktion gewidmet ist, die für Baumeister von Kathedralen von kapitaler Bedeutung waren. Dennoch ist das in diesem Vademecum eines Architekten enthaltene

Material so reichlich, daß es über die Blätter des Heftes hinauszuquellen scheint. Was gibt es da nicht alles! Mechanik, und Geometrie, und praktische Trigonometrie, und Skizzen von Kathedralen, und Zeichnungen von Tieren, von Menschen, von Ornamenten und architektonischen Details. Denn Villard, aus dem kleinen Dorf Honnecourt in der Picardie, war ein Mann von ungeheurem Wissensdurst. Er reiste viel, sah eine große Zahl von gotischen Kathedralen in Meaux, Laon, Chartres, Reims, war auch in Deutschland und in der Schweiz, kam sogar nach Ungarn – und überall zeichnete und notierte er die ihn interessierenden Dinge: den Plan eines Chors, ein Heupferdchen, eine Rosette, einen Löwen, ein menschliches Gesicht, das aus dem Muster eines Blattes hervorkommt, eine Kreuzabnahme, Akte, Gestalten in Bewegung. Manche Zeichnungen sind ein wenig grobschlächtig und schematisch, in ein Rechteck oder Dreieck eingetragen, so als wenn Villard die schwere Hand eines Bildhauers gehabt hätte. Andere, wie die Gestalt einer Knienden, setzen in Erstaunen durch die dekorative Kunst und die Perfektion in der Wiedergabe der Draperie. Ihn interessierten auch Erfindungen: eine Säge, die im Wasser schneidet, ein Rad, das sich von selber dreht (der ewige Traum von einem perpetuum mobile), und *gadgets* – wie die Amerikaner sagen würden –, also technische Kuriositäten und Tricks.

Geschichtsschreiber stellen die mittelalterlichen Architekten als eine Sekte dar, die über ihren Geheimnissen eifersüchtig wachte. Waren diese Geheimnisse tatsächlich von Wichtigkeit, so mußten sie sich auf eine exakte Wissenschaft beziehen. Würde man dies voraussetzen, so müßten die Architekten die einzigen Menschen im Mittelalter gewesen sein, welche die Eigenschaft geometrischer Figuren kannten, die Grundsätze der Festigkeit der Materialien und die Grundgesetze der Mechanik beherrschten. Das Heft Villards schweigt zu diesem Thema. Es ist eine Sammlung praktischer Vorschriften, das »Kochbuch« eines mittelalterlichen Architekten.

Wir wissen aus der Geschichte der Wissenschaften, daß die mathematischen Kenntnisse des Mittelalters bescheiden waren. Aus der Mitte des 11. Jahrhunderts stammt die Korrespondenz zweier Gelehrter: Ragimbolds von Köln und Radolfs von Lüttich, über die ein strenger zeitgenössischer Forscher sagt: »Die Analyse dieser Briefe führt zur Feststellung der Ignoranz ihrer Verfasser.« Beide Gelehrte nämlich waren außerstande, einen einfachen geometrischen Beweis zu führen und die Größe eines Außenwinkels bei einem Dreieck anzugeben. Es ist ungewiß, wie lange man auf einen neuen Euklid hätte warten müssen, wären nicht die Araber gewesen, durch deren Vermittlung Europa im 12. und 13. Jahrhundert Aristoteles, Plato, Euklid und Ptolemäus kennenlernte. Zweifellos kamen in den Genuß des neuen Wissens auch die Architekten; es ist jedoch kaum mehr zu klären, welchen Gebrauch sie davon gemacht haben.

Unsere Vorväter im 19. Jahrhundert waren unverbesserliche Optimisten, wenn sie vom Rationalismus der gotischen Bauweise sprachen. Für wahrscheinlicher halte ich die Ansicht derer, die sagen, daß die Architekten der Kathedralen ihr Wissen aus empirischen Versuchen und aus der praktischen Erfahrung gewonnen haben, nicht jedoch aus Berechnungen, theoretischen Überlegungen und Kalkulationen. Wo die Intuition regiert, mangelt es nicht an Irrtümern. Baukatastrophen bei gotischen Kathedralen passierten weit öfter, als wir zu glauben geneigt sind, und sie beschränkten sich keineswegs auf den berüchtigten Unglücksfall von Beauvais oder auf das mißlungene Experiment, den sienesischen Dom zu verbreitern. Eine Expertise über die Kathedrale in Chartres hundert Jahre nach ihrer Fertigstellung offenbarte erschreckende Dinge: das Querschiff drohte einzustürzen, das Portal mußte durch eine Eisenkonstruktion gefestigt werden. Als nicht minder alarmierend erwies sich im 16. Jahrhundert der Zustand von Notre-Dame. Wie konnte dergleichen geschehen? Meistens waren die Fundamente nicht sicher und haltbar genug, um den immer höher strebenden Bau zulänglich zu verankern. Diese leidenschaftliche Liebe zur Vertikalen kommt recht gut zum Ausdruck in der Höhe der nacheinander entstehenden Kathedralen: Sens – 30 Meter; Paris – 32,50 Meter; Chartres – ungefähr 35 Meter; Bourges – 37 Meter; Reims – 38 Meter; Amiens – 42 Meter, und schließlich Beauvais – 48 Meter.

Die Vorfälle beim Bau des Mailänder Doms, über die wir dank der Protokolle einer Kommission von Experten ziemlich genau Bescheid wissen, bezeugen eine Unbekümmertheit, welche die Rationalisten empören sollte. Erinnern wir uns: die Mauern waren bereits hochgezogen, und da wurde nicht etwa über schmückende Details diskutiert, sondern über eine grundsätzliche Angelegenheit: den Plan der Kathedrale. Ein französischer Architekt, Jean Mignot, nahm denn auch diese Begebnisse zum Anlaß, seine italienischen Kollegen bitter zu kritisieren, und formulierte die Maxime: *Ars sine scientia nihil est.* Jene *scientia* aber war rein empirisch; einen wahrhaft wissenschaftlichen Beweis vermochte keine der streitenden Parteien zur Erhärtung ihres Standpunkts zu erbringen.

Bekannt ist, daß die Alchimie mehr Geheimnisse hat als die Chemie; doch die kulinarische Kunst erweist sich als noch weit geheimnisvoller – bis zum gegenwärtigen Tag ist sie esoterisch geblieben. Das entscheidende Geheimnis der mittelalterlichen Architekten war ihre Geschicklichkeit, nach einem Plan zu bauen, ihr eigentliches Wissen jedoch bestand aus Tausenden von, wie wir heute sagen würden, Küchengeheimnissen – Unterscheidungen der Gesteinsarten, zum Beispiel, oder der Mischungsgesetze für Mörtel. Zur Wahrung dieser Kenntnisse wurden nicht nur die

Architekten verpflichtet, sondern auch die Steinmetzmeister, die Maurer, die Gipser und die Arbeiter, die den Kalk anrührten und die auf einer der unteren Sprossen der Hierarchie standen. Ähnliche Vorschriften zur Geheimhaltung gab es übrigens auch in anderen Berufen.
Ein richtiggehendes Reglement für die Baumeister der Kathedralen ist in zwei englischen Manuskripten auf uns gekommen: das eine, Regius genannt, ward um das Jahr 1390 geschrieben, das andere, Cook, etwa vierzig Jahre später. Neben Vorschriften in puncto Religion, Moral und Sitte enthalten sie auch Anweisungen zur Diskretion. Sie gebieten nämlich, daß man Gespräche nicht wiederholen solle, die in den Logen oder an anderen Orten geführt wurden, wo sich Maurer versammelten. Historiker waren lange Zeit der Meinung, es habe sich dabei um ein Verbot gehandelt, esoterische Formeln zu wiederholen. Wie neuere Forscher nachgewiesen haben, bezog sich die Verordnung jedoch auf strikt technische und berufliche Dinge, zum Beispiel auf das Verfahren, einen Stein so einzusetzen, daß seine Lage derjenigen glich, die er im Fels eingenommen hatte, aus dem er herausgebrochen worden war.
Immer wieder wurde behauptet, daß die mittelalterlichen Maurer einander mittels merkwürdiger, geheimer Zeichen erkannt hätte. Neuere Untersuchungen haben ergeben, daß ein solcher Brauch nur in Schottland bekannt und dort mit der Arbeit an einer besonderen Gesteinsart verbunden war, die nach Schottland importiert wurde. Ein Brauch also, der den Zweck hatte, hochqualifizierte Meister vor wenigerqualifizierten zu schützen, und der zudem eng mit lokalen Verhältnissen verknüpft war.
Der Streit, ob die Kathedralen *more geometrico* gebaut wurden oder ›intuitiv‹, wie eine Honigwabe, kann nicht generell entschieden werden, denn das hing sowohl vom Zeitpunkt wie vom Ort und dem jeweiligen Stand der Wissenschaft ab, und auch von der Ausbildung der Archi-

tekten. Alexander Neckam, der gegen Ende des 12. Jahrhunderts lebte, verfocht die geniale Einsicht, daß die Schwerkraft zum Mittelpunkt der Erde strebe. Die praktische Folgerung, die er daraus zog, war freilich alles andere als genial und eher erschreckend, und zum Glück machten die Architekten keinen Gebrauch von ihr. Neckam empfahl nämlich, die Mauern vom Fundament an im Verhältnis zu ihrer Höhe progressiv zu verbreitern ...

Wir wollen uns noch kurz mit dem Prinzip des Moduls beschäftigen, einer arbiträr angenommenen Größe, die in den mannigfachsten Abwandlungen in allen Teilen des Bauwerks wiederkehrt, zum Beispiel in der Länge des Schiffes, der Höhe der Säulen, dem Verhältnis der Breite des Transepts zum Hauptschiff. Es besteht kein Zweifel, daß die mittelalterlichen Architekten einen solchen Modul anwandten. Der amerikanische Archäologe Sumner Crosby hat entdeckt, daß der bei der Kathedrale von Saint-Denis verwendete Modul dreihundertfünfundzwanzig Millimeter betrug. Doch kommt darin ein nicht so sehr konstruktiver als ästhetischer Grundsatz zum Ausdruck; man wußte nämlich sehr gut, daß die Einhaltung bestimmter geometrischer Regeln eine Harmonie der Proportionen ergibt.

Anfangs war der Architekt einer unter zahlreichen Handwerkern, er erhielt einen Tagelohn und arbeitete als Steinmetz. Noch im 16. Jahrhundert empfing er, was uns wundert, in Rouen einen geringeren Lohn als die Maurer, dafür zahlte man ihm jährlich eine Prämie. Mit der Zeit jedoch wurden die materiellen Vorteile dieses Berufes immer deutlicher; so wurde den Architekten der Tagelohn gezahlt, auch wenn sie nicht auf dem Bauplatz anwesend waren. Hinzu kam die Entlohnung in Form von Naturalien und Kleidung. Zunächst hatte diese Standeskleidung die Bedeutung einer Livree – sie betonte ein Dienstverhältnis. Doch wenn wir erfahren, daß im Jahre 1255 John

Gloucester einen pelzgefütterten Mantel erhielt, so ist das bereits als ein Zeichen der Nobilitierung zu interpretieren. Um den Architekten an das Werk zu binden, schenkte die Verwaltung ihm ein Pferd, ein Haus und erlaubte ihm, an der Tafel des Abtes zu speisen. In Italien und in England waren die materiellen Bedingungen für die Bauleiter bald viel besser als in Frankreich. Das Jahresgehalt eines Baumeisters betrug auf der Insel im 14. Jahrhundert 18 Pfund; damals berechtigte ein Einkommen aus Grundbesitz von jährlich 20 Pfund zum Führen eines Adelstitels. Im 13. Jahrhundert verfügte der Hofarchitekt Karls von Anjou über den Titel *proto-magister,* ein Gefolge zu Pferde und wurde zu den Rittern gezählt.
Die meisten gotischen Kathedralen waren das Werk mehrer Architekten. Man bemühte sich jedoch, die Aufsicht für möglichst lange Zeit einem einzigen Mann anzuvertrauen, um Kontinuität zu gewährleisten. Kontrakte auf Lebenszeit gehörten nicht zu den Ausnahmen: sie sicherten dem Architekten im Falle einer unheilbaren Krankheit oder bei Verlust des Augenlichts eine lebenslange Rente zu. Immer wieder kam es vor, daß ein Architekt an mehreren Bauvorhaben gleichzeitig mitwirkte; um das zu verhindern, wurden bisweilen Klauseln in die Verträge aufgenommen, so eine sehr drakonische in den Kontrakt der Bauverwaltung in Bordeaux mit dem *Maçon, maître après Dieu des ouvrages de pierre* Jean Lebas. Lebas mußte sich verpflichten, nicht öfter als ein Mal pro Jahr den Bau zu verlassen, und dann nur, um seine Familie zu besuchen. Begreiflich, daß den Architekten sehr viel an Reisen gelegen war: eine zusätzliche Einnahmequelle für sie waren die Expertisen, die zugleich Autorität und Ruhm ihrer Urheber beförderten.

Auseinandersetzen muß man sich schließlich mit der Legende von der Anonymität der Baumeister der Kathedra-

len. Dutzende von Namen sind bis auf unsere Zeit überliefert, und nicht allein dank genau geführter Chroniken oder Rechnungsregister. Die mittelalterlichen Architekten unterzeichneten ihre Werke, wenn man so sagen darf, mit Stolz und Freude. Dafür findet sich in der Kathedrale von Chartres auf dem Steinboden das einzige erhaltene Beispiel, das der Aufmerksamkeit der Forscher lange entging: ein Labyrinth in Gestalt eines Kreises mit einem Durchmesser von 18 Metern. Das Zentrum des Labyrinths, das ein fernes Echo der kretischen Kultur ist, bildete eine Gedenkplatte. Leider sind wir gehalten, uns auf eine Beschreibung und den Text zweier Inschriften zu stützen, da das Orginal nicht unbeschädigt die Epochen überdauert hat. Bei den Inschriften handelt es sich weder um Verse aus dem Evangelium noch um liturgische Prosa, wie man eigentlich vermuten müßte. Gänzlich unerwartet für die Anhänger der These von der Anonymität der mittelalterlichen Baumeister lautet die Inschrift in Amiens: »Im Jahre der Gnade 1220 wurde mit dem Bau dieser Kirche begonnen. Bischof war dazumal Evrart, König von Frankreich Louis, Sohn Philipps. Der, welcher der Meister des Werkes war, nannte sich Robert de Luzarches, nach ihm kam Thomas de Cormont, nach diesem scin Sohn Renaud, der diese Inschrift anbrachte im Jahre 1288.« Auf weißem Marmor waren die drei Architekten zusammen mit dem Bischof abgebildet.
Nicht nur die Bauleiter überlieferten ihre Namen der Nachwelt. Das berühmte Tympanum in Autun trägt den Hinweis »Gislebertus fecit hoc opus«. Auch kommen derlei Urhebervermerke an architektonischen Details vor, an Kapitellen oder Schlußsteinen. Auf dem Schlußstein eines Gewölbes der Kathedrale von Rouen ist die stolze Feststellung zu entziffern »Durandus me fecit«.
Eine Bemerkung noch zu den Zeichen auf den Steinen. Bereits das Mittelalter kannte die Akkordarbeit, vornehm-

lich beim Bau von Burgen, und dann besonders in Fällen, wo zwangsweise rekrutierte Arbeiter beschäftigt waren; davon zeugen die Mauern von Aiguesmortes. Ausnahmsweise findet man diese Art Zeichen auch an Steinen der Kathedralen, und da stammen sie von neu angeworbenen Arbeitern, deren Geschicklichkeit dem Meister noch nicht bekannt war. Eine wichtige Funktion hatten die Zeichen, die in den Steinbrüchen angebracht wurden: in diesen Fällen diente die Kennzeichnung des Materials dem Zweck, die einzelnen Mauern aus Steinen gleicher Herkunft oder Beschaffenheit zusammenzusetzen, was Dauerhaftigkeit garantierte und später Verbesserungen bei Rekonstruktionen ermöglichte.

Nur schwer können wir uns vorstellen, wie es gelang, ohne genaue Numerierung die vielen Skulpturen, die die Simse, Portale und Galerien der Kathedralen bevölkern, richtig einzuordnen. Verwechslungen ließen sich da nicht vermeiden. So sind die Skulpturen, die an der Kathedrale von Notre-Dame die Monate symbolisieren, in umgekehrter Reihenfolge angebracht worden. Die Baumeister in Reims wollten solche Fehler nicht begehen. Darum bezeichneten sie an den Mauern mit liebevoller Sorgfalt die Plätze der Skulpturen, die in Armeestärke die Kathedrale bestürmen.

Erst in einer verhältnismäßig späten Periode brachten die Meister Signaturen im strengen Sinne an. Es sind das geometrische Figuren, Dreiecke, Vielecke, manchmal Zeichnungen von Gerätschaften oder Buchstaben. Die Signaturen waren erblich. Arbeitete ein Vater gemeinsam mit seinem Sohn auf dem Bau, wurde dem Zeichen eine Einzelheit hinzugefügt, beispielsweise ein Strich, um ihre Steine voneinander zu unterscheiden. Die anfangs einfachen Zeichen nahmen im Laufe der Entwicklung zusehends an Kompliziertheit und Verschlungenheit der Formen zu, was vor allem für die Zeichen der Architekten des 15. Jahrhunderts gilt. Alexandre de Bernard setzte ans Ende seines

Namenzuges regelmäßig ein sternförmiges Fünfeck. Das einstmals bescheidene Kennmal – von den Arbeitern dem Stein eingegraben, damit man sie bei der Auszahlung der Löhne nicht übervorteile – wurde zum Signalement und zum Symbol beruflichen und ständischen Selbstbewußtseins.

Der Hundertjährige Krieg versetzte der Kunst des Kathedralenbauens den tödlichen Stoß. Die ersten Anzeichen einer Krise waren schon gegen Ausgang des 13. Jahrhunderts zu erkennen gewesen: über Europa wälzte sich eine Welle der Verfolgung des Gedankens hinweg – Roger Bacon starb 1294 im Gefängnis, die Freiheit der Meinung an den Universitäten wurde eingeschränkt. Die zentralistische königliche Macht, insbesondere in Frankreich, legte die städtischen Gemeinden in Fesseln und ordnete sie ihren Zwecken unter. Die bislang großmütige junge Bourgeoisie hörte auf, für die Fertigstellung von Türmen zu opfern, über denen Kriegswolken sich zusammenzogen. Was den Tempelrittern widerfuhr, darf als eine symbolische Episode des Endes einer Epoche gedeutet werden.
Die wirtschaftliche Entwicklung stagnierte, die demographische Kurve fiel, und die Inflation vertiefte sich. Davon erzählte ein schönes Liedchen aus dem Jahre 1313:

Il se peut que le roy nous enchante,
Premier nous fit vingt de soixante,
Puis de vingt, quatre et dix de trente.
... Or et argent tout est perdu,
Ne jamais n'en sera rendu.

Der Krach der italienischen Bank Scali, beinahe in ganz Europa als ein Schock empfunden, fiel mit dem Datum des Ausbruchs des Hundertjährigen Krieges zusammen. An die Stelle der Kathedralen traten die Festungen. Die Zeit der dicken Mauern kehrte zurück. Es verödeten die unvollendeten Dome. Niemanden interessierten mehr hohe Bögen und kunstvolle Gewölbe. Die Söhne derer, die das Lächeln eines Engels meißelten, drehten Kanonenkugeln.

Arles

Tausende von farbigen Lampen, die über den Straßen hingen, warfen närrische Buntheit auf die Köpfe der umherwimmelnden Menschen. Aus offenstehenden Türen und Fenstern drang Musik. Die kleinen Plätze wirbelten wie Karusselle. Als wäre ich mitten in ein großes Fest hineingesprungen: so kam mir Arles vor am ersten Abend nach meiner Ankunft.

Ich hatte ein Zimmer gemietet im obersten Stockwerk eines Hotels gegenüber dem Musée Reatu in einer Gasse, die so eng und abschüssig war wie ein Brunnenschacht. Man konnte nicht schlafen. Das war kein Straßenlärm, sondern das durchdringende Beben einer Stadt.

Ich ging auf den Boulevards in Richtung der Rhone. »Du rascher Fluß, in den Alpen entsprungen, der du rings um dich Nächte und Tage dahinrollst und meine Sehnsüchte dorthin, wohin deine Natur dich führt und mich die Liebe«: so hatte einst Petrarca gesungen. Die Rhone ist in der Tat ein gewaltiger, dunkler Strom und schwer wie ein Büffel. Helle provenzalische Nacht, kühl, aber mit heimlicher Glut über sich.

Ich kehrte zur Stadtmitte zurück, den Spuren der Stimmen und der Musik folgend. Wie soll man eine Stadt beschreiben, die nicht aus Stein ist, sondern ein Körper? Arles hat eine warme, feuchte Haut; darunter schlägt der Puls eines gefesselten Tieres.

Im Café de l'Alcazar trank ich einen Côte du Rhône. Erst eine farbige Reproduktion über der Bartheke erinnerte mich daran, daß dies ja das Thema des berühmten Bildes von van Gogh ist: *Le café de nuit*, und daß er selber hier gewohnt hat im Jahre 1888, als er in die Provence gekommen war, um ein intensiveres Blau zu erzielen als das des Himmels und ein noch blendenderes Gelb als das der

Sonne. Ob man seiner hier gedachte? Lebte noch jemand, der ihn mit eigenen Augen gesehen hatte? Der Barschenk erwiderte mir mißmutig: gewiß, es gebe hier einen pauvre vieillard, der etwas von van Gogh erzählen könnte. Jetzt aber sei er nicht da; gewöhnlich sitze er hier vor dem Mittag und rauche gern amerikanische Zigaretten.
Also begann ich Arles nicht von den Griechen und Römern, sondern vom Fin de siècle aus zu erobern.
Tags darauf zeigte man mir im Café de l'Alcazar jenen Alten. Auf einen Spazierstock gestützt, das Kinn auf den gefalteten Händen, döste er über einem Glase Wein.
»Man hat mir gesagt, daß Sie van Gogh gekannt haben.«
»Ich kannte ihn, ja, ich kannte ihn. Und wer sind Sie? Ein Student oder ein Journalist?«
»Ein Student.«
Ich merkte, daß ich da etwas Dummes gesagt hatte, denn der Alte schloß die Augen und hörte auf, sich für mich zu interessieren. Ich kramte also amerikanische Zigaretten hervor. Der Köder wirkte. Der Alte sog genießerisch den Rauch ein, leerte sein Glas und betrachtete mich aufmerksam.
»Interessiert Sie van Gogh?«
»Sehr.«
»Warum?«
»Er war ein großer Maler.«
»So sagt man. Ich habe keins seiner Bilder gesehen.«
Er klopfte mit knochigem Finger an das leere Glas, das ich gehorsam füllte.
»Ja also. Van Gogh. Er ist schon gestorben.«
»Aber Sie haben ihn gekannt.«
»Wer hat ihn schon gekannt? Er lebte einsam wie ein Hund. Die Leute fürchteten sich vor ihm.«
»Weswegen?«
»Er lief auf den Feldern mit solch großen Leinwänden umher. Die Jungen schmissen Steine nach ihm. Ich habe

nicht geschmissen. Ich war damals zu klein. Ich war drei oder vier Jahre alt.«
»Also mochten Sie ihn nicht?«
»Er war sehr komisch. Seine Haare waren rot wie eine Mohrrübe.«
Der Alte fing überraschend an zu lachen, ausdauernd, von Herzen und mit Befriedigung.
»Er ist ein sehr komischer Mensch gewesen. Il était drôle. Haare hatte er, rot wie eine Mohrrübe. Ich entsinne mich dessen genau, denn diese Haare sah man schon von weitem.«
Und damit endeten die Erinnerungen dieses Menschen an den Propheten.
Abendbrot aß ich in einem kleinen Restaurant an der Place de la République. Die provenzalische Küche, die ich in bescheidenem Umfang und in drittrangigen Lokalen kennengelernt habe, ist ausgezeichnet. Zuerst kam ein Blechtablett mit Vorspeisen auf den Tisch: mit Oliven, schwarzen und grünen, mit kleinen pikanten Zwiebelchen, Chicorée und scharf angerichteten Kartoffeln. Dann folgte eine vortreffliche Fischsuppe, ein Cousine der Königin der Suppen, der Marseiller Bouillabaisse, gewürzt mit Knoblauch und Wurzelgemüse. Eine Scheibe Lende in Pfeffer gebraten. Reis aus der nahen Camargue, Wein und Käse.
An der Wand wieder Reproduktionen nach van Gogh: *Brücke über die Rhone*, *Olivenhain* und *Der Briefträger Roulin.* »Ein guter Kerl«, hatte der Maler über ihn geschrieben, »denn er wollte kein Geld annehmen, wir pflegten zusammen zu essen und zu trinken, was teurer kam . . . Doch das ist eine Kleinigkeit, wenn man bedenkt, daß er sehr gut Modell saß.«
Der Inhaber des Restaurants hatte den Meister nicht gekannt, doch erinnerte er sich einer in der Familie seiner Mutter oft erzählten Anekdote. Derzufolge kam eines Nachmittags jener wahnsinnige Maler in den Weingarten

der Familie gestürzt und wollte mit Geschrei den Kauf eines Bildes erzwingen. Nur unter Mühen habe man ihn schließlich aus dem Garten hinausdrängen können. »Er verlangte nur fünfzig Franken«, verstummte der Wirt in grenzenloser Melancholie.

Während seines Aufenthaltes in Arles und im nahen St. Rémy schuf van Gogh Hunderte von Gemälden und Zeichnungen. Nichts davon ist in der Stadt verblieben, deren Einwohner an die Behörde ein Gesuch richteten, man möge den Maler in ein Irrenhaus sperren. Das Lokalblatt veröffentlichte das Dokument. Es ist aufbewahrt im Musée Arletan in einer Vitrine, zur ewigen Schande der Krämer. Die Enkel würden ihren Großvätern zwar diese Grausamkeit verzeihen, nicht aber die Dummheit, ein Vermögen ausgeschlagen zu haben, wie es jetzt noch die geringste der Skizzen repräsentiert, die mit dem Namen van Gogh signiert ist.

Es ist an der Zeit, die Stadt methodisch zu betrachten.

Das fruchtbare Tal der Rhone hat seit Jahrhunderten Eroberer angelockt. Als erste waren hier die Griechen, die im 6. Jahrhundert vor unserer Ära Marseille gegründet haben. Arles, an einem strategisch wie kommerziell wichtigen Punkt im Delta der Rhone gelegen, war damals eine nicht allzu große Faktorei dieser mächtigen griechischen Kolonie. Kein Wunder, daß aus jener Epoche nicht viel erhalten geblieben ist.

Die wirkliche Blüte Arles' und der ganzen Provence fällt in die Zeit der Römer. Die Stadt hieß damals Arelate und war mit wahrhaft römischem Schwung und urbanistischem Talent geplant. Ihre rasche Entwicklung datiert aus jenen Tagen, da Marseille, mit Pompeius verbündet, sich den Zorn Julius Caesars zuzog. Der nahm die Stadt im Sturm im Jahre 49 mit Hilfe von Kriegsschiffen, die auf den Werften von Arelate gebaut worden waren. Siedler kamen nach Arles, arme Einwohner von Latium und der Campa-

gna sowie Veteranen der 6. Legion. Seitdem lautete der amtliche Name der Stadt: *Colonia Julia Arelatensium Sextanorum.* Ausgezeichnete Straßen, mächtige Aquädukte und Brücken verschmolzen das eroberte Territorium zu einem administrativen und politischen Organismus. Nach den Grausamkeiten der Eroberung erfuhr die Provence die Gnade einer neuen Zivilisation. Noch heute ist an den Ufern der Rhone die Verehrung des guten Kaisers Augustus lebendig, von dem die Leute mit solcher Wärme reden wie meine galizischen Ahnen von Franz Josef. Der schöne Kopf des Kaisers im Lapidarium von Arles ist voller Energie und Sanftmut.
Das heidnische Lapidarium ist bescheiden. Es enhält keine Meisterwerke, nicht einmal so hervorragende Werke wie die Venus von Arles, eine Kopie nach Praxiteles, die um die Mitte des 17. Jahrhunderts in den Ruinen des Theaters gefunden und Ludwig XIV. geschenkt wurde. Einige Porträtplastiken, Sarkophage, Relief-Fragmente, zwei schöne Tänzerinnen in faltigen Gewändern, in denen der Wind erstarrt ist. In den besten Skulpturen dämmert noch hellenische Tradition, doch viele dieser Gebilde tragen das Mal des Provinziellen, einer schwerfälligen gallo-römischen Werkstatt. Hier kann man, wie nirgendwo sonst in den berühmtesten Museen, frühe Beispiele jener mittelmäßigen, zwar handwerklich braven, aber durch und durch ungenialen Kunst betrachten, die ein paar Jahrhunderte später in der Romanik wiedererstehen wird.

Die Uhren schlagen die Mittagsstunde. Der Aufseher schließt das Lapidarium, tritt zu mir heran und macht mir mit verschwörerischem Flüstern den Vorschlag, etwas anzuschauen, das dem Publikum noch nicht zugänglich gemacht sei, das aber seiner Meinung nach mich noch mehr beeindrucken werde als all die hier gehäuften Skulpturen. Ich erwarte eine neu entdeckte Venus. Wir steigen über eine Wendeltreppe unter die Erde. Seine kleine Laterne beleuchtet einen breiten steinernen Gang, der durch einen niedrigen Portikus geteilt ist. Das sieht ein wenig nach Kasematten aus, ein wenig auch nach einem Eingang zu einem unterirdischen Tempel. In Wirklichkeit waren das einst römische Lebensmittel-Magazine. Die Ausmaße dieser Lagerräume sind tatsächlich imposant. Um mich zu erstaunen, fügt der Aufseher noch Einzelheiten über die Unterbringung der Waren hinzu: »Hier, wo es trocken war, befand sich das Getreide. In der Mitte, wo die Temperatur stets gleichmäßig war, lagen die Fässer mit Wein. Weiter in der Tiefe reiften die Käselaibe.« Ich bin mir nicht sicher, ob diese Informationen stimmen, doch ist die Begeisterung dieses einfachen Mannes für die ökonomischen Talente der Römer so groß, daß ich ihm ohne Widerspruch glaube. Jetzt weiß ich, was den größten Eindruck auf die Phantasie der Nachkommen der Gallier macht. Nicht die Triumphbögen und die Köpfe der Caesaren, sondern Aquädukte und Getreidelager.

Das monumentalste Andenken an die Römer ist das Amphitheater. Es steht auf einer Anhöhe. Zwei Etagen gewaltiger Bögen mit dorischen Pfeilern unten und korinthischen Säulen oben. Eine nackte Konstruktion aus zyklopischen Blöcken. Keinerlei Leichtigkeit und Schönheit, wie ein naiver Bewunderer der Römer geschrieben hat. Ein Ort, wie geschaffen für Gladiatoren und Liebhaber heftiger Emotionen.

Mich führt ein einbeiniger Invalide aus dem Ersten Weltkrieg herum. Es ist Spätherbst, und nur wenige Besucher kommen. Er hat soeben die Kasse geschlossen und möchte mit jemandem sprechen.

»Früher waren das andere Zeiten. Ich habe ein Bein auf den Feldern der Champagne verloren, und was habe ich davon? Einen elenden Posten. Bei den Römern hätte ich ein eigenes Haus, einen Weinberg, ein Stück Acker und Gratiskarten für den Zirkus.«

»Aber in diesem Zirkus wurden wilde Tiere auf Menschen gehetzt«, sage ich in der Absicht, ihm das Idyll zu zerstören.

»Vielleicht gab es das anderswo, nicht aber in Arles. Professoren sind bei uns gewesen und haben nicht ein einziges Knöchlein von einem Menschen gefunden. Nicht ein einziges.« – Na, schon gut, schon gut, schlafe nur ruhig, du Veteran, der du so leichtfertig Foch gegen Julius Caesar und de Gaulle gegen Augustus eintauschen würdest.

Die Mauern des Amphitheaters waren so gewaltig, daß man sie in Kriegszeiten in einen Festungsring verwandelte, der an die zweihundert Häuser, zahlreiche Straßen und eine Kirche schützte. Das sonderbare architektonische Konglomerat überdauerte bis in das 17. Jahrhundert. Jetzt ist von den Häusern keine Spur mehr vorhanden, das weite Oval der Arena ist bestreut mit gelbem Sand. Auf diesem Sand in greller Sonne erlebte ich eine Corrida. Der berühmte Antonio Ordoñenz »arbeitete« mit einem Stier, feige und ungeschickt. Eine dreißigtausendköpfige Menge, unbestechlicher Richter über Caesaren und Spiele, schrie und heulte lange, laut und zum Zeichen der Mißbilligung.

Der Stammsitz der Musen, das nahe antike Theater, ist kleiner, intim wie ein Kammertheater und wirkt beinahe griechisch. Der Eindruck des Antiken wird durch den benachbarten Glockenturm von St. Trophime nicht zerstört, sondern eher verstärkt. Das ganze Theater besteht heute nur noch aus Trümmern, aus denen zwei viel besungene Säulen emporragen, unangetastet schön und in Klarheit.

Unsere Vorfahren hatten nicht in dem Maße wie wir die Neigung, Museen einzurichten. Altertümer machten sie nicht zu Schaustücken, sondern benutzten sie als Material für neue Konstruktionen; sie integrierten die Vergangen-

heit unmittelbar dem Gegenwärtigen. Nicht zuletzt deshalb ist die Besichtigung solcher Städte wie Arles, wo die Epochen und die Trümmer miteinander verquickt sind, weit lehrreicher als die kühle Didaktik systematisierter Sammlungen. Denn nichts zeugt ausdrucksvoller von der Dauerhaftigkeit menschlicher Werke und von dem Dialog der Zivilisationen, als wenn man plötzlich einem Hause aus der Renaissancezeit begegnet, das auf römischen Fundamenten erbaut ist und eine romanische Skulptur über dem Portal trägt.
Kaum drei Jahrhunderte dauerte die Ära des römischen Glanzes von Arelate. Im Jahre 308 kam Konstantin der Große mit seinem Hofe hierhergereist. Welch eine Nobilitierung für die ehemalige griechische Faktorei! Ein riesiger Kaiserpalast wurde errichtet, von dem sich auf den heutigen Tag nur die Bäder erhalten haben. Das Wasser für sie wurde aus Gebirgsquellen geleitet, die siebzig Kilometer von der Stadt entfernt waren. – Ein Jahrhundert darauf rühmte Kaiser Honorius Arles: »Dieser Ort liegt so günstig, hat einen solch lebhaften Handel und einen so großen Reiseverkehr, daß die Produkte der ganzen Welt hier leichter ausgetauscht werden können. Denn was alles der reiche Westen an verlockenden Dingen besitzt, oder das duftende Arabien, Assyrien oder Afrika, das lockende Spanien oder das fruchtbare Gallien, davon ist hier zur Genüge, als handelte es sich um einheimische Produkte.«
Ein Dutzend Jahre später eroberten die Ostgoten Arles und Marseille. Doch bedeutete dies nicht den plötzlichen Einbruch der Nacht, wenigstens nicht für Arles, das eine Bastion eines nicht existierenden Imperiums blieb. Die römischen Mauern und Säulen wehrten sich lange. Bis in die Epoche der Merowinger fanden im Zirkus Spiele, im Theater Aufführungen statt. Auf dem Forum sprangen die Brunnen, die noch nicht unter Schutt und Geröll begraben lagen.

Das Amt der römischen Statthalter der Provinz übernahmen die Bischöfe und Erzbischöfe (was eine nicht so sehr rechtliche als natürliche Nachfolge war), die von der dankbaren Bevölkerung *defensores civitatis* genannt wurden. Man darf sich nicht wundern, daß in diesen wirren Zeiten die Kunst in den Hintergrund rückte. Zum Ort des neuen Kultes wurden ganz einfach die römischen Tempel: in das Haus der Diana führte man Maria ein.

Aus den Tagen der räuberischen Kriege – das Apogäum des Barbarentums fällt in das 7. und 8. Jahrhundert – sind Werke von hohem ästhetischem Wert erhalten geblieben, die gleichsam einen symbolischen Charakter haben. Ich meine die Grabmale. Sie stammen aus der großen, Aliscamps genannten Nekropole (eine verunstaltete Benennung der *Elysäischen Felder* – elissi campi). Das war ein riesiger Friedhof, ein weiträumiger Salon des Todes. Ursächlich verbunden mit dem weltweiten Renommee dieses von Legenden umwobenen Ortes – man erzählte sich, daß dort Roland und zwölf Pairs begraben lägen, die bei Ronceval den Tod erlitten hätten – war ein merkwürdiges Bestattungsverfahren. Verstorbene, die zu Lebzeiten den Wunsch geäußert hatten, auf Aliscamps beerdigt zu werden, ließ man in Särgen die Rhone hinab treiben; in Arles angelangt, fischten Gerber sie heraus, die für diese Dienste das sogenannte »droit de mortellage« kassierten.

Seit der Renaissance war Aliscamps eine wahre Schatzkammer für Reliefs, mit denen man Paläste und die Portale sakraler Bauten schmückte. Der habgierige Karl IX. befahl von diesen Schätzen so viel auf ein Schiff zu laden, daß es in der Nähe des Pont Saint-Esprit in der Rhone versank.

Was überdauert hat, ist heute zusammengetragen in den Kunstsammlungen in einer ehemaligen Kirche. Die Schlichtheit der alten Skulpturen streitet mit dem bombastischen jesuitischen Barock des Kircheninnern. Wären nicht die aus dem Alten und Neuen Testament geschöpften

Themen und christlichen Symbole, stünde zu vermuten, es handele sich um Reliefs aus der späten römischen Epoche. *Durchgang durch das Rote Meer* (jetzt in der Kathedrale) paßte ohne weiteres an einen Triumphbogen, der den Ruhm römischer Legionen verkündet. Die antike Tradition blieb lebendig bis zum Ende des 5. Jahrhunderts. Erst dann erschienen geometrische Ornamente, stilisierte Blätter. Die Kunst begann von neuem mit dem ABC der Formen.

Von dem gewaltigen Feld der Toten, das Aliscamps gewesen war, ist heute nur noch ein kleiner Teil erhalten. Ein ganzes Dutzend Friedhofskapellen ist in Staub und Trümmer gesunken. Eine mit alten Pappeln bestandene Allee entlang scheinen Stümpfe steinerner Gräber dahinzutreiben – hin zur Kirche St. Honorat, die im provenzalischen Stil erbaut ist, mit einer Kuppel und einem hohen achteckigen Turm mit durchbrochenen Fenstern, hinter denen einst ein Feuer brannte. Zu seinem Widerschein steuerten einst die Verstorbenen wie zu einem Leuchtturm.

Dans Arles où sont les Aliscamps
Quand l'ombre est rouge sous les roses
Et clair le temps
Prends garde à la douceur des choses

Der Poet hat die Stimmung des Ortes vollkommen verfehlt, an dem man wahrhaftig keinerlei Süße zu entdecken vermag. Diese Versammlung alter Steine und Hölzer ist streng und pathetisch wie ein zu Marmor gewordener Band der Geschichte.

Es ist eine Sache, die zu denken gibt, daß die Provence, ein Land von beträchtlicher geographischer und kultureller Eigenart, keine starke politische Organisation hervorgebracht hat, die es ihm erlaubt hätte, als ein selbständiges politisches Gebilde zu bestehen. Die Kette historischer Taten während der Herrschaft der provenzalischen Herzöge läßt sich durch fünf Jahrhunderte (vom 10. bis zum 15. Jahrhundert) verfolgen, aber immer wieder trifft man auf Bruchstellen, die Eingriffe fremder Mächte: Eingriffe der französischen Könige, der deutschen Kaiser, der Fürsten von Barcelona, Burgund und Toulouse. Diese »ewige Vorrede« nicht nur Italiens, sondern auch Spaniens blieb nicht ohne Wirkung auf die angrenzenden Gebiete und deren Schicksal. Die Provence war zu schwach, um sich den mächtigen Nachbarn zu widersetzen. Der anarchistische Charakter und das hitzige Temperament ihrer Bewohner taten ein übriges, Zusammenschluß und Solidarität zu verhindern.

Arles hatte alles Zeug dazu, die Hauptstadt der Provence zu werden. Die städtische Gemeinde war recht stark, und die Stimme des Erzbischofs reichte weit über die Stadtmauern hinaus. Hier fanden zahlreiche Konzile statt, im Mittelalter nannte man Arles das »gallische Rom«. Die Kreuzzüge belebten den Handel und beförderten die geistige Kommunikation. Die glanzvolle Epoche Augustus' und Konstantins schien wiederzukehren, als im Jahre 1178 Friedrich Barbarossa in Arles in der Kathedrale St. Trophime Einzug hielt.

Wenn ich sagen würde, daß diese Kathedrale, die zu den wichtigen Schatztümern europäischer Architektur zu zählen ist, ein Zeugnis des einstigen Glanzes der Stadt sei, könnte das die Vorstellung von einem monströsen Bauwerk hervorrufen, das vor Zierat nur so trieft. In Wirklichkeit ist die Kirche – gekleidet in rohen Stein und in eine Häuserzeile gepreßt – so bescheiden, daß man, ohne sie zu beachten, an ihr vorübergehen könnte; wäre nicht das Portal mit den Skulpturen. Das ist beileibe keine der gotischen Kathedralen, die wie Blitze den Horizont zerspalten und herrisch ihre Umgebung regieren, vielmehr ein

Gebäude, dessen ganze Größe in seinen Proportionen beschlossen liegt – fest im Erdreich verankert, behäbig, aber nicht plump. Die Romanik, besonders ihre provenzalische Spielart, ist eine würdige Tochter der Antike. Sie hat Vertrauen zur Geometrie, zu den einfachen Zahlenregeln, zur Klugheit des Quadrats, der Statik und der Schwere. Keinerlei Jonglieren mit dem Stein, sondern dessen statische und logische Benutzung. Das ästhetische Vergnügen, das der Anblick dieser Bauwerke bereitet, rührt daher, daß die Elemente sichtbar sind, dem Betrachter offen zugewandt, so daß er sich die Entstehung des Werkes klar vor Augen führen, Stein nach Stein in seiner Vorstellung voneinander lösen und sie dann wieder zusammenfügen kann. Die Einheit der Teile ist so überzeugend wie unwiderstehlich.

Das Portal ist reich mit Skulpturen geschmückt, doch ist dieser Schmuck von der Hand des Architekten sicher zusammengehalten und dem Gedanken des Ganzen untergeordnet worden. Die einzelnen Reliefs treten aus der Fassade hervor wie Wirbel aus einem Strom, und ohne daß sie die Verbindung mit diesem verlieren. Über dem Haupteingang in dem Oval einer Aureole erkennt man Christus. Ihn überwölbt ein dicker, zu einem Halbkreis aus Engeln straff geflochtener Zopf. Dann ein Fries der Apostel. Zur Rechten eine Prozession der Erlösten, zur Linken ein enges, hockendes Gedränge: die Verdammten. Zwischen den auf die Rücken von Löwen gestützten Säulen Heilige, hierarchisch angeordnet, wie aufgerichtete Grabplatten. Das Ganze zeigt die Inspiration griechisch-römischer und frühchristlicher Bildhauerkunst.

Unter den Szenen aus dem Alten und Neuen Testament entdecke ich nicht ohne Verwunderung Herkules. Was hat der griechische Held an einem romanischen Portal zu schaffen? Er erschlägt den nemeischen Löwen. Und das ist alles andere als ein verirrtes Blatt der Mythologie. Das

Mittelalter kannte nicht die steife Einteilung der Historie in Epochen. Die Geschichte der Menschen erschien ihm als sehr festes Gewebe – ein Gobelin. In den Vorstellungen der Leute und in den Legenden, die sie weitererzählten, kehrten die Helden ferner Jahrhunderte auf die Erde zurück, um sich zu neuen Taten im Dienste des neuen Glaubens zu rüsten. Der unermüdliche Herakles über dem Portal der Kathedrale in Arles kämpft gegen die Sünde in Gestalt des nemeischen Löwen.

Bis zum Ende des 12. Jahrhunderts war Arles die Metropole der Provence (die Kathedrale spiegelt noch den Ruhm jener Epoche). Dann verlagerte sich das politische Zentrum des Landes nach Aix, und Marseille übernahm die wirtschaftliche Vorherrschaft über seine einstige Rivalin. Seitdem ist Arles eine schweigsame ländliche Stadt. Vom Meer und von der Camargue her – dem sumpfigen Delta der Rhone, wo Herden wilder Pferde und Stiere weiden – weht feuchter Wind über die Dächer hinweg. Ein heißer Hauch von den Alpillen trägt den Geruch von Lavendel, Mandeln und Dürre in die Gassen. Es gibt keine großen Ereignisse mehr. Caesar kommt nicht mehr in die Stadt. Dafür ist der Kalender voller Feier- und Festtage und Stierkämpfe. Dann wird Arles lebendig. Der Boulevard des Lices brodelt von Besuchern.

Am letzten Tag meines Aufenthaltes ging ich, mich vor Mistral zu verbeugen. Die Provenzalen gedenken seiner mit der gleichen Rührung wie des guten Königs René, Herzogs von Anjou, Grafen der Provence, des letzten Regenten, der die Unabhängigkeit des Landes verteidigt hatte. Er war ein typischer Repräsentant der Mittelmeerrasse, liebte und förderte die Musik, die Malerei, die Schauspielkunst, schrieb selber Gedichte, war zudem kein übler Jurist und begeisterte sich für Mathematik und Geologie. Historiker werfen ihm Mangel an politischem Talent und militärischem Geschick vor; die Legende gibt sich mit solchen Kleinigkeiten nicht ab. Die Provenzalen werden niemals vergessen, daß »le bon roi René« eine neue Rebensorte eingeführt hat – den Muskat.

Mistral stammte aus einer Bauernfamilie, doch seine Herrschaft über die Provence war wahrhaft königlich. Mehr noch: er hat die Provence zu neuem Leben erweckt. Der Vater des Dichters hatte nur zwei Bücher gelesen – das Neue Testament und den *Don Quichote*. Man mußte wohl den ungebrochenen Glauben des armen Ritters haben, wollte man die durch sieben Jahrhunderte erstickte Poesie der Troubadoure wieder aufnehmen, und das in einer Sprache, die, aus den Schulen und Ämtern verdrängt, zur Mundart des Volkes geworden war. Die Anfänge der provenzalischen Bewegung waren bescheiden. Ein von sieben jungen Dichtern im Jahre 1854 unter dem Namen *Félibrige* gegründeter Verein hätte leicht (und trotz seiner erhabenen Ziele) zu einer Bruderschaft lustiger Verehrer des Kelches und Bratrostes werden können, wäre nicht das Genie des Félibrigisten »mit dem schönen Blick«, Frédéric Mistrals, gewesen.

Sein erstes bedeutendes Gedicht *Mireille*, im Jahre 1859 veröffentlicht, wurde gleichermaßen von den Freunden wie von den Pariser Autoritäten begrüßt. Dies gab den Ausschlag für die Karriere des Poeten und das Schicksal der Bewegung. Denn der Eintritt Mistrals in die Literatur war nicht minder ungewöhnlich als Vorsatz und Situation der *Félibrige*. In der Epoche der erlöschenden Romantik erschien ein Poet, der als die Verkörperung romantischer Ideale gelten durfte – ein seiner Umwelt verbundener, naiver Sänger, in einer Sprache schaffend, in der die herrlichste Lyrik des Mittelalters entstanden war. Hätte er nicht wirklich gelebt, man hätte ihn sich ausdenken müssen, wie Ossian.

Eben seine Spontaneität, Leichtigkeit und Natürlichkeit

machen *Mireille* zu einem unversehrbaren Wert. »Ich habe mir vorgenommen, zwischen zwei Kindern der provenzalischen Natur, die durch ihre gesellschaftliche Herkunft voneinander getrennt sind, ein Liebesband zu knüpfen und dann das Knäuel mit dem Winde durch die Überraschungen des Lebens treiben zu lassen ...« *Mireille*, das man einen volkstümlichen *Pan Tadeusz* nennen könnte, ist reich an Bildern der Arbeit und Tagesläufe, der Brauchtümer, Hoffnungen und Legenden des provenzalischen Landes. Schier grenzenlos war die Begeisterung der Kritiker, die zum Vergleich aus dem Pantheon der Literatur die erlauchten Namen eines Homer, Hesiod, Theokrit und Vergil heranzogen.

Der provenzalische Vergil schrieb nicht nur Gedichte und Tragödien, er redigierte auch die Zeitschrift *Provenzalischer Kalender*, die ihren Sachwalter überlebt hat, und er wirkte mit an der Reform und Vereinheitlichung der provenzalischen Rechtschreibung; vor allem aber ist er der Autor eines großen Wörterbuches, an dem in unseren Tagen ein vielköpfiger Stab von Gelehrten arbeiten würde: *Lou Tresor dóu Félibrige* ou Dictionnaire provençal-français, zweier gewaltiger Bände im Quartformat mit über zweitausend Seiten. Es handelt sich jedoch um kein gewöhnliches Wörterbuch, eher um eine provenzalische Enzyklopädie, die außer einem eindrucksvollen grammatisch-lexikalischen Material historische Notizen enthält, Beschreibungen der Bräuche, der Glaubensformen und Institutionen und eine Sammlung von Sprichwörtern und Rätseln.

Mistral war nicht nur ein herrlicher Poet, sondern auch ein temperamentvoller politischer Parteiführer. Ihm ist es zu verdanken, daß *Félibrige* aus einer Vereinigung fröhlicher, literarisch interessierter Tischgenossen zu einer einflußreichen Organisation wurde, deren erklärtes Ziel es war, die sprachliche Eigenart, die Freiheit und die Ehre der Provenzalen zu erhalten. Im Laufe der Zeit entwickelte sich das zunächst kulturelle Programm der Bewegung immer nachdrücklicher zu einem politischen. Seit Jahren wird alles getan, um die Konturen dieses Kampfes zu verwischen.

Im Jahre 1904 empfing Mistral, der Nachfahr der Troubadoure, die höchste literarische Auszeichnung; nicht aus den Händen einer schönen Schloßherrin, sondern aus dem Vermächtnis des Erfinders des Dynamits. Das Geld bestimmte er zur Gründung eines ethnographischen Museums, das der Provence und seiner Kultur gewidmet sein sollte.

Es befindet sich heute in dem Renaissance-Palast Laval-Castellone in Arles, denn dies war die Lieblingsstadt des Autors von *Mireille*. Seiner Anfänge gedenkend, schrieb er: »Ich habe gar nicht mit Paris gerechnet in jenen Jahren der Naivität. Möge doch nur Arles, das in meinem Gesichtskreis erschien wie Mantua in dem Vergils, dereinst meine Poesie als die seine anerkennen.«

Der Forum geheißene Platz ist, seinem Namen zum Trotz, eher klein, still, mit einer Baumgruppe in der Mitte. Zwei korinthische Säulen und das Fragment eines Architravs sind in die schäbige Wand eines Hauses eingemauert zum Zeichen, daß es hier einst anders ausgesehen hat. Auf dem Platz, im Schatten von Platanen, steht das Denkmal Mistrals, das den Poeten sehr genau und realistisch darstellt: sein breiter Hut (wie mit Rücksicht auf die Tauben geschaffen), sein voller Bart, die Knöpfe am Rock, ja sogar die Schnürsenkel an den Schuhen sind kenntlich, sind da. Das berühmte Modell war bei der Feier der Enthüllung zugegen. Statt einer Rede deklamierte der Dichter die ersten Strophen aus *Mireille*.

Er erreichte ein hohes Alter, das Schicksal gönnte ihm einen ruhigen Tod am Vorabend des großen Massakers. Gegen Ende seines Lebens war er bereits ein lebendes Monument, dem, ähnlich wie Goethe in Weimar, nicht nur

Literaten und Snobs, sondern auch regierende Politiker Huldigungen erwiesen.
Was Mistral für *Félibrige* bedeutet hatte, das zeigte sich nach seinem Tode. Die Organisation begann zu zerbrökkeln, wurde provinziell und zerfiel. Es finden noch Zusammenkünfte statt, noch sind Schriftsteller und Provinzzeitschriften tätig, doch ist all das nur ein schwaches Echo des Schwungs und der Inspiration der ersten Félibrigisten. Die Provence ist nicht mehr ein so exotisches Land wie zur Zeit der Romantik. Die Verleger in Paris warten nicht auf einen neuen Mistral. Ist er also der letzte Troubadour gewesen?

O, es weiß niemand
Durch welche wilden Zonen
Irrend – diese Rose wiederkehrt.

Siena

I

Aus den Fenstern meines Zimmers in dem kleinen Hotel ›Zu den drei Mädchen‹ (›Tre Donzelle‹)* fällt der Blick auf Sienas fahle Hinterhäuser, eine Katze auf einer Fensterbank und eine Wäschegalerie. Ich gehe frühzeitig in die Stadt, um mich zu überzeugen, ob Suarez recht hatte, als er schrieb, daß Siena am Morgen nach Buchsbaum rieche. Leider nicht. Es riecht nach Exkrementen von Autos. Schade, daß es kein Konservatorium für Düfte gibt. Was wäre das für ein Genuß, in Siena, der mittelalterlichsten der italienischen Städte, in einer Wolke des Trecento zu spazieren.

Siena ist eine komplizierte Stadt. Zu Recht hat man sie mit Schöpfungen der Natur verglichen – einer Meduse oder einem Stern. Der Straßenplan hat nichts von moderner Monotonie und der Tyrannis des rechten Winkels. Der Rathausplatz (wenn man mit Rathaus den Sitz einer Regierung postponierend bezeichnen kann), Il Campo genannt, hat eine organische Gestalt – er erinnert an die konkave Seite einer Muschel. Er ist gewiß einer der schönsten Plätze auf der Welt, keinem anderen ähnlich, und daher schwer zu beschreiben. Ihn umgeben in einem Halbkreis Paläste und Häuser, und das Rot der alten Ziegel hat die Farbe verblichenen Purpurs. Das Rathaus setzt sich zusammen aus drei vollendet harmonisierten Blöcken, deren mittlerer ein Stockwerk höher ist als die beiden anderen. Es würde den Eindruck einer Festung machen, wäre nicht der sehr musikalische Rhythmus der gotischen Fenster mit zwei kleinen weißen Säulen. Der Turm ist hochgereckt, an der

* In Wirklichkeit ist es nur eines, das die Zimmer aufräumt, die Betten macht, abends die zerrissenen Laken durchsieht und mit einer Stimme, dünn wie eine Nadel, schwermütige Liedchen stickt.

Spitze weiß wie eine Blüte, so daß der Himmel ringsum mit blauem Blut unterläuft. Wenn die Sonne hinter dem Rathaus über der Piazza del Mercato steht, schiebt sich über Il Campo ein riesiger Schatten wie der Zeiger einer Uhr. Den Turm nennen die Leute familiär Mangia, nach dem Namen des mittelalterlichen Glöckners, an dessen Stelle später ein mechanischer Glöckner trat. Vom Gipfel des Turms kann man über die Stadt mit dem Blick der Schwalbe und des Historikers schauen.
In den Zeiten des Feudalismus suchten mächtige Geschlechter sich mit mythischen Helden zu verschwägern, später übernahmen diesen Brauch demokratische Städte, indem sie sich berühmte Gründer erdachten. Eine üppige Phantasie ließ die Sieneser ihre Abkunft von Senius herleiten, einem der Söhne Remus', der hier Zuflucht vor dem Zorn seines Oheims, des Ahnherrn Roms, gesucht haben soll. Dieser Legende verdankt Siena sein Emblem – eine Wölfin. Das städtische Banner ist schwarz-weiß, und in diesen beiden heraldischen Kontrastfarben spiegeln sich vorzüglich das vehemente Temperament und der widerspruchsvolle Geist der Einwohner.
Da es in der Umgebung Sienas keine etruskischen Altertümer gibt, nimmt man an, die Stadt sei ungefähr dreißig Jahre vor unserer Ära als eine römische Kolonie gegründet worden. Während des Mittelalters von Langobarden und Franken regiert, wuchs sie rasch dank der Regsamkeit der Bischöfe, dann der Bürger, die zunächst einen zaghaften, schließlich einen offenen Kampf gegen die feudalen Nachkommen der in den toskanischen Geierhorsten (jenen Monte Amata, Santa Fiore, Campagniatico) nistenden Landräuber führten. Die Grausamkeit dieser Raubritter war weithin berüchtigt, und so ist es kein Wunder, wenn Dante einen von ihnen, Umberto, aus dem Geschlecht der Aldobrandeschi, in den Schlünden des Fegefeuers büßen läßt.

Die Entwicklung der Stadtgemeinde ging so schnell voran, daß schon im 13. Jahrhundert der Podestà von Siena es wagen konnte, dem Repräsentanten der mächtigen Familie der Ardengheschi anzudrohen, man werde ihn, falls er seine Gewalttätigkeiten nicht einstelle, auf dem Marktplatz an die Kette legen lassen wie einen Fleischerhund.
Allerdings würden diejenigen kräftig irren, die annähmen, daß die Sienesische Republik ein Hort der demokratischen Ideale gewesen sei. Die Aristokraten hatten einen ungewöhnlichen Einfluß, und – was anderswo nicht vorkam – »milites et mercatores sienenses« waren ausnahmslos von adliger Herkunft. Diese führten mit konsequenter toskanischer Megalomanie ihr Geschlecht auf Ptolemäus zurück. In Wirklichkeit stammten die mächtigen Bürgerfamilien, die Buonsignori, Cacciaconti, Squarcialupi von den germanischen Invasionskriegen her. Vom Druck der Helme befreit, begannen sie geschickt zu rechnen; das Erz der Rüstungen sublimierte sich zu den edlen Metallen des Geldgeschäfts. Die Ex-Krieger, nunmehr Kaufleute, unternahmen Expeditionen durch ganz Europa, und auf dem Feld des Handels mit Silber vermochten sie sogar die Juden zu schlagen. Sie wurden die Bankiers der Päpste. Das brachte hohe Zinsen ein und wertvolle kirchliche Sanktionen gegen widerspenstige Schuldner.
Also stand Siena auf der Seite der Päpste? Nein. Und um das zu erklären, muß man in die Geschichte zurückgehen; zur Auseinandersetzung der Welfen mit den Ghibellinen. Im 12. Jahrhundert bezeichneten diese Begriffe zwei deutsche politische Parteien: die Welfen scharten sich um die Herrscher in Sachsen und Bayern, die Ghibellinen dagegen sekundierten den Hohenstaufen. Der Zwist, nach Italien hineingetragen, behielt seinen Namen, doch änderte sich sein Gehalt. Aus einer lokalen Streitigkeit verwandelte er sich in einen universellen Konflikt, der in der Historie als Kampf des Papsttums mit dem Kaisertum bekannt ist.

Zu Beginn des 12. Jahrhunderts sah sich Siena Auge in Auge mit seiner politischen Bestimmung. Es konnte nur wählen zwischen Unterwerfung und einer schwierigen Unabhängigkeit. Der große Gegner der Stadt war Florenz, was sich sowohl mit geschichtlichen Verwicklungen als auch aus der geopolitischen Lage der Städte erklären läßt. Von diesem Zeitpunkt an werden die beiden Städte einander hassen, »mit raffinierter Leidenschaft mit Schwert und Wort kämpfen, einander in Novellen, Legenden und Versen zusetzen«. Die Stadt der Wölfin versperrte Florenz die Via Francigena, den direkten Weg nach Rom. Beide Städte fochten um einen Zugang zum Meer. Es war nicht gleichzeitig Platz für Florenz und für Siena in der Toskana.

Ein Historiker bemerkt richtig, die Tatsache, daß Florenz offiziell auf der Seite der Welfen stand, habe notwendig dazu geführt, daß Siena offiziell als ghibellinisch galt. Doch mehr als eine schulmäßige Unterscheidung ist das nicht. Genau betrachtet, erweisen sich nämlich die Namen der mittelalterlichen Parteiungen als ebenso oberflächlich und täuschend wie die der Parteien unserer eigenen Epoche. Das welfische Florenz verbündete sich, wie wir wissen, oft mit antipäpstlichen Ligen, und die sienesischen Bankiers konnten keine allzu entschiedenen Ghibellinen gewesen sein, weil sie mit Rom durch die goldenen Fäden der Geschäftsabschlüsse verbunden waren. Außerdem gab es in jeder der beiden streitenden Städte sowohl Anhänger der Welfen als der Ghibellinen. Und schließlich formierten sich unter diesen Bezeichnungen sehr häufig nur alte Gegnerschaften neu: der Montecchi und Capuleti, zum Beispiel, die seit Generationen gegenseitig ihre Gärten mit Steinen bombardierten, den Ohrenbläsern ihrer Widersacher die Ohren abschnitten und in dunklen Sackgassen die Herzen der Verwandten ihres Todfeindes mit einem Stilett zur Ruhe brachten.

Die äußere Geschichte eines jeden Staates (und die italienische Polis war ein Staat) ist weit verständlicher und logischer als seine innere Geschichte, die, wenn man sie rückblickend studiert, an das Innere einer alten Uhr gemahnt, die seit Jahrhunderten nicht mehr schlägt. Das Räderwerk der sienesischen Regierung war hochkompliziert und veränderte sich beträchtlich im Laufe der Zeit. Die bis zum Jahre 1277 währenden Regierungen der *Vierundzwanzig* waren Ausdruck eines schwankenden, zwischen Timokratie und Demokratie pendelnden Gleichgewichts der bürgerlichen Kräfte. Der Rat, *Signoria* genannt, wurde jeweils auf Frist gewählt, erfüllte die Funktion von Ministern und setzte sich je zur Hälfte aus *milites* und Vertretern der Volkspartei zusammen. (Das war nicht gleichbedeutend mit einer Aufschlüsselung nach Klassen, denn seit es das Wort Volk gibt, haben sich immer Leute gefunden, die zwar nicht aus dem Volke stammten, aber der Meinung waren, daß sie dessen Hoffnungen und Aspirationen hinreichend zu formulieren verstünden.) Das *Consiglio Generale della Campagna,* soviel wie das Parlament, bestand aus dreihundert angesehenen Bürgern, und eben diese wählten alle zwei Monate die Regierung, also die *Signoria,* sowie den *Podestà,* den man eifersüchtig hütete. Der *Podestà,* oberster Repräsentant des Staates (ähnlich dem König in einer konstitutionellen Monarchie, also mehr ein Würdenträger als ein Beamter), war gemeinhin ein Ausländer. Für ein Jahr gewählt, war er in seiner Handlungsfreiheit durch eine Vielzahl von Vorschriften eingeengt, die sein Machtstreben dämpfen sollten. Die Finanzverwaltung, *Biccherna* genannt, und die Verwaltung der Zölle, *Gabella,* lagen in den Händen der Ordensbrüder von San Galgano und Servi di Maria, denn es schien den Sienesen vernünftig, die Pflege des Goldes solchen zu überlassen, die Armut gelobt hatten.

Am 4. September 1260 erlebte Siena den größten Tag seiner Geschichte. Die gewaltige Armee von Florenz, die

angeblich dreißigtausend Mann gezählt haben soll, wurde unweit der Mauern der Stadt der Wölfin, bei Monteaperti, aufs Haupt geschlagen. »Che fece l'Arbia colorato in rosso« – der Fluß war von Blut gerötet, sagt der Poet. Berichte über den Verlauf der Schlacht gibt es viele, und fast alle widersprechen sie einander, was keineswegs verwunderlich ist, denn in der Tat wird das Chaos einer jeden Schlacht von den Generälen, Politikern und Chronisten post factum geordnet; darin bekundet sich die schöne menschliche Sehnsucht nach vernünftigen Verträgen und nach Erläuterung der Ursachen von Begebenheiten, die ihrem ganzen Wesen nach schon an sich dunkel sind. In Siena läuteten alle Glocken. Über dem Schlachtfeld kreisten Wolken von Raben und Geiern. Um die Stadt schritten Prozessionen, und das stolze florentinische Banner, an den Schwanz eines Esels gebunden, wurde durch den Straßenkot geschleift. In der Nacht hatten die Sienesen süße Träume von einem Florenz in Trümmern.
Bald jedoch wendete sich das Los der Stadt. Der Tod Manfreds, des letzten Hohenstaufen, der Siena seine schreckenerregenden blonden Reiter zu Hilfe geschickt hatte, bedeutete die Niederlage der Ghibellinen in ganz Italien. Die jähe Karriere des Goldflorins besiegelte das wirtschaftliche Schicksal Sienas. In der der Idee des Kaisertums so treuen Stadt erfolgte ein Umschwung: das Regime der *Vierundzwanzig* wurde abgelöst von der Regierung der *Noveschi,* also der *Neun,* die unter den renommierten Kaufleuten gewählt wurden, die allesamt sich zur Partei der Welfen bekannten.
Vom Jahre 1277 an und nahezu achtzig Jahre lang herrschte diese Regierung, eine kaufmännische durch und durch, eine ganz und gar nicht abenteuerlustige, die emsig und geschäftig um den Frieden besorgt war. Gewerbe und Handel erblühten. Die Kathedrale wurde erbaut. Duccio malte die *Maestà.* Ambrogio Lorenzetti erzählte auf einem

großen Fresko von der Süße des Lebens unter freundlichen Regierungen.

Die internen Streitigkeiten dauerten jedoch fort. Die Zerstrittenen traf der schwarze Tod – eine unaufhaltsame Epidemie, die wie ein Feuersturm über Europa hinwegfegte und ein Drittel der Einwohner dahinraffte. Die Seuche brach im Jahre 1348 aus. Sie warf einen unheilverkündenden Schatten auf die erblühende Zivilisation. Die Historiker der sienesischen Kunst teilen die Malerei in die Perioden vor und nach der Epidemie ein: »Es entstand eine Lücke, ein Hiatus in der Entwicklung. Überall wurden die Arbeiten an den im Entstehen begriffenen Bauten eingestellt.« Und ein anderer Forscher fügt hinzu: »Die große Epoche der Kathedralen und Kreuzzüge endete in Fäulnis und Entsetzen.«

». . . Die einen starben aus Mangel an Pflege, die anderen trotz der allersorgsamsten Pflege. Auch war es einerlei, ob jemand eine physisch kräftige oder schwache Konstitution hatte; alle mähte diese Seuche gleichmäßig dahin, sogar solche, die man mit allen Mitteln verarztete. Das Schlimmste dabei war jedoch die Niedergeschlagenheit, die bei jedem auftrat, der sich krank fühlte – er verlor nämlich die Hoffnung und ergab sich der Krankheit, jeder Widerstandsfähigkeit bar . . . Die Menschen starben in völligem Chaos, die Leichen lagen in Haufen, die Kranken wälzten sich auf den Straßen und rings um die Brunnen, halb tot vor Durst . . . Als aber das Übel mit rasender Macht wütete und niemand wußte, was weiter sein würde, begann man ebenso die göttlichen wie die menschlichen Rechte zu mißachten. Man verwarf alle Gepflogenheiten der Beerdigung, an die man sich früher gehalten hatte; ein jeglicher verscharrte die Leichen, wie und wo er konnte . . .« Dies ist nicht ein Fragment aus italienischen Chroniken, sondern ein Bruchstück aus dem *Peloponnesischen Krieg*. Die Worte des Thukydides klingen, als gälten sie der Epidemie in Siena, der drei Viertel der Einwohner der Stadt zum Opfer fielen.

Der Verfall der Herrschaft der *Neun* verschärfte die Anarchie in der tollsten aller toskanischen Städte, über der unaufhörlich das Schreckbild der Überfälle mächtiger Condottieri wie des Grauen verbreitenden John Hawkwood, alias Acuto, drohte. Gewaltsame und häufige Wechsel in der Regierung verursachen gewöhnlich – und so verhielt es sich auch in Siena – das Entstehen zahlreicher, miteinander konkurrierender Parteien. Die siegreiche Partei vertrieb jeweils stracks die Anhänger der unterlegenen Fraktion aus der Stadt. Tausende politischer Flüchtlinge *(fuorisciti)* irrten wie Dante in ganz Italien umher. Die Emigration konservierte politische Konzeptionen. Mit Erstaunen liest man, daß Pandolfo Petrucci, ein Tyrann heimischer Brut, dem Siena die letzte Periode der Stabilisierung verdankte, ein Parteigänger der *Noveschi* war, hundert Jahre nach deren Vertreibung aus der Stadt. Zusammen mit einer Gruppe von Emigranten eroberte Pandolfo Siena und festigte rasch seine Stellung als Alleinherrscher, Il Magnifico. Die Historiker geben die unterschiedlichsten Urteile über den Mann ab. Sehr imponiert hat er Machiavelli, weil er das Vaterland liebte, umsichtig, klug und verschlagen war und Stilett und Gift wie Medizin zu brauchen wußte, das heißt: nach Maßgabe der Notwendigkeit. Es gelang Pandolfo, das Karussell der Fraktionen für eine Weile anzuhalten. Niederlagen verstand er gelassen zu ertragen: auf Veranlassung Cesare Borgias, seines Todfeindes, mußte er kurze Zeit in die Verbannung gehen. Während seiner fünfzehnjährigen Herrschaft lavierte er geschickt und unablässig zwischen Papst, Florentinern und Franzosen. War er ein großer Mann? Mit den Mediceern konnte er sich nicht messen. Er war ein Magnifico nach sienesischem Maßstab. In dieser Stadt schlugen die Uhren unbarmherzig: du wirst Provinz bleiben.

Obgleich das 16. Jahrhundert für die Stadt der Wölfin unter günstigen Vorzeichen begonnen hatte (Pandolfo Petrucci starb erst im Jahre 1512), ließ die Agonie sich nicht aufhalten. Und diesmal gereichten der Republik ihre Sympathien für das Kaisertum zum Nachteil. Karl v., König von Spanien, nutzte die Zerwürfnisse der Bürger aus. Angeblich in der Absicht, die Parteien miteinander versöhnen zu wollen, bemächtigte er sich der Stadt, setzte einen Statthalter ein und errichtete innerhalb der Mauern eine Festung für eine spanische Garnison. Zwar glückte es den Sienesen, mit Hilfe der Franzosen, die Spanier wieder zu vertreiben, doch handelten sie sich auf diese Weise den Belagerungszustand ein. In der Geschichte der unabhängigen Republik begann die letzte Phase. Den Stadttoren näherte sich die florentinische Armee, verstärkt durch die spanischen Truppen. Entsetzen verbreitete sich. Die umliegenden Dörfer gingen in Flammen auf, die Bäume waren voller Gehängter. In die Stadt schloß sich Messer Blaise de Montluc ein, eine bunte Gestalt, von Herkunft Gascogner, seiner Wahl nach Sienese, ein Stutzer, Raufbold und Weiberhengst.

Die Belagerung dauerte vom Anfang des Jahres 1554 bis zum Lenz des Jahres 1555. Die Verteidigung war trotz Hungersnot heldenhaft und wurde selbst dann noch fortgesetzt, als der Marschall Struzzi, Chef der französischen Truppen, die Siena unterstützten, geschlagen war. Auch Frauen beteiligten sich an ihr. Obwohl die Eingeschlossenen sich nur noch von Ratten und Mäusen ernährten, feierten sie ein rauschendes Karnevalsfest. Siena starb in Phantasie dahin. Endlich, am 2. April, unterzeichnete man die Kapitulation, eine durchaus ehrenvolle übrigens, denn sie enthielt eine Klausel, wonach jene, die sich mit der neuen Herrschaft nicht abzufinden vermochten, die Stadt verlassen durften. Ein Exodus begann – eine lange Kolonne angesehener Bürger setzte sich in Bewegung, Wagen mit

Hab und Gut, und zum Schluß, mit Trommelmusik und wehenden Bannern, die Verteidiger. Montluc rief hingerissen: »Vous êtes dignes d'une immortelle louange!« So spricht man an einem Sarge.
Dies alles ist vom Turm aus nicht zu sehen. Doch das Rathaus hat sich kaum verändert, seit darin die *Noveschi* regierten. Und auch ringsum scheint alles beim alten geblieben: die weiß-schwarze Kathedrale, die Kirchen, die Glockentürme, Paläste wie riesige düstere Steine in der Flut der Häuser, das Netz von engen Gassen, die sich um drei Anhöhen winden und rings um Il Campo sich verdichten wie Runzeln um das Auge. Noch sieht man die Tore und die Mauer, welche die Stadt nicht eng umgürtet, sondern locker ihrem Grundriß anliegt wie ein Gurt einem Dickwanst, der mager geworden ist. In der Zeit seines höchsten Glanzes zählte Siena doppelt soviel Einwohner wie heute. Jenseits der Mauern harrt die toskanische Landschaft:

> . . . Rauchsäulen von Hirtenfeuern stehen reglos
> Über der Flamme, plastisch und hell; man weiß nicht:
> Sind es Engel zwischen den pflaumenfarbenen Hügeln,
> Herabgestiegen, um silberne Oliven zu schütteln,
> Oder . . . *Jaroslaw Iwaszkiewicz*

In Polen dachte ich, daß die alten Meister, weit von der Wirklichkeit entfernt, eine Landschaft wie eine Dekoration zu einer Oper gemalt haben. Jetzt stellte sich heraus, daß sie wahrheitsgetreu gearbeitet haben, wenngleich leicht abstrahierend, was bedeutet, daß ihre Darstellungen das Wesentliche der toskanischen Landschaft festhalten. Es ist dies eine Landschaft in Bewegung: ein dreieckiger Abhang, seitlich ein Hügel, Rebenhänge; rechts ein Olivenhain, die Bäume sind silbern und winden sich knorrig, als wenn dort ein Sturm tobe; zur Linken starre dunkle Wälder von Zypressen.

Mezzogiorno – Mittag. Die Sonne dörrte die Erde aus und verwirrt die Gedanken. Fenster schließen sich krachend. Über Steinen flimmert die Hitze in weißen Flämmchen.
In das Café gelangt man durch einen niedrigen, dämmerigen Flur. Eine Tür gibt es nicht, stattdessen hängen Schnüre hölzerner Korallen von der Decke, die bei jeder Berührung ein angenehmes Klirren hören lassen. Der Wirt begrüßt mich herzlich, als hätten wir miteinander die Schule besucht. Der Capuccino bringt Klarheit in den Kopf und nimmt den Gliedern die Müdigkeit. Der Wirt erzählt mir irgendeine sehr verwickelte Geschichte und spickt sie dicht mit Zahlen. Ich verstehe ihn nicht so recht, doch höre ich ihm mit Vergnügen zu, obschon seine Erzählung möglicherweise seinen finanziellen Ruin betrifft. Es ist jedoch schwierig, ein Drama zu erahnen bei den kindlichen Klängen der *diciotto, cinque cinquanta, settanta.*
Es wird Zeit, zum Palazzo Publico zurückzukehren. Im ersten Stock zwei weiträumige Säle: *della Mappemonde* und der *Saal des Friedens* oder der Neun. Die Wände sind bedeckt mit den herrlichsten sienesischen Fresken. Einer ihrer Urheber ist Simone Martini. Zur Linken des Eingangs zum Saal *della Mappemonde* die *Maestà,* das erste uns bekannte Werk Martinis, der in seiner Vaterstadt wohl eine kometenhafte Karriere als Künstler gemacht hat, da man ihm einen solch wichtigen Auftrag erteilte, als er kaum dreißig Jahre alt war. Das Werk trägt ein Datum: Juni anno 1315. Sieben Jahre darauf malte Martini mit seinen Schülern die *Maestà* um. Das Fresko macht, trotz mannigfacher Beschädigungen, einen gewaltigen Eindruck. Nicht ganz fünf Jahre nach der *Maestà* Duccios entstanden, ist es doch völlig anders im Stil. Der Anfang des Trecento, hier kann man es erkennen, ist in der Tat das Vorgebirge der Kunstepochen und ihrer Stilentwürfe. An dem Werk Martinis frappiert die Freiheit, mit der das

Thema behandelt ist, die lyrische Sanftheit der Gesten. Maria sitzt auf einem gotischen Thron. Die Architektur des Throns, vielfach durchbrochen, erinnert in nichts an die schweren wie aus Eisenbeton gefertigten Throngebäude Duccios oder des frühen Giotto (und wäre es auch nur an die, welche sich in den Uffizien befinden). Zwei Heilige, dicht bei Maria stehend, haben die Hände vor der Brust gefaltet – eine Geste ebenso vertraulicher wie inniger Verehrung. Die Gestalten der Engel haben nichts an sich von farbigen Statuen; wie der Wind die Bäume, so bewegt sie eine sanfte Linie. Jene, die zu Füßen Mariä knien, bieten ihr nicht kalte Symbole dar, sondern Blumen, und sie nimmt sie entgegen wie eine Schloßherrin die Huldigungen der Troubadoure. Über den Köpfen entfaltet sich, leicht wie ein Band aus Seide, ein Baldachin. Das Gold und das Blau ist infolge der Feuchtigkeit abgeblättert, aber die Farbkomposition ist rein wie ein von fern kommender Klang eines Klavichords.

Auf der gegenüberliegenden Wand ein Reiterporträt, das den Condottiere Guido Riccio da Faliano darstellt. So sehr ist es von der *Maestà* verschieden, daß sogar die Kunsthistoriker den Unterschied bemerkt haben. Vierzehn Jahre später gemalt, wirkt es wie eine Verleugnung der lyrischen *Maestà*. Über kahle Erde reitet auf einem Pferd ein Mann, gedrungen, die Hände energisch geschlossen. Über der Rüstung trägt er einen sandfarbenen Rock mit einem Muster aus braunen Dreiecken. Eine ebensolche Schabracke bedeckt das schwere Roß. Reiter und Tier bilden einen einzigen Körper, eine ungewöhnliche Kraft geht von ihnen aus. Die Landschaft ist trocken wie eine Tenne. Kein Baum, kein Gras. Zur Linken wie zur Rechten auf dem Fresko, auf den Gipfeln zweier Berge, das magere Mauerwerk von Schlössern. Das zur Linken ist Monte Massi, dessen Besitzer gegen Siena rebelliert hatte. Kein Zweifel, Guido Riccio wird diese Mauern brechen und die Türme in

Schutt legen. Wenn die Chronisten geschwiegen hätten zu den Grausamkeiten der Condottieri – dies Porträt wäre ein glaubwürdiges Dokument.
Im *Saal des Friedens* befindet sich die zwischen 1336 und 1339 entstandene *Allegorie der guten und der schlechten Regierungen* von Ambrogio Lorenzetti, das flächenmäßig größte mittelalterliche Fresko, das weltlichen Angelegenheiten gewidmet ist. Ambrogio (er hatte einen Bruder namens Pietro, ebenfalls ein berühmter Maler; beide starben an der schwarzen Seuche) war nach Duccio und Martini der dritte große sienesische Maler des Trecento. Ich weiß, daß man sich an diesem Fresko begeistern soll, doch ist die Beleuchtung schlecht, die Farbe abgesprungen; besonders die *Schlechten Regierungen* sind ziemlich unleserlich. Ich hatte einen Schock erlitten, als ich einBuch von Enzo Carli, das die sienesischen Primitiven zum Gegenstand hat, durchsah. Über ein blasses, unmittelbares ästhetisches Erlebnis hatte sich ein neues gelegt, hervorgerufen durch die Manipulationen eines Photographen. Eine bedrückend demütigende Sache.
Nachher las ich, mit einigem Stolz, wie ich gerne zugebe, daß die Qualität des Freskos *Gute und schlechte Regierungen* umstritten ist. Berenson (ein feuriger Anhänger von Florenz, also ein Welf) rümpft die Nase und behauptet, der Autor habe sich seinem Thema nicht gewachsen gezeigt, der Künstler sei nicht fähig gewesen, seine Idee malerisch zu formulieren, deswegen habe er sich mit Inschriften behelfen müssen, also mit eines Artisten unwürdigen Ausdrucksmitteln. Enzo Carli (Hauptkonservator in Siena, also ein Ghibelline von Beruf) verteidigt das Werk, indem er dessen historischen und kompositorischen Wert hervorhebt. Der Held dieses Freskos, meint er, sei nicht der Bürger, nicht einmal die Stadt, sondern die Zivilisation, also: die Summe der Malerei komplettiert durch das Epos. Es sei deshalb nichts Überraschendes, fährt Carli fort, daß

das Werk eine Beute wissenschaftlicher Ameisen geworden sei. In der Flut historischer, philosophischer, ikonographischer Dreingaben gehe der ästhetische Wert des Werkes verloren.
Das Fresko, man kann es nicht leugnen, steckt voller kapitaler Details. Die Farben sind rein und klar definiert, vom sandfarbenen Ocker über heißes Karmin und Braun bis zur warmen Schwärze tiefer Interieurs. Das massige Stadtbild, dank seiner Genauigkeit geradezu phantasmagorisch, geht über in ländliche Szenerie, die hier zum ersten Mal in der Geschichte der Malerei derart ausführlich und mit inniger Sorgfalt für die Einzelheit dargestellt ist. Und dabei baut Lorenzetti den Raum auf eine völlig neue Weise; weder Goldtönung noch die abstrakte Luft Duccios, noch die rationale Perspektive Giottos sind hier zu finden. Lorenzetti, wie ein Ästhetiker treffend bemerkt hat, führte eine kartographische Perspektive ein. Der Betrachter steht nicht unbeweglich an einem Punkt; er sieht den Hintergrund deutlich und genau und umfaßt die schwere, warme Materie der Erde mit dem Blick des Adlers.

Die Sonne wirft lange Schatten. Ihr Untergang verleiht den Backsteinhäusern eine neue Feurigkeit. Auf der Hauptstraße, der Via di Città, spielt sich ein alltägliches Zeremoniell ab – die *Passeggiata.* In jeder italienischen Stadt gibt es eine solche Straße, die sich des Abends mit Leuten füllt, die eine Stunde oder auch zwei auf kleinem Raum flanieren. Das erinnert an eine Statistenprobe für eine Monster-Oper. Die Älteren demonstrieren ihre Lebenskraft und prüfen gegenseitig ihre Diplome nach: »Buona sera, dottore«, »Buona sera, avvocato«. Die Mädchen und die Burschen gehen getrennt, verständigen sich nur durch Blicke; sie deklamieren Liebessonette, schleudern Blitze, beklagen sich, fluchen.
Nach Siena war ich von Neapel her gekommen, und aus

Neapel hatte ich die Vorliebe für Pizza mitgebracht. Zwei Portionen habe ich bereits gegessen und bestelle jetzt die dritte. Die Wirtin der kleinen Trattoria ist merklich gerührt. Sie sagt, ich sei *gentile.* Dann erkundigt sie sich nach meiner Nationalität, und als sie erfährt, daß ich Pole bin, ruft sie in ungeheuchelter Begeisterung: bravo! Als Zeugen dieser historischen Begegnung holt sie ihren verschlafenen Mann und ihre dicke Tochter herbei. Und alle zusammen stellen fest, die Polen seien *molto gentili e intelligenti.* Noch ein wenig mehr des Enthusiasmus, und ich werde einen polnischen Räubertanz vortanzen und ein Kurant-Lied singen müssen. Da plötzlich fragt mich die Wirtin, ob es in Polen Ehescheidungen gebe. Ich lüge, daß dies bei uns nicht üblich sei, und nun überschwemmt sie mich mit Entzückungen.
Über der Piazza del Campo – *luna plena.* Die Gestalten erstarren. Zwischen Himmel und Erde ist eine Saite gespannt. Ein solcher Augenblick vermittelt uns das Gefühl kalter Ewigkeit. Die Stimmen werden in Schweigen fallen. Die Luft wird sich zu Glas verwandeln. Alle werden wir versteinern: ich, ein Glas Wein zum Mund hebend; das Mädchen im Fenster, wie es seine Haare glättet; der Alte, wie er unter der Laterne Ansichtskarten verkauft, und auch der Platz mit dem Rathaus, und Siena. Die Erde wird mit uns kreisen, unwichtigen Schaustücken eines kosmischen Musée Grévin von Wachsfiguren, das niemand besichtigt, keiner anschaut.

2

Erst heute habe ich erfahren, wer Duccio wirklich gewesen ist: ein geheimnisvoller Maler, dessen Geburtsdatum unbekannt ist und von dem man nicht viel mehr weiß, als daß er mit Ruhm und Schulden bedeckt gestorben ist. Sein

Hauptwerk, *Maestà*, ist zur Konservierung fortgebracht. Wie vor einem Kirchenfenster stehe ich im Museo dell' Opera del Duomo vor einer Tafel, die sich aus sechsunddreißig kleinen Bildern zusammensetzt, die auf der Rückseite der *Maestà* angebracht waren. Der Saal ist nicht allzu groß und dämmerig, und dennoch hat er eine unübersehbare Lichtquelle. Der Glanz dieses Werkes ist so intensiv, daß es, in einen Keller gesteckt, leuchten würde wie ein Stern.

Duccio war älter als Giotto, gleichwohl war der Altersunterschied zwischen diesen beiden Meistern, deren Bilder wir empfinden, als trennten sie Jahrhunderte, nicht einmal der einer Generation. Beide studierten sie wahrscheinlich bei Cimabue, dem etwas verdächtigen Florentiner. Drei riesige Madonnen von Cimabue, Duccio und Giotto in den Uffizien sind, trotz aller Verschiedenheiten, schwere und reife Früchte vom byzantinischen Baum. Die Karriere der beiden Kollegen verlief sehr unterschiedlich, so unterschiedlich wie ihre Temperamente waren. Der unternehmungslustige Giotto trieb sich zwischen Rom, Assisi, Padua und Florenz umher. Duccio verließ fast nie seine Vaterstadt. Den ersten kann man sich gut vorstellen, wie er in einer vulgären Taverne in schnellen Schlucken Wein trank und mit dicken Fingern (die kurz vorher noch mit dem Pinsel Aureolen über den Köpfen von Heiligen gemalt hatten) Fleisch zerriß. Der zweite, schwächlich, asketisch, machte in zerfetztem Mantel lange, einsame Spaziergänge, meistens nach Norden zu einer sienesischen Wüste, in der Einsiedler lebten, dürr wie Hobelspäne.

Lediglich in den geschlechtslosen Handbüchern der Kunstgeschichte werden diese beiden Maler einander gleichgestellt. Ein Kritiker von scharf umrissenem Geschmack muß da wählen. Berenson spricht trefflich von Duccio, wenn er ihn den letzten großen Künstler des Mittelalters nennt. »Seine Greise sind in gerader Linie die letzten Nachkommen der alexandrinischen Philosophen, die Engel sind römische Genien und Siegesgöttinnen, der Teufel aber ein Silen.« Der amerikanische Gelehrte unterstreicht mit Recht das Talent des Sienesen für dramatische Komposition. *Judas' Verrat:* »Im Vordergrund, in der Mitte des Bildes, die unbewegliche Gestalt Christi. Mit seinen Armen umschlingt ihn der hagere und geschmeidige Judas ... Soldaten umringen sie in geschlossenem Kreise. Indessen links der gewalttätige heilige Petrus sich auf einen der Wächter stürzt ... stiebt der Rest der Jünger in voller Auflösung auseinander.« Fügen wir noch hinzu, daß über den Köpfen der fliehenden Apostel sich eine Felsenkluft öffnet wie ein schwarzer Blitz. Duccio zwingt sogar Steine zur Rührung. Das Bild ist komponiert aus zwei mächtigen Massen; in deren Bewegung entlädt sich ein dramatischer Sinn. Unmöglich, daß irgend jemand die sich abspielende Aktion nicht verstünde.

Trotz der dekorativen Werte seiner Arbeiten, der ausgezeichneten Maltechnik und der Ideenvielfalt verdient Duccio, dieser christliche Sophokles, in den Augen Berensons nicht die Note: Genie. Vor keinem anderen Meister der Malerei tritt der dem 19. Jahrhundert verpflichtete Geschmack des amerikanischen Florentiners und seiner ästhetischen Kriterien derart grell in Erscheinung. Berenson forderte von der Kunst, daß sie das Lob des Lebens und der materiellen Welt verkünde. Er wünschte, daß die Arie laut und vernehmlich gesungen werde, und hörte einfach nicht die subtileren Modulationen. Er schätzte ertastbare Werte, Expressionen der Form, die Bewegung, und rühmte die Meister, bei denen er eine neue Konzeption des Blocks wahrnahm. Daher erhob er Giotto über Duccio. Heute, und zwar nicht ohne Hilfe (ja, ja!) der modernen Malerei, fühlen wir uns geneigt, dieses Urteil zu revidieren.

Berenson war ein Kind eines Jahrhunderts, das an den Fortschritt glaubte, also mußte der ›byzantinische‹ Duccio durch den ›Renaissancemenschen‹ Giotto distanziert werden. Aber der treffliche Gelehrte übersah zumindest zwei sehr wesentliche Dinge. Duccio gehörte nicht zu den Künstlern, die umwälzende Entdeckungen machen. Seine Rolle war die eines, der Synthesen schafft. Die Bedeutung dieser zweiten Kategorie von Künstlern wird häufig unterschätzt, sie ist auch weniger auffällig. Um sie zu erkennen, bedarf es ausgiebiger Annäherung an eine Epoche und ihren künstlerischen Hintergrund. Wie jüngere Forscher richtig bemerkt haben, fand in den Werken des großen Sienesen die Synthese zweier wichtiger und einander entgegenstehender Kulturen statt: einerseits des byzantinischen Neohellenismus mit all seiner Hieratik und seinem Antinaturalismus, anderseits der westeuropäischen, genauer der französischen Gotik mit ihrer Exaltation, ihrem Naturalismus und ihrer Neigung zur Dramatik.

Giotto öffnete dem in der Wiedergeburt begriffenen Erbe der Römer den Weg, die doch zur Kunst keine entscheidenden Werte beigetragen hatten. Seinen Namen mit der Renaissance in Zusammenhang zu bringen, ist keine chronologische Lässigkeit, obgleich er zwei Jahrhunderte vor der Entdeckung Amerikas tätig war. Die europäische Malerei – ich glaube, niemand hat dies laut gesagt –, die auf ihn folgte, verlor die Verbindung mit den weiten Gebieten der verstorbenen Kulturen Europas und Asiens, wurde ein schwungvolles, aber lokales Abenteuer. Sie befreite das Monstrum des Naturalismus. Zerrissen ward die Verbindung mit den großen Strömen der Menschheit: dem Nil, dem Euphrat, dem Tigris.

Duccio, obwohl zweifellos bezaubert von den Miniaturen der Pariser Schule, zog sich zurück in die Tiefe, zu den Wurzeln der Kulturen. Er war nicht, wie Giotto, ein Entdecker großer Kontinente, sondern ein Erforscher versunkener Inseln.

Das alles ist mir erst viel später bewußt geworden. Einst-

weilen stand ich verstummt vor der Tafel wie vor einem goldenen Kirchenfenster. In Siena sind fünfundvierzig Einzelbilder verblieben; vierzehn sind von Sammlern der neuen und der alten Welt auseinandergeraubt worden.
Die Strahlung des Werkes ist ungeheuer, und im ersten Moment halte ich das für einen Effekt des goldenen Grundes, der vielleicht dank schlechter Konservierung, Sprüngen, Beschädigungen der Lasuren niemals steif und einheitlich ist wie eine kleine Metallplatte, sondern seine Schründe hat, Wogen und Schauer, seine kalten und warmen Bezirke, von Grün und Zinnober gehöht. Damit die anderen Farben bei diesem Gold nicht erlöschen, muß man ihnen eine übernatürliche Intensität geben. Die Blätter der Bäume sind wie Saphirsteine, das Fell des Esels grauer Granit, und der Schnee auf den kahlen, geköpften Gipfeln schimmert wie Perlmutt. Die Malerei des Duecento stand dem Mosaik nahe, farbige Flecke inkrustierten die Fläche, hatten die Härte von Alabaster, Edelsteinen, Elfenbein. Erst später begann die Malmaterie schlaff zu werden: bei den Venezianern in Streifen von Seide, Brokat und Musselin, bei den Impressionisten in buntem Dampf. Duccios Farbenskala ist reich und blumig; um einen ihr angemessenen Vergleich zu finden, greift Focillon über Byzanz hinaus und ruft persische Gärten und Miniaturen zu Hilfe.
Wenn den byzantinischen Malern Verachtung des Details vorgeworfen wird (was für manche Mangel an Realismus bedeutet), so trifft dieser Vorwurf nicht Duccio, der einen ausgeprägten Sinn für das Detail besaß. Auf der *Hochzeit zu Kana* sind die Fische in den Schüsseln sehr konkret. Der Meister hatte keine Angst davor, Episoden, die ein übernommenes ikonographisches Thema sprengten, auszuführen: so zum Beispiel schauen der Szene *Christus reitet in Jerusalem ein* Gassenjungen von der grünen Tribüne der Bäume zu. Mein Lieblingsbild ist *Die Fußwaschung*. Es ist hervorragend als ein Beispiel treffsicheren Operierens mit

Gruppen. Die Bilder des großen Sienesen ließen sich spielen; und ganz und gar unverständlich ist, wie wenig Gebrauch man in Schauspielerschulen von der Analyse der Geste macht; kein Wunder also, wenn man dann auf der Bühne Fürsten antrifft, die wie Marktbutiker agieren.
Bei der *Fußwaschung* dirigiert Duccio die Handlung wie ein griechischer Tragiker, indem er nur zwei Schauspieler einsetzt, dafür ist im Hintergrund ein Chor, der die Geschehnisse kommentiert. Die eine Gruppe der Apostel schaut mit Verehrung auf Christus, die andere mit Mißbilligung, offenbar gefällt ihnen dieser Demutsakt des Meisters nicht eben sehr. Ein Detail, das in mir immer wieder ein ungemindertes Entzücken erweckt, sind drei schwarze Sandalen: zwei liegen dicht neben dem Wasserschaff, eine höher auf der Stufe, auf der die Apostel sitzen. Sie kontrastieren stark mit dem rosa Grund des Fußbodens, und zu sagen, daß sie »liegen«, würde das Wesen der Sache nicht wiedergeben. Sie sind wohl das Allerlebendigste dieser ganzen Szene, ihre Anordnung in einer Diagonale und die nach den Seiten auseinandergebreiteten Riemchen drücken eine rattenhafte Panik aus. Diese Unruhe ist der Kontrapunkt zu der Leblosigkeit des gerafften Vorhangs, der über den Köpfen der Apostel hängt wie ein unheilkündendes Leichentuch.
Nach Duccio sollte man nichts mehr betrachten, um den Glanz dieses Meisterwerks so lange wie möglich in den Augen zu erhalten. Die zeitgenössischen Meister haben ihn zu schätzen gewußt. Die Einführung der *Maestà* in die Kathedrale im Jahre 1311 war eine der ersten in einer Schilderung überlieferten Volksmanifestationen zu Ehren eines Kunstwerks. »An dem Tage, da das Bild in die Kathedrale überführt wurde, waren die Kaufläden geschlossen. Der Bischof führte eine feierliche Prozession an in Begleitung der neun Senioren, aller städtischen Beamten und einer großen Menge von Priestern und Gläubigen.

Bürger mit brennenden Kerzen mühten sich einer um den anderen, einen dem Altar möglichst nahen Platz einzunehmen, und zuletzt schritten in großer Andächtigkeit Frauen und Kinder. Und so zur Kathedrale hingehend, gingen sie um den ganzen Marktplatz herum, wie das Brauch war, und alle Glocken läutete freudig zu Ehren des vortrefflichen Bildes. Dieses Bild hatte Duccio di Niccolò gemalt, ein Maler, der im Hause der Muciatti wohnte, neben dem Tor Stalloreggi. Und den ganzen Tag brachten alle in Gebeten zu, gaben viele Almosen den Armen, zu Gott und Seiner Mutter betend, die unsere Mittlerin ist, bittend, daß sie in ihrer unendlichen Gnade uns vor allen Widernissen und Übeln behüte und uns aus den Händen der Verräter und Feinde Sienas reiße.«

In der Tat, nach Duccio hat man keine Lust, noch etwas anderes anzuschauen. Sogar *Die drei Grazien*, eine Kopie nach Praxiteles, sind nicht imstande, einen noch länger im Museum zu halten. Über den glühenden Platz eile ich zu der schattigen Seite der Via del Capitano, dann auf die Schattenseite der Via Stalloreggi. Die Hitze ist unerträglich, und ich, der ich mich noch vor einer Weile auf den Flügeln einer ästhetischen Ekstase emporgetragen fühlte, habe Lust, Museen, Altertümer und die Sonne zu verfluchen.

Endlich eine Trattoria, die bescheiden aussieht und weder ›Excelsior‹ noch ›Continentale‹ heißt. Hier ist eine liebliche, nach Keller schmeckende Kühle, es duftet nach der Säure des Weins, nach Zwiebeln und heißem Öl. Ich bestelle Spaghetti. Dies Gericht wird, wie bekannt, als Vorspeise gereicht, stellt also einen Auftakt dar. Die Franzosen beginnen mit anreizenden Hors d'œuvres, die Italiener gehen vernünftiger vor, entsprechend der Natur ihrer ausgezeichneten Küche, die bäuerlich, solide und nahrhaft ist. Die Philosophie des Geschmacks auf der Halbinsel beruht darauf, daß man möglichst rasch den Hunger stillen soll, um erst dann über Geschmackseindrücke nachzudenken. Übrigens sind echte italienische Makkaroni ausgezeichnet, nicht zu weich und nicht zu hart, mit pikanter Soße angerichtet, mit Parmesan bestreut. Nachher ißt man gewöhnlich eine Scheibe Rindfleisch, in Pfeffer gebraten, mit einem Viertel Tomate und einem Blättchen Salat. Zum Nachtisch ein frischer, reifer Pfirsich – alles das mit einem jungen ortsüblichen Wein begossen, den man wie Wasser in Gläsern trinkt, und nicht in dämlichen Fingerhüten auf einem gläsernen Füßchen.

Die Mittagszeit muß man im Schatten verbringen. Ich kaufe den ›Messaggero‹ mit einer großen Photographie Chessmans auf der ersten Seite. Also ist das doch geschehen? Auf der Photographie ist ein historischer Moment festgehalten – Chessman raucht seine letzte Zigarette zu Ende. Im Mundwinkel dieses häßlichen, zynischen und gequälten Gesichtes glimmt nur noch ein Stummel.

Ich war wohl ein wenig eingenickt. Die Luft hat ihre Farbe gewechselt, vom Weiß zum Bernsteingelb. Und in der Höhe zerbröckelt die Hitze. Ich sitze auf einer kleinen Steinbank an der Mauer des Spitals Santa Maria della Scala, gegenüber der Kathedrale. Ringsum mich Leute, die gekommen sind, ihre Verwandten zu besuchen, und einander Mitteilungen über den Stand ihrer Gesundheit machen. Nervöse Gesten und Rührung erweckende große Butteln Tee mit Saft, verkorkt mit einem Läppchen. Aus dem weit geöffneten Tor des Spitals weht ein Geruch von Lysol direkt dem Dom ins Gesicht.

Die Kathedrale steht auf dem am höchsten gelegenen Platz und wirkt wie ein emporgehobenes weiß-schwarzes Wappen der Stadt und wie ein Gesang, der steigt und fällt in einer Kaskade von Skulpturen, lasurenen Bögen und gleißenden Sternen. Zur Linken ein herrlicher Turm wie eine gegen die Luft gelehnte Lanze eines Engels.

Man soll sich nicht dem Terror der Reiseführer unterwerfen, sondern sich den kritischen Blick bewahren. Diese Annehmlichkeit soll man sich niemals versagen. Übrigens haben die Schöpfer dieser Fassade, und unter ihnen Giovanni Pisano, alles getan, um uns im Zustand eines ästhetischen Fiebers zu halten.

Die Kunsthistoriker sind sich im allgemeinen darin einig, daß die Kathedrale von Siena der schönste gotische Bau Italiens ist. Doch sagen die Franzosen mit etwas Bissigkeit und schlecht verborgenem Ärger, daß ihre Stilerfindung – die Gotik – auf der Apenninhalbinsel in Romanik umgeschlagen sei, die sich lediglich des Kreuz-Rippen-Gewölbes bedient habe. Drei Portale sind mit vollen Bögen gekrönt, und die Tympana ohne Skulpturen sind in der Tat romanisch. Der Kampf zwischen Kreis und Dreieck ist unentschieden. Die riesige Rosette – »o, Omega, seiner Augen violetter Strahl« – klingt in dem Dickicht dekorativer Einzelheiten wie die gewaltige Stimme eines Gongs auf dem Hintergrund von Pfeifen, Flöten und Glöckchen. Die Zisterziensermönche, Apostel einer strengen Variante der Gotik, aus dem benachbarten San Galgano (es ist bekannt, daß einer von ihnen den Bau der Kathedrale im Jahre 1257 leitete, also elf Jahre nach ihrem Baubeginn) hatten eher Einfluß auf den Plan als auf die Ausschmückung des Werkes. Recht hat Pierre du Colombier, wenn er vorschlägt, die Hand an die Augen zu halten und den Dom in zwei Hälften zu teilen, entlang dem über den Tympana laufenden Sims. In der Tat, beide Teile, der obere und der untere, harmonisieren nicht sehr miteinander. Es ist, als habe man auf den ruhigen romanischen Unterbau einen komplizierten und verworrenen Überbau gesetzt, gewaltsam einen Architekturstil mit einem Reliquiar vereinigend.

Zur Verteidigung des Sieneser Doms kann man viele Argumente anführen. Das wesentlichste ist wohl dies, daß die Fassade im Laufe von Jahrhunderten entstanden ist und die

Renovierer des 19. Jahrhunderts ihre ganze Energie darein gesetzt haben, das Meisterwerk zu verringern.
Das ändert in nichts den Eindruck gewaltiger Überraschung auf jemanden, der seinen Geschmack an der Gotik ausgebildet hat – im Kontakt mit den Kathedralen der Ile de France.
Ich kneife die Augen zu, um mir Chartres in Erinnerung zu bringen. Ich entsinne mich des Fluges der grauen Sandsteinquader. Ich öffne die Augen und sehe den Sieneser Dom, eine Wolke eines in der Sonne in allen Farben schimmernden Taubenflugs, wechselhaft, kreisend und ein wenig schwer. – Das Innere ist nicht minder überraschend. Wie bei der ein halbes Jahrhundert später entstandenen Kathedrale von Orvieto handelt es sich auch hier um eine Basilika mit flacher Decke, doch ist ihr Plan zisterziensisch. Der Chorraum ist lotrecht abgeschnitten, die Wände des Schiffes sind ohne Triforium. Am schwersten fällt es, sich in der italienischen Gotik an die Kuppel zu gewöhnen. Die in Siena ist nicht sonderlich gelungen; zumal wenn man sie von außen betrachtet, wird ihre Funktion nur unzureichend klar. Anders sieht die Sache von innen aus. Im Transept stützt sich die Kuppel auf sechs Säulen. Der Blick aus dem Querschiff enthüllt ein abwechslungsreiches Spiel einander durchdringender Flächen und Perspektiven – wie ein fernes Echo aus Ravenna.
Ästhetische Puristen krümmen sich vor Empörung beim Anblick des Planes des Sieneser Doms. Wie kann man nur – sagen sie – den Plan einer Basilika mit einem zentralen Plan verquicken! Das ist ein Schnitzer, zischeln die Rhetoriker der Architektur.
Das Innere der Kathedrale ist ungewöhnlich expressiv, und das nicht allein infolge der weiß-schwarzen Streifen der Steine. Dies hatten die Romantiker empfunden. Richard Wagner bat, als er den *Parsifal* komponierte, den Maler Jankowski, daß er ihm Skizzen von der Sieneser Kathedrale

schicken möge. In der Phantasie des Tonkünstlers kam diese Kirche dem Heiligtum des Grals sehr nahe.
Worin besteht das Wesen der Gotik? Haben wir es mit einem Grundsatz der Konstruktion zu tun, oder aber mit einem Stil, also einem ästhetischen Prinzip? Wie ist die Vorherrschaft horizontaler Linien und der rundbögigen Arkaden zu verstehen? Der Blick des Besuchers der Kathedrale in Siena wird durch die inkrustierte Täfelung an den Boden geheftet. Dieser Fußboden ist das Gemeinschaftswerk einer beinahe zwei Jahrhunderte währenden Arbeit vieler Künstler, etwa dreihundert Quadratmeter groß, und er spiegelt die Entwicklung der Kunst, die lineare Technik eines Domenico di Niccolò so gut wie die malerische Behandlung des Steins durch Domenico Beccafumi.
Geht man nach rechts, vorbei an den weiß-schwarzen Birken der Säulen, gelangt man zur Bibliothek der Piccolomini. Dies ist eine der Sieneser Schatzkammern der Kunst; am Eingang erheben zwei Zerberusse zusätzliche Gebühren für den Eintritt. Die Libreria enthält herrliche illuminierte Handschriften sowie zehn Fresken, die das Leben des Eneo Piccolomini darstellen, des späteren Papstes Pius II. Früher hatten sich hier *Die drei Grazien* befunden, doch einer von den Geistlichen hatte an ihrer schönen Blöße Anstoß genommen und sie in das Museum verbannt. Aeneas Piccolomini war eine der sympathischsten Gestalten der italienischen Renaissance: Humanist, Poet, Diplomat, Autor übermütiger Komödien und lateinischer Abhandlungen. Er schrieb, wie es Mode war, über alles: über Pferde und über Homer. Porträts überliefern die angenehmen Gesichtszüge dieses Nachkommen der Sieneser Aristokratie, der die Natur, Vergil und die Weiber liebte. Er hat eine Art Anti-Castiglione verfaßt, *Von dem armseligen Leben der Hofleute*: ». . . Mittagessen werden immer zur Unzeit gereicht, und immer wird man krank danach . . . der Wein ist sauer . . . Fürsten lassen aus Sparsamkeit die

Hofleute Bier saufen ... Der Becher, den die Dienerschaft ein Mal im Jahr spült, macht unter den Tischgenossen die Runde, von denen einer scheußlicher als der andere ist ... Der Hof verachtet die Philosophen und die Weisen ...« Zur Rechtfertigung dieser Quengelei fügen wir hinzu, daß Aeneas nicht in Urbino, sondern an einem der nördlichen Höfe in Deutschland geweilt hat.

Nach einer sehr stürmischen und wenig fröhlichen Jugend nahm er die Weihen erst spät an, nämlich im Alter von einundvierzig Jahren. Vorbildlich verdammte er seine Jugendstreiche zugleich mit seiner frivolen Erzählung *Geschichte zweier Liebhaber*, die sogar gottesfürchtige Biographen ihm zu verzeihen geneigt sind wegen höchst interessanter Einzelheiten der damaligen Sitten. Indessen, seit er den Purpur empfangen hatte, sprach Aeneas mit Unbehagen von diesem Werk und nannte es *Due Dementi* (Zwei Verrückte). Er war ein moderner Mensch, der mit seinem römischen Vornamen den Durst nach Ruhm ererbt hatte. Er wollte einen Fehler der Vorsehung korrigieren, die ihn irrtümlicherweie in einem miserablen Nest, Corsignano, hatte zur Welt kommen lassen, änderte den Namen des Städtchens in Pienza und errichtete in dieser entlegenen Ortschaft im Laufe von vier Jahren dank dem berühmten Architekten Rosselino und der Mitarbeit der sich um seine Gunst bemühenden Kardinäle eine überaus wunderliche Kathedrale, Renaissance-Paläste und Häuser. Es fehlte auch nicht an einem Poeten, der in antikisierenden Strophen die Phantasie des Papstes besang. Nach dem Tode Pius' II. verließ das Leben Pienza. Es verblieb ein kostbares Lapidarium. Eine leere Stadt mit einer Moral.

Um diese ungewöhnliche Gestalt zu verewigen, bestellte der Kardinal Francesco Piccolomini, ein Neffe Pius' II., bei einem umbrischen Meister zehn Fresken, die den Lebenslauf seines vortrefflichen Oheims darstellen sollten. Der Urheber dieser Fresken ist Pinturicchio, ein ausgezeichneter Erzähler, »never pedantic and never profound«, der die Wände der Libreria als reifer, fünfzigjähriger Künstler bemalte. Damals erfreute er sich eines ungewöhnlichen Erfolges, wovon die Tatsache zeugt, daß er zusammen mit Perugino lange Jahre hindurch päpstlicher Maler war. Die Meinung eines der zeitgenössischen Mäzene: »Perugino ist der berühmteste Meister der Malerei in Italien, und mit Ausnahme Pinturicchios, seines Schülers, ist kein anderer Künstler einer ehrenvollen Erwähnung würdig.« Die neueren Kunsthistoriker verfuhren bedeutend strenger mit ihm, sie zählten ihn richtigerweise den Künstlern mit vorzüglichen Kenntnissen, Talenten und Einfällen im Quattrocento zu, denen ein günstiges Schicksal geniale Schüler geschenkt hat. Verocchio wurde von Leonardo in den Schatten gestellt, Ghirlandajo durch die Vision Michelangelos ins Dunkel gedrängt, Raffael erscheint als die vollkommene Erfüllung der Träume und Prinzipien Peruginos und Pinturicchios.

Viele kritische Bemerkungen ließen sich zu den Fresken sagen (die sich übrigens in einem vorzüglichen Zustand befinden, wohl deswegen, weil sich ihrer die Konservatoren nicht angenommen haben), was jedoch nicht ausschließt, daß man ihren Zauber empfindet. Selbst Berenson, der Pinturicchio in die Hölle der Fabulierer und Dekoratoren verstößt, in die sehr ehrenwerte Gesellschaft von Duccio, Piero della Francesca und von Raffael, kann sich der zaubervollen Erzählung von dem berühmten Humanisten Aeneas Silvius Piccolomini nicht gänzlich entziehen: »Diese Fresken, in fast jeder Hinsicht mißlungen, sind wenigstens Meisterwerke als Dekorationen der Architektur. Wie sehr hat doch Pinturicchio den bescheidenen Saal der Bibliothek verwandelt! Unter dem Gewölbe, das zart durch kleine Medaillons geschmückt ist, öffnet sich breit eine Reihe von gewaltigen Arkaden auf einen romantischen Horizont. Man hat den Eindruck, daß wir uns unter einem gedeckten Portikus befinden, umgeben von allen Herrlichkeiten des Glücks und der Kunst, zugleich aber in einem freien Raum; doch ist es kein grenzenloser Raum, sondern eine beherrschte und rhythmisierte Riesenhaftigkeit dank der Bögen, die sie umschließen ... Zweifellos begeben sich in dieser zauberhaften Landschaft recht grelle und wenig imposante Prozessionen und Zeremonien. Aber wir nehmen dies geräuschvolle Schauspiel in uns auf wie eine Militärmusik an einem Frühlingsmorgen, wenn das Blut in den Adern schäumt.«

Pinturicchio glich einem Komponisten, von dem man sagen könnte, daß zwar das Erfinden nicht seine Stärke sei, daß er aber ein absolutes Gehör und eine hervorragende Kenntnis der Instrumente habe, deren er sich bediene. In seinen Arbeiten bilden Hintergrund, einander durchdringende Perspektiven, Architektur und Landschaft ein vollkommen harmonisiertes und geschlossenes Ganzes. Auf dem Fresko, das Aeneas Silvius Piccolomini darstellt, wie er aus der Hand Friedrichs III. den Dichterlorbeer empfängt, bevölkert eine Gruppe von Gestalten den Vordergrund; sie umringt den Thron. Der Blick läuft eine breite Treppe hinan, die den Horizont markiert, auf dem sich, kunstvoll die Komposition bekränzend, durchbrochenes Bauwerk erhebt. Durch die Arkaden hindurch, wie durch die Vergrößerungslinsen eines Opernglases, sieht man die ferne, präzis modellierte Landschaft – gefiederte Bäume, Strauchkugeln, Fußpfade und Gräser.

Treffend vergleicht Casimir von Chledowski den Zyklus Pinturicchios mit dem *Hofmann*. Die Szenen scheinen herausgenommen »aus den Büchern des Grafen Balthasar Castiglione, die er klug, gelehrt und mit großem Ausdrucksvermögen geschrieben hat«. Sie sind ein ausgezeichnetes Kompendium der Sitten und Bräuche, und wie in mittelalterlichen Spiegeln werden in ihnen der Papst, die Fürsten, die Ritter und die Bürger so gezeigt, wie sie sein sollten. Nicht allein durch die Trachten oder durch eine Placierung an einer entsprechend wichtigen Stelle der Komposition definiert der Maler seine Zeitgenossen als Gesellschaft, ihre Hierarchien, Verbindungen und Abhängigkeiten. In der Darstellung der Begegnung Friedrichs III. mit Eleonora von Portugal besitzen wir zudem einen ganzen Katalog menschlicher Gesten, von der höfischen Affektation der Souveräne, der unruhigen Betriebsamkeit der Hofleute auf frisierten Pferden, dem hahnenhaften Hochmut der Hellebardiere bis zu der erstarrten Armut der in Lumpen gehenden Bettler. Über diesem vergangenen Leben währt ewiges Schönwetter.

Ich gehe durch den rechten Ausgang der Kathedrale hinaus auf den vor Hitze flimmernden und blendenden Platz. Schreiend treiben Reiseführer Touristenherden vor sich her. Schweißgebadet filmen Farmer aus fernen Gegenden jeden Fetzen Gemäuers, den ihnen der Erklärer zeigt, und gehorsam fallen sie in Ekstase bei der Berührung von Steinen, die ein paar Jahrhunderte alt sind. Die Zeit, um die Dinge in Ruhe zu betrachten, nehmen sie sich nicht.

Der Platz zur Linken der Kathedrale ist nach Jacopo della Quercia benannt und bildet eigentlich den unausgeführten Teil des Baus; dessen Decke ist der Himmel. Im Jahre 1339 hatte man begonnen, diesen Seitentrakt der Kathedrale zu errichten; man wollte, daß in dem vergrößerten Gebäude »unser Herr Jesus Christus und Seine Allerheiligste Mutter sowohl wie der himmlische Hof verehrt und gesegnet würden, auch daß die städtische Selbstregierung ewiglich bewundert werde«. Eine prächtige These der Mystik, vermählt mit dem Ehrgeiz der Ratsherren.

Das gigantische Vorhaben wurde nicht verwirklicht: die schwarze Seuche verhinderte es ebenso wie Fehler in der Konstruktion. Die Mauern, dünn wie Platinblättchen, hatte der Goldschmied Lando di Pietro mit dem seinem

Beruf eigenen Sinn für Leichtigkeit erbaut, also bekamen sie Risse und Sprünge und drohten einzustürzen. Man lud (o Schande!) Experten aus dem feindlichen Florenz ein (die Sieneser Kathedrale war als Polemik gegen den Florentiner Dom gedacht); einer der Berichte der Sachverständigen formulierte ein erbarmungsloses Urteil: die berstenden Mauern müßten abgetragen werden. Aber die Sienesen schlugen den Rat in den Wind, allerdings nicht aus Vorliebe für Ruinen. Schwer ist auch zu glauben, man habe sich sieben Jahrhunderte hindurch der Täuschung hingegeben, daß man die Arbeiten von neuem werde aufnehmen können. Es ist einfach schwierig, sich von einem Traum zu trennen.

Durch das unvollendete Schiff mit dem Himmel als Dekkengewölbe gehe ich zu der belebten Via di Città hinunter. Die Straßen in Siena sind schmal und ohne Gehsteige. Ein gewisser Chronist schrieb in unverkennbarer Übertreibung, daß dort die Reiter mit den Sporen an den Mauern aneckten. Ein Anlaß unausgesetzter Verwunderung sind die durch diese Engpässe lavierenden Autobusse, vor denen die Häuserwände zurückzutreten scheinen.

Wenn es in Siena irgend etwas Häßliches gibt, dann wohl einzig die Piazza Matteotti, die unförmig, aufreizend modernistisch in dieser würdevollen alten Stadt wirkt, anonym wie die den Platz umschließenden Bankhäuser, das große Hotel mit einem Stall für Autos und das weiträumige Café unter einer farbigen Markise. Ich gehe hinein. Es wird dort gerade gesungen. Der Ruhm des italienischen Liedes bringt sich mir wieder in Erinnerung. Gewiß, es hat sich dem modernen Rhythmus angepaßt, aber nach wie vor ist es von sehr alten Gefühlen umflochten und hat rührende Dinge in das rasende Staccato hineingesteckt – *sole* sowohl wie *arcobaleno, luna* wie Tränen. Ein kleiner, schwarzhaariger Junge produziert sich vor dem Mikrofon: Modugno auf provinzieller Leitersprosse. Ich trinke einen Campari-

Soda, ein rotes Getränk mit bitterem Wermutgeschmack, von dem der Zunge schwindelig wird und die Gurgel brennt.
Ich kehre zu meinem Hotel der ›Drei Mädchen‹ zurück. Unmittelbar vor dem Tor wende ich mich zum Campo um. Alles ist in Ordnung. Die Mauern des Rathauses, scharf in die Nacht gezeichnet, dauern fort, und der Turm ist herrlich wie gestern. Man kann schlafen gehen. Über der Erde wachsen Explosionen. Doch machen wir vielleicht noch einige Runden um die Sonne mit der erhalten gebliebenen Kathedrale, dem Palast, dem Bild.

3

Cor magis tibi Siena pandit *(Inschrift auf dem Tor Camollia)*

Diese Woche ist für die Pinakothek bestimmt. Man öffnet erst um zehn Uhr morgens. Ich habe also noch Zeit, um durch Siena zu schlendern. Nur solche Städte sind etwas wert, in denen man sich verirren kann. In Siena kann man wie eine Nadel in einem Heuhaufen verloren gehen. In der Via Galuzza begegnen die Häuser einander mit Bögen, man geht wie auf dem Grunde einer Schlucht; es riecht nach Stein, nach Katzen und nach Mittelalter.
In dem dichten Schatten schmaler Gassen, der Via Banchi di Sopra, Via di Città, inmitten von Häusern von der Farbe angeräucherten Ziegels trifft man alle paar Schritte auf Paläste. Dies Wort, das sich gewöhnlich mit der Vorstellung gipserner Girlanden, Säulchen und steinerner Bommeln verbindet, hat wenig gemein mit der sienesischen bürgerlichen Architektur. Die Häuser der Senioren, streng und schmucklos, machen den Eindruck von Festungen mitten in der Stadt und erlauben ohne alle historischen Kommentare zu vermuten, welches die soziale Stellung von Familien wie der Salimbeni, der Piccolomini, der

Saracini war. »Ein solcher Bau war nicht nur ein Meisterwerk, sondern ebenfalls der Sitz und Zufluchtsort der Parteigänger, und sogar heute noch, in der Flut gleichgültiger und namenloser Menschenmassen, ragt dieser uneinnehmbare Palast voll Verachtung und aristokratischen Stolzes, so daß man rings um ihn nichts bemerkt und es auch wirklich nichts gibt.« Die Rede ist von dem ältesten, am Anfang des 13. Jahrhunderts erbauten Palast Tolomei, dessen steinerner strenger Würfel seit sieben Jahrhunderten Ernst und Stärke ausstrahlt.
Die Pinakothek befindet sich im Palazzo Buonsignori, und obwohl Kenner behaupten, daß man den besten Sassetta in Washington betrachten könne, so ist die vollkommenste Übersicht über die Sieneser Malerei doch eben hier.
Sie beginnt mit der geheimnisvollen Kunstepoche vor dem Auftauchen der ersten dem Namen nach bekannten Künstler. Unser aus der Schule mitgebrachtes Gepäck historischen Wissens beschränkt sich nur auf das schmale Theater der Taten Europas (seit Jahrhunderten übernehmen wir als Erbschaft ein verächtliches Verhältnis zu Byzanz, und mit einer wahrhaft paukerhaften Vorliebe bespricht man die Zeiten »der Blüte«, damit den Sinn und das Vorstellungsvermögen für »dunkle« und komplizierte Epochen abstumpfend). Die Taten verstorbener Kulturen, solcher wie der kretischen und etruskischen, die Entstehung Europas nach dem Sturz des römischen Kaiserreichs pflegt man beiseite zu lassen zugunsten eines genauen Nachweises der Siege Julius Caesars. Und in einer Vorlesung über Kunst räumt man der Epoche des Perikles und der Renaissance mehr Platz ein als der ungewöhnlichen sumerischen Kunst oder den Anfängen der Romanik. Dieser ganze Tornister mit »Kenntnissen« erweist sich als völlig unbrauchbar, wenn es darauf ankommt, Rechenschaft zu geben nicht über isolierte Epochen, sondern über die Kontinuität der geschichtlichen Prozesse.

Nichts gleicht der Erregung, die das Betrachten der sienesischen Primitiven aus dem tiefen Duecento in uns auslöst. Die überlieferten Altertümer sind eher polychromierte Flachreliefs als Malereien. Eine Madonna mit großen Augen, ländlich, massiv und blockförmig wie aus einer am Wege liegenden kleinen Kapelle im Vorgebirge der Karpaten. Oder ein gekreuzigter Christus, von dem die Zeit die Farben (bis auf zartrosa und bläuliche Töne) genommen hat. In Übereinstimmung mit der Empfehlung der Synode zu Rom im Jahre 692 drückt das Gesicht Christi keinerlei Leiden aus. Sein Lächeln ist voller Milde und Melancholie. Dieser sonderbare Schimmer der Sinnlichkeit und der Mystik wird jahrhundertelang die Augen der sienesischen Heiligen und Bürgerinnen schmücken.
Seit Jahrhunderten brennt ein verbissener und fruchtloser Streit darüber, welches der künstlerischen Zentren – Siena oder Florenz – als das ältere anzusehen sei. Vasari erkennt den Primat Florenz zu, doch neuere Forschungen haben in Siena ein Bild aus dem Jahre 1215 entdeckt. Es handelt sich dabei nicht so sehr um ein Bild als um ein Paliotto, ein bemaltes Altar-Flachrelief, das Christus, die Geschichte des Kreuzes und der heiligen Helena darstellt. Diese knappen Erzählungen tragen ein deutlich romanisches Merkmal. Es ist ganz gewiß, daß in Italien die sienesische Schule bereits im 13. Jahrhundert eine fest begründete Stellung innehatte, also schon viele Jahrzehnte vor Duccio. Und wenn auch der Begriff der Künstlerschulen durch die moderne Wissenschaft stark erschüttert worden ist, so bleibt er doch im Hinblick auf Siena, wo wir eine außergewöhnliche Einheitlichkeit des Stils und der Erfahrung der Tradition beobachten, voll und ganz gerechtfertigt. Damit sind viele Mißverständnisse verbunden. Man wirft der sienesischen Schule vor (als ob das ein Vorwurf sein könnte), daß sie allzu lange unter dem Einfluß von Byzanz verblieben sei, und daß sogar dann, als das griechische

Schema in Trümmer gegangen war, die Künstler nicht von ihrer Vorliebe für das Dekorative und von ihrer Neigung zu einem raffinierten Manierismus gelassen hätten. Als Porträtisten waren die Sienesen Lyriker und bei der Darstellung von Gruppenszenen einfallsreiche Erzähler. Die Stadt war eine Republik der Poeten.

Die Kritik begnügte sich nicht mit einer Analyse der Werke, sondern bemühte sich, die Verfasser ausfindig zu machen. Der erste historisch nachgeprüfte Künstler war Guido da Siena, eine Gestalt von starker Individualität und bedeutender Wirkung, wie Cimabue in Florenz. In der Pinakothek sind einige hervorragende Werke dieses subtilen Byzantiners und seiner Schüler ausgestellt. Wunderschön ist ein aus den achtziger Jahren des 13. Jahrhunderts stammendes Paliotto *Sankt Peter.* (Die byzantinische oder byzantinisierende Malerei war damals keineswegs zu einer einzigen Konvention erstarrt. Es ist nur unser Auge, das sich gewöhnt hat, einzig auf gewaltsame Kontraste zu reagieren, und so keine Halbtöne mehr zu unterscheiden weiß.) *Sankt Peter,* ein Werk der Nachfolger, bezeichnet, gemessen an der Kunst Guidos, einen ziemlichen Schritt vorwärts und enthält eine reiche Skala von lichtgesättigten Tönen. »Man muß die menschliche Erregung erfassen, welche die Rhythmen und den Raum dieser kleinen Erzählungen durchdringt.« *Die Verkündigung* auf einem Hintergrund abstrakter Architektur ist mit einer raffinierten Einfachheit erzählt. Das Gold des Hintergrunds ist vielfältig, von den zarten Schimmern des Morgenrots bis zu der Kühle des Metalls.

Duccio ist repräsentiert durch die *Madonna der Franziskaner-Väter,* gemalt gegen das Ende des 13. Jahrhunderts, also vor der *Maestà.* Es ist das ein Beispiel einer glücklichen Symbiose der byzantinischen Malerei mit der Gotik. Kompositorisch ist die *Madonna* ziemlich frei behandelt; ihre Rechte liegt weich auf den Knien. Der Thron ist ein bequemer Sessel und kein massives und ausgetüfteltes Gebäude. Die Engel sind leicht, als hätten die weißen Finger eines Miniaturisten sie modelliert. Zu Füßen Mariä, eng angeschmiegt, drei braune Mönche, dürr und trocken wie Grillen. Der kluge Duccio hat die griechische Kunst nicht gebrochen wie Giotto, er bog sie zu seinem Zeitalter herab wie einen Zweig.

Simone Martini ist in der Pinakothek nicht vertreten; dieser beliebte und wohl reiselustigste der Sienesen hat der Vaterstadt herrliche Fresken hinterlassen. Hingegen ist die Malerei der beiden Brüder Lorenzetti recht gut vertreten. Bräche in der Pinakothek Feuer aus, würde ich zwei kleine Bilder Ambrogios retten: *Stadt am Meer* und *Schloß am Seeufer.* In der ganzen Malerei des Trecento gibt es nichts, was diesen beiden Landschaften gleichkäme, und nur wenigen Meistern späterer Jahrhunderte ist es gelungen, ähnlich vollkommene Werke reiner Malerei zu erschaffen. Das ist leichter gesagt als erklärt.

Die *Stadt am Meer* – graue Wolken, grüne Häuser, rote Dächer und Türme – ist aus klaren Formen aufgebaut, die genau, mit diamantener Linie, umrissen sind. Der Raumentwurf ist dreidimensional; wie man jedoch treffend bemerkt hat, »entspringt die raffinierte Konstruktion der Perspektive bei Ambrogio nicht aus der Bemühung, den Raum zu rationalisieren, sondern hat zum Ziel, obwohl das paradox scheinen mag, die Tiefe blitzartig an die Oberfläche des Bildes zu ziehen«. Die Landschaft ist aus dem Vogelflug gesehen. Die Stadt ist leer, als wenn sie vor kurzem aus der Sintflut aufgetaucht wäre. Sie ist bis zur höchsten Stufe der Sichtbarkeit glühend gemacht und in ein bernsteingrünes Licht getaucht. Die halluzinierende Wirklichkeit der dargestellten Gegenstände ist derart groß, daß ich zweifle, ob auch nur irgendeine Analyse es wagen könnte, dies meisterliche Gebilde durchdringen zu wollen.

Die Museumswärter läuten wie verrückt, denn auf dem Schaft des Rathausturmes reift die zwölfte Stunde, was einen Teller dampfender Makkaroni bedeutet, ein Glas Wein und ein nahrhaftes Schläfchen. Übrigens, mit den Brüdern Lorenzetti, die wahrscheinlich an der schwarzen Seuche gestorben sind, endete die heroische Epoche der sienesischen Malerei.

Wie es sich für eine Stadt des Mittelalters schickte, war Siena die Heimat vieler Seliger und Heiliger. Keine andere der italienischen Städte besitzt eine ähnlich reiche Sammlung von Gestalten mit einer Aureole. Ein Gelehrter der Hagiographie meldet die astronomische Zahl von fünfhundert Namen. Auch hat Siena neun Päpste gestellt. Wie jedoch schon aus dem schwarz-weißen Wappen der Stadt zu ersehen ist, war Siena ein Ort gegenläufiger und widersprüchlicher Leidenschaften: also auch ein Ort der Verschwender, der Jugendtollheiten und der Weiber, die den Bannstrahlt der Prediger auf sich herabzogen. Am heftigsten wetterte der heilige Bernhard, und die von seiner Beredsamkeit gerührten Frauenzimmer errichteten gewaltige Scheiterhaufen, auf denen sie Stöckelschuhe, Parfums und Spiegel verbrannten. Mystische Lobgesänge brachten den Himmel näher, gottlose Lieder antworteten ihnen; Siena hatte seinen eigenen Dichter der Lüste, Folgore de San Gimignano hieß er. Durch die Straßen schritten Almosensammler in zerschlissenen Soutanen. Eine Clique von Verschwendern brachte es fertig, für Jagden und Gelage die schwindelerregende Summe von zweihunderttausend Goldflorinen auszugeben. »Gente vana«, raunzte Dante mit zusammengebissenen Zähnen.

Die steil abfallende Via Fontebranda hinabgehend gelangt man in das alte Viertel der Gerber. Unweit des Tores Fontebranda steht ein Brunnen gleichen Namens. Da das Wasser in dem trockenen Siena, das nicht wie Rom eine

Stadt der Brunnen und Fontänen ist, sehr kostbar war, richtete man dort zum Wäschewaschen ein Becken und eine Loggia ein, wo die sienesischen Weiber seit neun Jahrhunderten Nachrichten und Gerüchte über Nachbarn austauschen. Hierher pflegte Katharina Benincasa mit einem Krug zu kommen, um Wasser zu holen.

Sie war das fünfundzwanzigste Kind eines Tuchwebers. Der Name ihrer Mutter lautete wie der Anfang einer Arie: Mona Lapa de Muzio Piegenti. Das Mädchen, im Jahre 1347 geboren, zeichnete sich schon im Kindesalter durch Eigenart und Eigenwillen aus. Jung trat sie in den Orden der Dominikanerinnen ein und wurde bald zu einer berühmten Gestalt ihrer Vaterstadt, Italiens und der ganzen christlichen Welt, wenn auch die Legende und ihre Apologeten ihren Einfluß auf die Geschichte wohl doch überschätzt haben.

Katharina pflegte die Aussätzigen, kasteite ihren Körper und betrieb Politik – eine internationale, wenn man so sagen darf. Um sie scharte sich eine Gruppe von Verehrern aus verschiedenen Ständen. Sie ging mit ihnen durch die Straßen oder über die Felder der Umgebung in die Richtung von Florenz, wo die toskanische Landschaft reif ist, voller Oliven, Zypressen und Weinberge, oder nach dem Süden zu, wo sich ein den Anachoreten lieber Platz ausbreitet: eine kleine Wüste, dürr wie Eselshaut. Sie muß viel Zauber gehabt haben, denn schön war sie nicht, wovon ein Porträt zeugt, das sich in der Kirche San Domenico befindet und von Andrea Vanni gemalt ist.

Ihr Mystizismus war blutdurchtränkt. In ihren Briefen, die sie diktierte (denn schreiben hat sie erst drei Jahre vor ihrem Tode gelernt, »con molti sospiri e abondanza di lagrime«), sind es zwei Worte, die immer wieder vorkommen: *fuoco* und *sangue* (Feuer und Blut). Eines Tages hatte sie einen Verurteilten zur Richtstätte begleitet. Seinen vom Rumpf getrennten Kopf hielt sie lange in ihrem Schoß.

»Als die Leiche fortgebracht war, ruhte meine Seele lange Zeit in seligem Frieden, und ich sättigte mich an dem Geruch des Blutes.« Ein Beitrag zur Psychologie des Mittelalters.
Die sienesische Nonne erfreute sich einer großen moralischen Autorität. Da sie in Europa lebte und nicht in Indien, zudem in einer Epoche sittlicher Zerrüttung, der Grausamkeit und der Korruption, war ihr Einfluß auf die Politik nicht gar so bedeutend, wie das Historiker bis vor kurzem noch unterstellt haben. Ihre bekannteste Tat war ihr Besuch in Avignon bei Gregor XI. Katharina hatte eine auffallende Ähnlichkeit mit Jeanne d'Arc; sie war, wie die Französin, ein einfaches Mädchen, das behauptete, die Stimme Gottes zu hören. Vielleicht weil sie nur in toskanischer Mundart sprach und keinerlei theologische Kenntnisse besaß, war sie von Anfang Gegenstand des Gespötts und demütigender Schikanen der französischen Kardinäle. Es ist ungewiß, inwiefern sie auf den Entschluß Gregors XI. Einfluß genommen hat, die päpstliche Residenz wieder zurück nach Rom zu verlegen. Neuere Forscher sagen, diese Rückkehr sei bereits vor dem Besuch Katharinas beschlossene Sache gewesen.
Gegen Ende ihres kurzen Lebens unterstützte sie mit ihren letzten Kräften den nicht eben allerbesten Papst Urban VI. in seiner Auseinandersetzung mit Klemens VII. Ihre politischen Aktionen waren stets ein Kampf naiver Größe mit nüchterner Perfidie. Sie schrieb Hunderte von Briefe an hochgestellte Persönlichkeiten in einem abwechselnd bald scharfen, bald schmeichelnden Tonfall. Die Briefe hatten ungefähr den gleichen Erfolg wie heute die Proteste der Liga zum Schutze der Menschenrechte. Um Italien von dem räuberischen Condottiere John Hawkwood, alias Giovanni Acuto, zu befreien, machte sie ihm den Vorschlag, seine Grausamkeit gegen die Türken zu kehren. Sie wollte die Welt durch Liebe erobern. Ihr Platz ist in der Legende.

Ich kehre zur Pinakothek zurück.
Um die Mitte des 14. Jahrhunderts fand die große Epoche der sienesischen Malerei ihren Abschluß. Obwohl die Schule selber ununterbrochen bis zum Ende des 15. Jahrhunderts weiterwirkte, das heißt bis zum politischen Niedergang der Stadt, hat sie Künstler von der Bedeutung Duccios, Martinis und beider Lorenzetti nicht mehr hervorgebracht. Doch wahrte sie all die Jahre hindurch eine augenfällige Einheitlichkeit des Stils, die wir in der florentinischen Malerei vergebens suchen würden.
Die Kunst in Siena, obgleich sie selten die aktuelle Wirklichkeit widerspiegelte, war eng mit dem sozialen Leben verbunden. Zwar gab es in dieser Stadt keine großen Mäzene in der Art der Mediceer, dafür aber war das Interesse an der Kunst allgemein und mehr demokratisch als anderswo. Die reiche Zunft der Tuchmacher bestellte ein Flügelbild bei dem teuren Sassetta, die Bäcker und Fleischhauer bei Mattea di Giovanni, und eine der ärmeren Zünfte, die der Flickschuster, begnügte sich mit dem, was ihr Andrea Niccolò zu malen beliebte. Ein seltener Fall in der Geschichte ist die glückliche Vermählung der Kunst mit der Bürokratie: vom 13. Jahrhundert an war es Brauch, die Umschlagdeckel der städtischen Amtsbücher von hervorragenden Künstlern mit Bildern verzieren zu lassen.
Zu Beginn des Quattrocento erschien einer der bezauberndsten Maler in der Geschichte der Kunst, Sassetta. Seine Bilder sind über die ganze Welt verstreut, doch besitzt die Pinakothek einige Werke, die diesen Illustrator des Lebens des heiligen Franziskus gut repräsentieren. Sassetta hat den Kern der franziskanischen Legende ausgezeichnet getroffen, da er ja selber ein Mensch war, der mit Kopf und Kragen in Wunderdingen steckte. Auf dem Bild, das die Geschichte des heiligen Franziskus mit dem armen Ritter berichtet, schwebt über der Stadt, den Engeln und

den Personen der Fabel ein Turm in der Luft, emporgerissen wie eine Eiche samt Wurzeln, und niemanden schokkiert dieser surrealistische Effekt, so sehr ist bei diesem Maler die Materie mit dem vermengt, was unmöglich ist. In der Tat könnten die Surrealisten von Sassetta die Technik erlernen, dem Nichtgeheuren Ausdruck und Gestalt zu geben. Man ist gewohnt zu sagen, Sassetta und seine sienesischen Kollegen seien Spätlinge gewesen und hätten die Renaissance nicht begriffen. Indessen schritten sie in die neue Ära hinein, ohne dewegen mit der gotischen Überlieferung zu brechen, so wie Duccio der Gotik die Treue gehalten hatte, ohne die byzantinische Tradition zu verwerfen. Die Malerei Sassettas hat nichts zu tun mit Manierismus; sie ist eine neue durchdachte Tradition nach großen Vorgängern.

Er malte viel und verließ Siena oft. Er hatte Kontakt mit neuen und alten Quellen der Malerei. Zeitgenössische Historiker der Kunst betonen seine Verbindungen mit Domenico Veneziano und die Wirkung, die er auf den großen Piero della Francesca ausgeübt hat. Er starb am ersten April des Jahres 1451 an einer Lungenentzündung, die er sich während der Arbeiten an einem Fresko zugezogen hatte, das bis 1944 die Porta Romana geziert hat. Sehr lehrreich sind die Wechselfälle seines postumen Ruhmes. Am Ende des 19. Jahrhunderts zählte man ihn zu den drittrangigen Malern. Berenson schrieb ihm einige Werke zu, die zuvor als anonym gegolten hatten, und entriß ihn auf diese Weise der Vergessenheit. In jüngster Zeit wurden Sassetta mehrere Bilder durch Alberto Graziani »wieder fortgenommen«, indem dieser eine neue hypothetische Gestalt konstruierte, die Maestro dell' Osservanza (Meister der Observanz) genannt wird (nach einem Kloster in der Nähe von Siena). Graziani handelte wie ein Astronom: noch hat er den neuen Stern nicht entdeckt, doch weiß er bereits, daß es ihn gibt, denn das geht aus seinen Berechnungen hervor. Eines der schönsten Bilder dieses unbekannten Meisters ist *Die Begegnung des heiligen Antonius mit dem heiligen Paulus.* Der Weg führt durch bewaldete Höhen. Zuerst sieht man, perspektivisch verkleinert, einen der Heiligen, wie er, ein Stöckchen auf dem Rücken, den Wald betritt. Dann – in der Mitte des Bildes – unterhält er sich mit einem Faun; beide Gesprächspartner sind wohlerzogen und berühren sicherlich keine dogmatischen Themen, denn die Unterhaltung geht in einem sehr freundschaftlichen Ton vor sich. Schließlich, dicht am Rande des Bildes, umarmen sich beide Heilige herzlich vor einer Einsiedlergrotte.

Den Pinsel Sassettas übernahm sein Schüler Sano di Pietro, der in Siena das größte Malatelier betrieb. Er reichte nicht an seinen Meister heran (war minder subtil und bisweilen widerwärtig), aber was war er doch für ein hinreißender Anekdotenerzähler! In der Pinakothek ist er gut repräsentiert. Von Sassetta hat er die Vorliebe für rote Farben übernommen, mit denen er con brio spielte. Gewiß, die Lust am Erzählen war ein Merkmal aller sienesischen Maler, doch Sano di Pietro war ganz ohne jeden Zweifel der König unter den Fabulierern. Auf einem der Bilder erzählt er die Geschichte, wie die Madonna dem Papste Calixtus III. erscheint. Die beiden Figuren nehmen drei Viertel des Gemäldes ein. Neben ihnen hat der Maler einen Eselstreiber untergebracht und die Esel samt der Packung auf dem Rücken. Ein Langohr verschwindet soeben in einem der rosabraunen Tore Sienas. Bei allem Ernst des Hauptthemas ist dies ein so unwiderstehlich komisch wirkendes Detail wie ein halblaut hingeworfener witziger Zwischenruf während einer feierlichen Rede.

Als einer der allerverführerischsten Maler des sienesischen Quattrocento erweist sich Neroccio, dessen Arbeiten, sanft und vorsichtig in der Farbgebung, von einer geradzu chinesischen Präzision der Linie sind. Er war möglicherweise der letzte Künstler, in dessen Bildern wie ein Echo die zeichnerische Genauigkeit Simone Martinis nachklang.

Und damit halten wir bereits vor der Endphase der sienesischen Schule: mit Vecchietta und Sodoma – der plötzlich und wie unangemeldet aufgetaucht ist – treten wir in die Epoche der verblühenden Renaissance ein.

Die Arbeiten Sodomas, die in der Pinakothek ausgestellt sind, vermögen nicht für diesen Maler einzunehmen, obgleich bekannt ist, daß er ein Schüler Leonardos war und daß er in seiner künstlerischen Karriere glückliche Momente hatte. Hier zeigt er sich fett, vulgär; die Form leidet an Wassersucht, ist aufgeschwemmt, geschwulstig. *Die Ohnmacht der heiligen Katharina* ist ungelenk und zugleich prätentiös komponiert, das sandfarbene Kolorit des Gemäldes wirkt fade. Der *Christus an eine Säule gefesselt* hat zwar den plumpen Rumpf eines antiken Gladiators, das Bild selber aber ist ohne Kraft und Ausdruck, obwohl Enzo Carli behauptet, dies Werk sei trotz allem die genialste und eindrücklichste Interpretation des Leonardischen Sfumato und des Halbdunkels. Sodoma hat viel gemalt, ist vom Stil des jungen Perugino zum Stil des jungen Raffael übergelaufen, doch muß man wohl Berenson zustimmen, wenn er meint, daß die »Ganzheit seines Werkes kläglich schwach« ist.

Ich tröste mich damit, daß Sodoma kein Sienese war, er stammte aus der Lombardei. Vom Papst erhielt er einen Adelstitel und ließ sich in Siena nieder. Vasari, allerdings ein Klatschmaul, hat sehr schlecht über ihn gesprochen, über den Künstler sowohl wie den Menschen. Er war ein Original, ein Zigeuner nach Art der Maler und Poeten des Fin de siècle. Man sagt, er habe eine zahme, sprechende Dohle besessen, drei Papageien und ebenso viele böse Eheweiber. Er war verrückt nach Pferden wie jeder gebürtige Sienese, und diese Leidenschaft hat ihn viel gekostet. Auf einem seiner Bilder hat er sich selber in der Nähe Raffaels gemalt, was darauf schließen läßt, daß er wohl eine übertriebene Meinung von seinem eigenen Talent hatte. Er endete angeblich recht jämmerlich in einem Sieneser Spital. Vor seinem Tode redigierte er ein Testament in der Manier Villons.

Der letzte sienesische Maler war Beccafumi. Man betrachtet ihn mit wahrem Verdruß. Von der vortrefflichen Schule ist nur noch ein farbiger Rauch verblieben. Übrigens war das schon das Ende der Republik von Siena. Die Zivilisation der Stadt der Wölfin ging unter wie eine Insel. Beccafumi beschließt die sienesische Malerei und wirft den Schlüssel in den Abgrund der Zeit.

Ich gehe in die Stadt, die sich zur täglichen Passeggiata anschickt, doch bin ich außerstande aufzuhören, an die vor Jahrhunderten verstorbenen Maler zu denken. Mir kommt plötzlich eine der Figuren vom Fresko Ambrogio Lorenzettis im Palazzo Publico in den Sinn. Sie symbolisiert den Frieden: eine frei dasitzende Frauengestalt in weißem Gewande, eine mit einer einzigen Linie umrissene Form, die einem für immer im Gedächtnis bleibt. Wo habe ich nur ähnlich gemalte Frauengestalten gesehen? Natürlich: auf den Bildern von Henri Matisse! Matisse – der letzte Sienese?

Ich spreche von der Malerei, doch denke ich auch an die Poesie. Die sienesische Schule hat den ihr Nachfolgenden ein Beispiel gegeben, wie man ein individuelles Talent entwickelt, ohne die Vergangenheit zu annullieren. Sie hat das vollbracht, wovon Eliot schreibt, indem er den Begriff der Tradition analysiert, der sich bei uns nicht nur in der Theorie, sondern auch in der Praxis mit dem Begriff der Akademik verbindet: »Man kann sie nicht ererben; wer sie begehrt, muß sie sich mit großer Mühe erarbeiten. Zuallererst setzt sie den historischen Sinn voraus, und damit etwas, was wohl als nahezu unentbehrlich für jeden gelten darf, der über sein fünfundzwanzigstes Lebensjahr hinaus Dichter bleiben möchte; und der historische Sinn setzt seinerseits voraus, daß man nicht nur das Vergangensein der Vergangenheit, sondern auch ihr Gegenwärtigsein deutlich spüre; der historische Sinn ist eine Art Ansporn, nicht nur aus dem innersten Lebensgefühl der jeweils eigenen Generation heraus zu schreiben, sondern auch aus dem Empfinden dafür, daß die Gesamtheit der nachhomerischen Literatur Europas, und innerhalb ihrer die Gesamtheit der Literatur des eigenen Landes, sich in einem überzeitlichen Sinne gleichzeitig ausbreitet und eine gleichartige Ebene der Rangordnungen darstellt.« Und: »Kein Dichter – und überhaupt kein Künstler – ist in seiner vollen Bedeutung für sich allein zu erfassen. Seine Bedeutung, die Würdigung seines Wesens, setzt die Erfassung seines Verhältnisses zu den früheren Dichtern und Künstlern voraus. Man kann ihn als einzelnen nicht voll würdigen; man muß ihn, der Gegenüberstellung und des Vergleiches halber, zusammen mit den Vorgängern betrachten.«

Die kleine Trattoria füllt sich mit Stammgästen. Sie kommen herein, nehmen *ihre* Serviette aus dem Fach unter der Uhr und setzen sich auf *ihren* Platz, inmitten *ihrer* Gefährten. Mit Kennerschaft und Appetit, die beide von Generation zu Generation im Wachsen zu sein scheinen, essen sie Spaghetti, trinken Wein, plaudern, spielen Karten oder würfeln. Die Gespräche sind äußerst lebhaft. Das Italienische ist wohl die an Ausrufen reichste Sprache, und jene *via, veh, ahi, ih* schießen wie Petarden. Ich kann mir denken, daß es sich um das Palio handelt. In einer Woche findet das Palio statt.

Palio: der Name leitet sich her von einem Stückchen bemalter Seide, das Jahr für Jahr von einem der Reiter in einem Wettrennen rings um Il Campo, also den Marktplatz, gewonnen wird. Alljährlich am 2. Juni und am 16. August verwandelt sich die Stadt in ein kolossales histori-

sches Theater, an dem Chesterton seinen Spaß gehabt hätte. Drei Stadtteile, die sogenannten *terzi* – Città, San Martino und Camollia – entsenden ihre Reiter. Der Brauch und die Einteilung gehen auf mittelalterliche militärtechnische Klassifizierungen zurück, welche die Stadt in siebzehn *contrade* aufgliederten – kleine militärische Gemeinden, deren jede ihren eigenen Anführer, ihre Kirche, ihr Banner und ihr Wappenzeichen hatte. Zweimal im Jahr – und das in allem Ernst und nicht nur zum Gaudium der Touristen – entfachen sich die Leidenschaften, werden hohe Wetten geschlossen, entspinnen sich komplizierte Intrigen um den wahrscheinlichen Sieger des Rennens. Es ist ein buntes Fest – voller Lärm, voller Pferde und voller Trubel. Die Historie stellt das Kostüm, der Krieg hat sich in eine Kavalkade rings um den Marktplatz verwandelt.
Ich bitte den Wirt der Trattoria um einen besseren Wein. Er bringt mir einen vorjährigen Chianti aus eigenem Weinberg. Er sagt, seine Familie habe diesen Weinberg seit vierhundert Jahren in Besitz; dort gedeihe der beste Chianti in ganz Siena. Jetzt beobachtet er vom Schanktisch aus, was ich mit dem kostbaren Trank wohl machen werde.
Es gehört sich, das Glas ein wenig zu neigen, um zu sehen, wie die Flüssigkeit an den Wandungen herabrinnt: ob sie auch keine Spuren hinterlasse. Dann hebt man das Glas und versenkt, wie ein französischer Feinschmecker gesagt hat, den Blick in lebendige Rubine, betrachtet sie still, als seien sie ein chinesisches Meer voller Algen und Korallen. Die dritte vorgeschriebene Geste besteht darin, den Rand des Glases an die Unterlippe heranzuführen und den Duft (*Mammola*) einzuatmen – ein Veilchenbukett, das der Nase meldet, der Chianti sei gut. Diesen Duft ziehe man tief in die Lungen ein, auf daß man das Aroma reifer Trauben und den Geruch der Erde in sich habe. Und schließlich nehme man – jede barbarische Hast meidend – einen kleinen Schluck in den Mund und zerreibe mit der

Zunge den dunklen, samtigen Geschmack am Gaumen. Ich lächle dem Wirt Anerkennung zu. Über seinem Kopf erstrahlt eine große Lampe freudigen Stolzes. Das Leben ist schön, und die Menschen sind gut.

Ich bestelle mir eine *Bistecca alla Bismarck.* Das Beefsteak ist zäh und faserig. Kein Wunder – nach so vielen Jahren.

Das ist mein letzter Abend in Siena. Ich gehe zum Campo, um ein paar Lire in das Becken Fontegaja zu werfen, obschon ich, um die Wahrheit zu gestehen, wenig Hoffnung habe, hierher wiederzukehren. Ich sage (denn zu wem sonst sollte ich sprechen) dem Palazzo Publico und dem Turm Mangia Adieu. Auguri Siena, tanti Auguri!

Ich mache mich auf den Weg zu meinem Hotel ›Tre Donzelle‹ und verspüre große Lust, das Stubenmädchen zu wecken und ihm zu sagen, daß ich morgen wegfahren werde und daß ich mich hier wohlgefühlt habe. Würde ich das Wort Glück nicht fürchten, könnte ich ihr sogar bekennen, daß ich glücklich war in dieser Stadt. Doch weiß ich nicht, ob man mich richtig verstehen würde.

Also lege ich mich zu Bett. Verse Ungarettis gehen mir durch den Sinn. Der Dichter hat die passende Formel für den Abschied gefunden:

Wieder schau ich Deinen langsamen Mund
(Nächtens geht das Meer ihm entgegen),
Und schau die Stute Deiner Flanken
Verendend sinken
In meinen einst singenden Armen,
Und schaue, Schlaf bringt Dir wieder
Neues Erblühen und neues Ersterben.

Und das böse Alleinsein,
Das jeder, der liebt, in der eignen Seele entdeckt,
Nun als unendliches Grab
Trennt es mich für immer von Dir,

Geliebte, in einem fernen Spiegel ertrunkne . . .

Bei den Dorern

Die einzige Harmonie, die der Seele vollkommene Ruhe gibt, ist die dorische Harmonie. *Aristoteles*

Ich habe versucht, Neapel von den ästhetischen Werten der Stille zu überzeugen. Vergebens. Es gibt ja Ästhetiken, die sich auf den Lärm stützen. Ich bediente mich also eines terroristischen Arguments. »Höre, Neapel. Der Vesuv schläft nicht. Wenn sich eines Tages unterirdisches Grollen vernehmen lassen wird, die Katastrophe verkündend, wird dies nicht einmal jemand hören. Denk an das Schicksal Pompejis. Freilich sage ich nicht, daß du seine Grabesruhe nachahmen sollst – das wäre eine Übertreibung –, aber ein wenig Mäßigung, die Perikles so empfahl, stünde dir wohl an. Nicht ohne Grund brauche ich diesen Namen. Du weißt selber, daß du eine Grenzstadt des großen Griechenland bist.«
Nur zwei Stellen, an denen es verhältnismäßig still war: das Museum Capo di Monte und der Fahrstuhl im ›Albergo Fiore‹. Das Museum ist auf einem Berg in einem weitläufigen Park gelegen. Das Brausen der Stadt klingt hier wie das Geräusch einer alten Grammophonplatte. Immer wieder halte ich inne vor dem Porträt des jungen Francesco Gonzaga, das Mantegna gemalt hat. Der Knabe ist mit einem blaßrosa Lucco bekleidet, unter einer Kappe schaut ein Kranz gleichmäßig geschnittenen Haares hervor. In dem Gesicht streiten sich Reife und Knabenalter. Ein lebhaftes Auge, eine energische männliche Nase und ein kindlich geschwellter Mund. Der Hintergrund ist von einem wundervollen Grün, tief und saugend wie das Wasser unter einer Brücke.
Als ein Kunstwerk erwies sich auch der Fahrstuhl im ›Albergo Fiore‹. Geräumig wie eine bürgerliche Stube, mit ausgeklügelten Vergoldungen und einem Spiegel. Die Sitz-

bank war mit rotem Plüsch gepolstert. Langsam glitt dieser Salon empor, unterwegs nach dem 19. Jahrhundert seufzend.

Ich hatte aus Patriotismus im ›Albergo‹ Quartier genommen (bei einem Landsmann) und aus Berechnung (weil die Preise dort niedrig waren). Der Besitzer hieß Signor Kowalczyk. Er hatte helles Haar und ein offenes slawisches Gesicht. Abends, beim Wein, sprachen wir über die Verwickeltheiten kriegerischer Schicksale, die Fehler der Italiener, die Vorzüge der Polen und über die Wirkung der Makkaroni auf die Seele. Gleich am ersten Tage vertraute ich ihm meine Träume von Sizilien an. Signor Kowalczyk kramte in einer Schublade, holte eine von irgendeinem Touristen zurückgelassene Fahrkarte nach Paestum hervor und schenkte sie mir großherzig.

Paestum ist zwar nicht Syrakus, aber immerhin Groß-Griechenland. Ohne Bedauern verzichtete ich auf die Aussicht, die ›Blaue Grotte‹ zu besuchen. Es stellte sich rasch heraus, daß es sich lohnte, nach Paestum sogar zu Fuß zu wandern.

Der Sonntagszug kommt fast leer dort an. Die meisten Reisenden steigen zwischen Sorrent und Salerno aus, wo kleine Karren mit blumengeschmückten Eseln sie erwarten.

Von der kleinen Station führt ein alter, mit Zypressen gesäumter Weg zum ›Tor der Sirene‹; man betritt das Gebiet der Stadt, die von hohem Gras und vom Stein bewohnt ist. Die gewaltige Mauer, die stellenweise bis zu sieben Meter dick ist, bekundet unverhohlen, daß die griechischen Kolonien in Italien keineswegs Oasen des Friedens waren. Aus ihrer steinigen, unfruchtbaren Heimat kamen die Griechen über das Meer, »dunkel wie Wein«, in ein Land, das von den Feuerstätten vieler Generationen erwärmt war. Davon zeugen Nekropolen, deren Ursprung bis ins Paläolithikum zurückreicht.

Die große Kolonisation fand zwischen dem 8. und dem 6. Jahrhundert vor unserer Zeitrechnung statt; ihr ökonomischer Charakter war offenkundig – anders als bei der um einige Jahrhunderte früheren Welle der griechischen Expansion, welche die Küsten Kleinasiens erfaßt hatte und deren Ursachen politisch gewesen waren: der Druck der von Norden andrängenden Dorer.
Zugleich hatten die griechischen Eroberungen einen durchaus unsystematischen, einen piratenhaft-räuberischen Zug. Ihnen voraus zog die Legende, die das Land okkupierte, bevor auf ihm griechische Städte zu wachsen begannen. Für Homer waren die Länder im Westen des Ionischen Meeres eine Domäne der Mär. Doch wurden schon damals, unter Anleitung der Poeten, die nichtgriechischen Flüsse, Gestade, Grotten und Inseln von griechischen Göttern, Sirenen und Helden in Besitz genommen.
Odysseus, der Städteeroberer, ist nicht der Typus eines Kolonisators, sondern eher eine charakteristische Gestalt jener vorkolonisatorischen Epoche. Als er, aus Troja zurückkehrend, Ismar zerstört, die Stadt der Kikoner, interessiert ihn nur das, was man mit auf das Schiff nehmen kann – Sklavinnen und Schätze. Keinerlei Schönheiten fremder Länder vermögen ihn auf der starrsinnigen Wanderung zur felsigen Heimat aufzuhalten.
Die Dichtung Hesiods ist ein noch grelleres Beispiel für diese den Griechen der archaischen Epoche eigene Haltung, die Haltung realistischer, seßhafter Edelleute, denen die Lieder der Äoiden das Reisen ersetzten. Manche Autoren des Altertums erklärten die Kolonisationsversuche aus privaten Fakten: Familienzwist oder Erbschaftsstreit. Man sollte diese Erklärungen nicht leichthin von der Hand weisen; sie deuten auf gesellschaftliche Veränderungen (zum Beispiel auf die Lockerung der familiären Ordnung), die, wie wir wissen, in der Zeit des Feldzugs gegen Troja

eine Rolle gespielt haben. Thukydides und Plato geben noch eine andere Interpretation, die ebenso einfach wie überzeugend scheint: Bodenmangel. Sizilien und der südliche Teil der Apennin-Halbinsel waren ein verlockendes Terrain, das zu wirtschaftlicher und agrarischer Nutzung einlud.

Diese Gebiete waren Niemandsland. Die Griechen erbeuteten sie von den Barbaren durch List oder Gewalt, doch gingen sie bei Eroberungen nicht ganz so grausam vor wie die ›preußischen‹ Römer. Ihr Hauptaugenmerk galt den Küsten, wo sie Häfen anlegten. Die einheimische Bevölkerung floh in die Berge und beobachtete mißgünstig die Entwicklung der Stadt der Usurpatoren. Cicero sagt, die griechische Küste sei wie eine Saumkante, die an das breite Gewebe barbarischer Zonen genäht ist. Dieser goldene Saum färbte sich oft mit Blut.

Poseidonia (lateinisch Paestum) wurde um das Jahr 600 vor unserer Zeitrechnung von den Dorern gegründet, welche die Achäer aus Sybaris vertrieben hatten. Die griechischen Städte in Italien – ähnlich wie im griechischen Mutterland – rangen untereinander gnadenlos um die Hegemonie. Gewiß, es gab auch Versuche zu einer Einigung des südlichen Italien nach dem Prinzip der Städteunion. Diesen Plan – so nehmen jedenfalls die Wissenschaftler aufgrund numismatischer Indizien an – sollten die Pythagoräer von Kroton verwirklichen, die, wie bekannt ist, das in den Zeiten seiner Blüte hunderttausend Einwohner zählende mächtige Sybaris in Trümmer verwandelt hatten. Die Einwohnerschaft von Poseidonia verbündete sich mit den Siegern und ist gut dabei gefahren. Zur Grundlage ihres Wohlstands wurde der Handel mit Getreide und Öl. Innerhalb kurzer Zeit erbaute man in der Stadt zehn Tempel, die nicht nur Zeichen der Religiosität und eine Manifestation des griechischen Schönheitsideals waren – vielmehr übernahm die Kunst, insbesondere die Architektur, in den

Kolonien eine politische Rolle: sie hatte die nationale Eigenart gegenüber den benachbarten Völkern zu bekunden. Ein griechischer Tempel auf einer Anhöhe war wie eine in das eroberte Land gerammte Standarte.
Das 6. und 5. Jahrhundert vor unserer Zeitrechnung gilt als das Apogäum griechischer Zivilisation in Italien, ihre perikleische Periode. Die Städte, zunächst Heimstatt der Kaufleute, zogen Gelehrte, Dichter und Philosophen an, von denen vor allem die letzteren allmählich zu beträchtlichem politischem Einfluß gelangten. In Kroton und Metapont regierten die Pythagoräer. Für diejenigen Leser, die Platons *Staat* studiert haben, wird die Information nicht sonderbar sein, daß um das Jahr 450 vor unserer Zeitrechnung das Volk sich wider die Philosophen empörte, die unter dem Vorwand der Verehrung der Zahlen eine Registrierung der männlichen Einwohner anordneten und bei dieser Gelegenheit diejenigen einsperren ließen, die eines nicht eben freundlichen Verhältnisses zum Pythagoräismus verdächtig waren. Nun, was solls: durchschnittliche Bürger haben kein Verständnis für Abstraktion und ziehen allemal dem Weisen eine stumpfe, bestechliche Bürokratie vor.
In der Nähe von Paestum war Elea gelegen, wo an der Wende vom 6. zum 5. Jahrhundert eine Philosophenschule, deren Gründer Parmenides war, sich gruppierte – nach der ionischen Schule ein zweites Kettenglied in der Geschichte des griechischen Denkens. Die vorklassische Periode der griechischen Philosophie wird von Philosophen aus den Kolonien repräsentiert.
Es ist eine vielleicht recht naive, aber immerhin mögliche Auslegung, daß der Zustand ständigen Bedrohtseins, der für das Leben der griechischen Städte charakteristisch war, die Eleaten dazu inspiriert hat, die tröstliche Wahrheit von der Unwandelbarkeit der Welt, von der Kontinuität des Daseins zu verkünden. Doch ist der unbewegliche Pfeil

Zenons von Elea eine Erfindung des Geistes geblieben; die Geschichte hat sich von ihr nicht beeindrucken lassen.

Im Jahre 400 vor unserer Zeitrechnung wurde Poseidonia von den Bergbewohnern der Umgebung, den Lukanern, besetzt. Siebzig Jahre später besiegte der König von Epirus, Alexander, ein Neffe Alexanders des Großen, sich der hellenischen Solidarität bewußt, die Lukaner. Doch nach seinem Tode kehrten die Besiegten zurück und ergriffen abermals Besitz von der Stadt. Die Okkupation muß bedrückend gewesen sein; es war untersagt, griechisch zu sprechen. Zu neuen Befreiern wurden die Römer. Mit ihnen verständigten sich die Griechen schnell und leicht. Paestum wurde römische Kolonie, es lieferte den Römern Schiffe und Matrosen. Als schwere Zeiten anbrachen für die Republik (nach der Schlacht bei Cannae) opferten die Poseidonier für Kriegszwecke sämtliche goldene Gefäße aus ihren Tempeln. Die Römer lehnten die Gaben großmütig ab; in Anerkennung der Loyalität der Stadt gewährten sie ihr das seltene Privileg, eigene Münzen zu prägen.

Das Ende war minder glanzvoll. Der Meeresgott, dem Paestum gewidmet war, wandte sich von seinen Verehrern ab. Er hob die Küste an. Der nahe Fluß Silarius büßte die Mündung ein und begann sich zu zerteilen. Strabon klagt über die schlechte Luft der Umgebung. Was die Barbaren nicht vollbrachten, vollbringt nun die Malaria.

Zu Anfang des Mittelalters war das schon keine Stadt mehr, bestenfalls die Karikatur einer Stadt, bewohnt von einer kleinen christlichen Gemeinde. Eine Handvoll mißgestalteter Häuser, aus Bruchstücken antiker Bauwerke erstellt, kauerte rings um den in eine Kirche umgewandelten Tempel der Demeter. Im 11. Jahrhundert schließlich wich die dezimierte Einwohnerschaft der Malaria-Metropole dem Ansturm der Sarazenen. Sie floh nach Osten in die Berge auf dem gleichen Wege, den die Lukaner auf ihrer Flucht vor den Griechen genommen hatten. In Capacchio Vecchio, wohin sich die Poseidonier nach ihrer Flucht gewandt hatten, wurde eine Kirche errichtet, die der Madonna vom Granat geweiht war. Die Madonna hat das Gesicht der Hera. Noch heute brechen im Mai und August die Bewohner der Umgegend in einer Prozession zu der Kirche auf. Sie tragen kleine, blumenverzierte Barken mit Kerzen darin – denen ähnlich, die vor sechsundzwanzig Jahrhunderten die Griechen der Hera von Argos entgegengetragen haben.

Als um die Mitte des 13. Jahrhunderts in der Nähe von Paestum, das damals längst untergegangen war, ein Weg vermessen und abgesteckt wurde, stieß man auf drei dorische Tempel, deren einer zu den am besten erhaltenen auf der Welt gehört. Man nannte sie: die Basilika, den Tempel Poseidons und den Tempel der Demeter. In ihrem Innern stand ein Haufe andächtiger Eichen.

Ich sehe die Tempel zum ersten Mal mit eigenen Augen, in Wirklichkeit. Nach einer Weile werde ich hinübergehen, mein Gesicht den Steinen nähern, ihren Geruch prüfen, mit der Hand über die Rillen der Säulen streichen. Man muß sich frei machen, säubern, alle gesehenen Photographien, Zeichnungen, Informationen vergessen. Und auch das, was man mir von der makellosen Reinheit und Erhabenheit der Griechen erzählt hat.

Der erste Eindruck bringt beinahe eine Enttäuschung: die Tempel sind kleiner, genauer: niedriger, als ich erwartet hatte. Diese, die ich vor Augen habe, stehen auf einer Ebene, die flach ist wie ein Tisch, unter einem riesigen aufgerissenen Himmel, der sie noch flacher macht. Die topographische Situation ist ungewöhnlich, denn die meisten griechischen Sakralbauten waren auf Anhöhen errichtet worden und nahmen die Linien der gebirgigen Landschaft auf, die sie beflügelte.

In Paestum, wo die Hilfe der Natur versagte, kann man die Dorer kühl und ohne jede Exaltation studieren – so wie es dem männlichsten aller architektonischen Stile angemessen ist. Er ist streng wie die Taten seiner aus dem Norden eingewanderten Schöpfer. Gedrungen, untersetzt und gleichsam athletisch, würdig der Epoche der Heroen, die mit einer Keule den Wildeber jagten. Besonders die Zeichnung der Säule hat eine unverkennbare Muskulatur. Unter der Last des Architravs schwillt das ausladende Kapitell vor Anstrengung.

Der älteste Bau ist die Basilika, die aus den fünfziger Jahren des 6. Jahrhunderts vor unserer Zeitrechnung stammt. Lange Zeit hat man ihren sakralen Charakter verkannt, weil ihre Fassade eine ungerade Zahl von Säulen aufweist – eine Tatsache, die bei griechischen Tempeln nirgend sonst eine Parallele hat. Das sichtbarste Merkmal, das, nebenbei, die Archaik des Bauwerks bezeugt, ist die deutliche Entasis, die Schwellung im mittleren Teil des Säulenschafts. Der dem oberen Säulenstück aufruhende Echinus zeigt die Form eines gequetschten Kissens. Der obere Abschnitt der Säule ist im Verhältnis zur Basis stark verengt, was dem Eindruck der Schwere und Gedrängtheit der Senkrechten entgegenwirken soll. Und noch eine weitere an griechischen Tempeln selten aufzufindende Einzelheit: zwischen Schaft und Kapitell verläuft ein diskretes Blätterband, das von Kunsthistorikern als Indiz mykenischer Tradition interpretiert wird.

Die Säulen, massiv wie Leiber von Titanen, tragen jetzt nicht mehr die Last des Daches, sondern die Reste des Architravs und des Frieses. Wind und Stürme haben den First der Basilika glattgeschmirgelt. Zu erkennen sind die Überbleibsel von Triglyphen und die erschütternden Spuren anonymer Baumeister – Vertiefungen in Gestalt des Buchstabens U, ausgehöhlt durch das Seil, mit dem die schweren Sandsteinblöcke hinaufgezogen wurden.

Um ins Innere zu gelangen, muß man drei Stufen ersteigen. Der Plan des Tempels ist einfach. Den zentralen Teil bildet

ein rechteckig umbauter Saal, Naos genannt – finster wie der Bauch eines Schiffes. Hier war einst die Statue des Gottes aufbewahrt und sein Blitz. Ein Ort, eher für die Kaplane bestimmt als für die Gläubigen, ein fernes Echo unterirdischer Grotten. Die Opfer-Zeremonie fand draußen statt, wovon die Altäre zeugen, die sich vor dem Tempel befinden. Peristyl und Pronaos erwiesen sich als allzu schmal für die zu Scharen gedrängten Prozessionen. Für die meisten Gläubigen war der Tempel identisch mit seiner Außenansicht. Daraus erklärt sich das Interesse der griechischen Architekten an der Formung der Tempelfronten: ihre Aufmerksamkeit richtete sich mehr auf die Höhe und die Staffelung der Säulen, die Proportionen der Quader und die Verteilung der Ornamente als auf eine neue Konstruktion des Innenraums.
Im Süden der Basilika steht einer der schönsten, am besten erhaltenen dorischen Tempel, die bis auf unsere Zeit überdauert haben. Die Entdecker schrieben ihn Poseidon zu. Neuere Forschungen, gestützt auf die gefundenen Kultgegenstände, beanspruchen ihn für die Ehefrau des Zeus, Hera aus Argos. Auch wurde die anfängliche Meinung korrigiert, daß dies der älteste sakrale Bau in Paestum sei; es ist, im Gegenteil, der jüngste der erhaltenen dorischen Tempel Poseidonias. Er stammt ungefähr aus dem Jahre 450 vor unserer Zeitrechnung, ist um einige Jahre dem Athener Parthenon voraus, gehört also in die klassische dorische Epoche.
Der Block des Tempels ist rundum geschlossen und zugleich minder plump als die uns bekannten archaischen Bauten. Er zeigt vollendet ausgewogene Proportionen; die einzelnen Elemente verbinden sich zu einem ebenso lichten wie logischen Ganzen. Der dorische Künstler, nach orpheischer Art Licht und Luft modellierend, operierte sowohl mit dem Stein wie mit dem Raum zwischen den Säulen.

Die horizontalen Linien verlaufen nicht durchweg parallel. Das hat seinen Grund. Man hat hier eine optische Korrektur vorgenommen (eine Erfindung, die Iktinos von Milet zugeschrieben wird, dem Schöpfer des Parthenon), nämlich eine Kurve gezogen: die Fläche wurde nach innen gebogen. Daher rührt der Eindruck der Geschlossenheit, den der Bau im Betrachter erweckt. Auch wußten die dorischen Architekten, daß, wenn man die Säulen lotrecht aufstellte, vor dem Auge des Beschauers die senkrechten Linien nach oben auseinanderstreben und der Umriß des Tempels nach den Seiten hin zerfallen würde. Also gab man den Säulen eine leichte Neigung nach innen. Im Fall des Hera-Tempels wurde dieser Grundsatz zugunsten eines anderen aufgegeben: man praktizierte das, was heute ein Maler Faktur nennen würde. Die äußeren Säulen sind lotrecht, doch ihre Rillen, die sogenannten Kannelüren, führen den Blick so, daß eine Einwärtsneigung der Säulen vorgetäuscht wird.

Trotz solchen architektonischen Finessen wahrt der Hera-Tempel die Ausgewogenheit, Gewaltigkeit und Strenge alter dorischer Bauten, obgleich er aus der klassischen Epoche stammt. Das Verhältnis der Dicke der Säulen zu ihrer Höhe ist 1:5. Die Enden der Kapitelle – quadratische Deckplatten – berühren einander beinahe und sind keineswegs dekorative Dreingaben, sondern tragen eindeutig und sicher den dreieckigen Giebel des Tempels, dessen Höhe die der Hälfte der Säulen beträgt.

Am südlichen Rand des heiligen Gebietes der Stadt steht der sogenannte ›Tempel der Demeter‹. In Wirklichkeit handelte es sich dabei um das Athenaion, wovon die unlängst aufgefundenen Statuetten zeugen und die Inschrift in archaischem Latein, welche lautet: Menerva. Man erbaute ihn gegen Ende des 6. Jahrhunderts. Er hat ein ähnliches Säulenprofil wie die Basilika, mit ausgeprägter Entasis und zusammengedrückter Deckplatte. Dem Anschein nach ist er ein reines Exemplar dorischer Kunst. Doch reine architektonische Ordnungen kommen (außer in Handbüchern) sehr selten vor. So entdeckte man im Tempel der Demeter kürzlich zwei ionische Kapitelle. Es gibt Kunsthistoriker, die diese beiden Stile als Gegensätze behandeln, als Werke verschiedener Völkerstämme und Mentalitäten. Vom ersten sagen sie, er sei männlich gewesen, schwer und voller Kraft; vom zweiten, er zeige weibliche Züge, asiatische Anmut und Leichtheit. In der Praxis hat es viele Verschmelzungen und Mischformen gegeben, und die Gegensätze waren zweifellos weniger akzentuiert, als sich das die Klassifikatoren gewünscht haben mögen.

Die drei Tempel von Paestum, das sind drei Epochen dorischer Stilordnung. Die Basilika repräsentiert die archaische Periode, Demeter die Zeit des Übergangs. Und der Hera-Tempel ist ein herrliches Beispiel reifer Dorik. Schon allein deswegen ist Paestum sehenswert – es ist ein wichtiges und belehrendes Ensemble antiker Architektur.

Mittag: reglose Asphodelen, Zypressen, Oleander. Dunstige Stille, von Zikaden zersungen. Von der Erde zum Himmel steigt ein unaufhörliches Opfer von Düften. Ich sitze im Innern eines Tempels und beobachte den Weg des Schattens. Das ist kein zufälliges, melancholisches Dahinwandern von Schwärze, sondern eine präzise, einen rechten Winkel durchschneidende Bewegung der Linien. Die solare Bindung der griechischen Architektur liegt offen zutage.

Mehr als wahrscheinlich ist es, daß die griechischen Architekten mittels des Schattens zu messen vermochten. Die Richtung Nord-Süd war durch den kürzesten Schatten bestimmt, den die Sonne wirft, wenn sie am höchsten steht. Also kam es nur darauf an, eine Möglichkeit zu finden, eine Senkrechte zu diesem Schatten zu zeichnen, woraus sich dann die grundsätzliche heilige Orientierung ergeben würde: Ost-West.

Wenn man der Legende glauben will, so hat Pythagoras diese Erfindung gemacht; hundert Ochsen, so wird berichtet, seien geschlachtet worden, um den Erfinder zu ehren. Die Lösung war so genial wie einfach. Ein Dreieck, das die Seitenlängen 3, 4 und 5 hat, ist ein rechtwinkliges Dreieck – die Summe der Quadrate über den kürzeren Seiten ist gleich dem Quadrat über der längsten Seite. Diese theoretische Feststellung, mit der man bis zum gegenwärtigen Tage die Schüler quält, hatte außerordentliche Folgen in der Praxis. Sie bedeutete, daß ein Architekt, der eine Schnur mit drei Knoten, die den Verhältnissen 3, 4, 5 entsprachen, zwischen drei Spitzen so ausspannte, daß AC der Schatten Nord-Süd war, auf diese Weise die Richtung Ost-West ermitteln konnte, die dann von dem Abschnitt AB bestimmt wurde. Mittels dieses Dreiecks, das man das pythagoräische nennt, errechnete man die Höhe und den Abstand der Säulen.
Es war eine Sache nicht ohne Bedeutung, daß dieses Dreieck, wenn man so sagen kann, vom Himmel gefallen war und deswegen einen besonders augenfälligen kosmischen Wert hatte. Den Erbauern der dorischen Tempel ging es nämlich weniger um die Schönheit als um die steinerne Definition der Weltordnung. Sie waren Propheten des Logos – vom gleichen Range wie Heraklit und Parmenides.
Die Anfänge des dorischen Stils liegen im Dunkel. Vitruvius, der Architekt des Augustus, übermittelt, wahrscheinlich gestützt auf die griechische Tradition, eine märchenhafte Genese, als deren Ursprung er einen legendären Dorus angibt, Sohn des Hellenos und der Nymphe Phtiada, der einst über Achäa und den ganzen Peloponnes geherrscht haben soll. Die ersten Baumeister – so erläutert der römische Architekt – kannten die Gesetze der Proportion nicht und »bemühten sich, Regeln zu finden, nach denen die erbauten Säulen fähig wären, sowohl Last zu

tragen als auch für schön zu gelten«. Sie maßen die Spur des menschlichen Fußes und verglichen dies Maß mit der Größe eines Mannes. Die Beobachtung, daß der Fuß den sechsten Teil der Höhe eines Menschen beträgt, wandten sie auf die Konstruktion der Säule an, das Kapitell mit einbegreifend. Damit war das entscheidende architektonische Merkmal gegeben: die dorische Säule als Widerspiegelung der Kraft und der Ebenmäßigkeit des männlichen Körpers.

Sicherlich haben sich die Eroberer aus dem Norden – die Dorer – die Erfahrungen der Besiegten, der Mykener und Kreter, zunutze gemacht. Das populäre Schlagwort »griechisches Wunder« ist denn auch im Gefolge unserer sich vertiefenden Wissenschaft durch Erforschung und Bestimmung der stufenweisen Entwicklung, jahrhundertealter Konflikte und Beeinflussungen ersetzt worden. Mehr als wahrscheinlich ist es, daß der dorische Tempel, jedenfalls in seinem prinzipiellen Grundriß, aus dem mykenischen Palastbau, dem sogenannten Megaron, hervorgegangen und abgeleitet ist. Andererseits ist er eine Übertragung der Resultate alter Holzbaukunst auf ein anderes Material, was an einer Einzelheit wie dem Triglyph, einst die Stirn des Deckenbalkens, abgelesen werden kann. Freilich: die hölzernen Überreste sind verlorengegangen und mindestens drei Jahrhunderte von Experimenten unseren Blicken verborgen.

Die große Epoche der Steinbaukunst am Beginn des 7. Jahrhunderts unserer Zeitrechnung ist wohl ein Ergebnis von Veränderungen in der sozialen und ökonomischen Struktur. In den griechischen Städten lebten ja nicht nur Kaufleute und Landbesitzer, sondern auch Verarmte und Sklaven. Und gerade die unterdrückten sozialen Gruppen stellten die Arbeiter für die Steinbrüche. Die überlieferten Beschreibungen der Arbeitsbedingungen in den Gold- und Silberbergwerken Ägyptens und Spaniens zeichnen ein

Bild, das deutlich an Zustände in Zwangsarbeitslagern erinnert. Ein englischer Gelehrter schreibt: »Es ist unerläßlich, daß wir an das Blut und die Tränen denken, die über den Rohstoffen griechischer Kunst vergossen wurden.« Es ist nicht verwunderlich, daß unter solchen Umständen negative und positive Utopien entstanden: Platons Höhle, der Tartaros und die Vorstellung von den hellen Sphären des Himmels, wo die vom Körper erlösten Seelen zur Ruhe gelangen.
Der Stein war also nicht nur Material, ihm kam eine symbolische Bedeutung zu; er war ein Objekt der Verehrung und auch der Verkündung. Zwischen ihm und den Menschen gab es eine innige Beziehung. Der prometheischen Sage zufolge bestand zwischen Menschen und Steinen eine ursprüngliche Verwandtschaft, beide repräsentieren kosmische Mächte, zwei Tendenzen: hinab und hinauf. Der rohe Stein stürzt vom Himmel: den Handlungen des Architekten und den Einwirkungen der Zahl und des Maßes ausgesetzt, wird er zum Sitz der Götter. Der folgende orphische Text läßt an diesem Sachverhalt keinen Zweifel. Er ist dichterisch schön, also wert, zitiert zu werden:

Die Sonne gab ihm den Stein
den sprechenden und wahren
so nannten ihn also die Menschen das Wesen der Berge

Hart war er, dicht, kräftig und schwarz

an allen Seiten geädert
wie ein runzliges Antlitz

Da wusch der Weise den Stein in lebendigem Quell
kleidete ihn in sauberes Tuch
nährte ihn wie ein Kind
brachte ihm Opfer wie einem Gott

Hauchte ihm Atem ein durch mächtige Hymnen

Brannte dann eine Lampe an in seinem sauberen Hause
wiegte ihn in den Armen und hob ihn empor
ähnlich der Mutter, die den Sohn in Umarmungen hält

Du, der du die Stimme des Gottes willst hören
tue das gleiche
frage ihn nach der Zukunft
und er wird dir alles aufrichtig sagen

Der von Kriegsgefangenen und Sklaven geförderte Stein wurde an der Sonne getrocknet, er verlor das Wasser, das, wie Heraklit behauptet, der Tod der Seele ist. Dann transportierte man ihn zur Baustelle. Und hier begann die eigentliche, weil schwierige Arbeit: das Behauen und Formen der Klötze, ein Handwerk, das man das Geheimnis der Architektur genannt hat und das die Griechen meisterhaft beherrschten. Da man keinen Mörtel benutzte, mußten die aneinanderstoßenden Flächen ideal zugepaßt sein. Und heute noch macht der Tempel den Eindruck, als sei er aus einem einzigen Block herausgetrieben. Um das Ganze auszuwägen, mußten die einzelnen Bauelemente exakt miteinander verbunden werden; das wiederum setzte eine genaue Kenntnis des Gewichts und der Haltbarkeit des Materials voraus. Der schwerste Stein war gut für die Fundamente, der haltbarste für die oberen Teile des Baus. Die Bauzeit war verhältnismäßig kurz, man baute gleichsam in einem einzigen Wurf. Umänderungen und Zusätze kamen selten vor.
Der Begriff Ruine ist dem Wesen des griechischen Tempels fremd. Sogar die am meisten beschädigten wirken nicht wie Versammlungen verkrüppelter Fragmente, sind alles andere als chaotische Steinhaufen. Noch die zu Sand zerriebene

Säulentrommel oder ein abgerissenes Kapitell zeigt Spuren der Vollkommenheit hoher Skulptur.
Die Schönheit klassischer Bauwerke läßt sich in Zahlen und in den Verhältnissen der Elemente zueinander und zum Ganzen erfassen. Die griechischen Tempel leben unter dem ungetrübten Licht der Geometrie. Mathematische Präzision erhebt diese Gebilde über den Wandel der Zeiten und Geschmäcker. Den Satz von Kant über die Geometrie travestierend, könnte man sagen, daß die griechische Kunst eine apodiktische Kunst sei: notwendig.
Grundlage der Symmetrie, die nicht allein als eine ästhetische Direktive verstanden wurde, sondern als ein Ausdruck der Ordnung des Weltalls (kann man nicht auch von einer Symmetrie der Geschicke in der antiken Tragödie sprechen?), war ein Modul – eine arithmetische Größe, die sich in allen Elementen des Baus wiederholte. »Die Symmetrie wird aus der Proportion geboren, die Proportion des Baus nennen wir die Berechnung sowohl seiner Glieder als auch seiner Gesamtheit nach einem festgelegten Modul« – sagt mit römischer Schlichtheit Vitruv. In Wirklichkeit verhält sich die Sache nicht ganz so einfach.
Umstritten ist, ob der Modul des dorischen Tempels der Triglyph war oder die Hälfte der Säulenbreite. Manche Theoretiker halten für die maßgebende Proportion das Verhältnis der Säulenhöhe zu der Höhe des Entablements, das heißt des Frieses, des Gesimses und des Architravs. Erschwerend auf nachträgliche Erkundungen wirkt sich aus, daß die einzelnen Architekten dieses Verhältnis für ein und denselben Stil verschieden festgelegt haben. Für den ionischen Stil finden wir bei Vitruv die Proportion 1 : 6 genannt, für denselben Stil gibt Alberti 1 : 3,9 an. Hinzu kommt, daß die Analyse der Bauten erwiesen hat, wie wenig die Urheber der Kanons in der Praxis sich an sie gebunden fühlten. Ein Grund dafür liegt vielleicht in dem Umstand, daß man stets nur abgerundete Größen verwen-

dete, was seine Ursache möglicherweise in der Unvollkommenheit der Meßgeräte oder im Widerstand des Materials hatte. Aber auch das ist nur eine lückenhafte Erklärung.
Das Suchen nach einem absoluten Kanon, nach einem einzigen Zahlenschlüssel, der alle Baugeheimnisse innerhalb einer Stilordnung öffnet, ist ein so müßiges wie fruchtloses akademisches Vergnügen, das mit dem Konkretum und der Geschichte nichts zu tun hat. Waren doch die Stilordnungen selbst Entwicklungen unterworfen, was in Paestum klar zu erkennen ist, wenn wir nur die archaische Basilika mit dem Tempel der Hera vergleichen, einem Produkt reifer dorischer Kunst. Den Unterschied kann man ablesen an der Höhe der Säulen, die in der frühen Phase der Dorik 8 Moduls betrug, später 11 und 13 Moduls.
Ein zweiter Fehler der Kanonjäger, die mit Lineal und Zirkel an den wehrlosen Strukturen der Tempel herumwüteten, war der, daß sie weder die Höhe des Gebäudes noch den Standort des Betrachters berücksichtigten, mit anderen Worten: daß sie die Proportionen linear interpretierten statt winkelmäßig. Die Theorie der Winkelbekenner, praktiziert bei der Aufklärung griechischer Architektur und ihrer Gesetze, erhellt manches Mißverständnis und hebt die wirkliche Bedeutung des künstlerischen Kanons hervor: es handelt sich um veränderliche Größen, die man auf sehr unterschiedliche Weise anwandte, abhängig davon, ob man einen kleineren, einen mittleren oder einen großen Tempel zu errichten gedachte. Auch das Verhältnis von Entablements und Säule wechselte von Fall zu Fall; es stand in Relation zur Stilordnung und zum Standpunkt des Betrachters. Die sakralen Bauten in Paestum befanden sich mitten in der Stadt, also wurden sie aus vergleichsweise geringer Entfernung gesehen – dieser Umstand, unter anderen, erklärt das mächtige Entablement des Hera-Tempels.

So ist denn die griechische Kunst eine Synthese der Vernunft und der Anschauung, der Geometrie und der Gesetze des Sehens. Dies tritt noch in den Abweichungen vom Kanon in Erscheinung. In jenen Fällen, wo die Geometrie eine gerade Linie vorziehen würde, bedienten die Griechen sich kaum merklicher horizontaler und senkrechter Kurven: die Einwölbungen des Stylobats des Tempelsockels wurden im Balkenwerk des Giebels wiederholt, die Ecksäulen zeigten Innenneigung. Derlei ästhetische Retuschen verliehen dem Gebäude Leben; die Nachahmer klassischer Architektur haben das nie begriffen. Die Pariser *Madeleine* und das Pantheon Soufflots verhalten sich zu den Werken, von denen sie inspiriert worden waren, wie ein Vogel aus einem Atlas der Ornithologie zu einem Vogel im Flug.
Man kann sich die Frage stellen, warum der dorische Stil, nach unserem Dafürhalten der vollkommenste Stil antiker Architektur, anderen weichen mußte. Ein Kenner der Renaissance sagt: »Manche der Architekten des Altertums behaupteten, daß man keine Tempel in dorischer Ordnung bauen solle, weil diese fehlerhafte und falsche Proportionen habe.« In späteren Perioden diskutierte man des langen und breiten das Problem der Placierung der Triglyphe; man kam zu der Meinung, daß die Triglyphe über jeder einzelnen Säule und über dem Säulenzwischenraum sitzen und daß sie einander an den Ecken des Frieses berühren müßten. Und doch war eben dies viel eher ein ornamentales denn ein konstruktives Problem. Daß man sich mit ihm so eingehend beschäftigte, darf als Beweis dafür gelten, daß die Tempel aufgehört hatten, ein Ort des Kultes zu sein, und zu Zierstücken der Städte geworden waren.
Die Kunst der Dorer war tiefer und natürlicher mit der Religion verknüpft als spätere Ordnungen antiker Architektur, und zwar schon durch ihr Material. Der Marmor der ionischen und korinthischen Bauwerke stand ein für

Kühle, Offizialität und Pomp. Es ist keine gleichgültige Sache, ob man Athena ein Opfergeschenk aus Gold oder Elfenbein darbringt, oder aus rohem Stein. Den Dorern galt diese Göttin als Fürstin der Nomaden, blauäugig, muskulös wie ein Ephebe, eine Reiterinnengestalt. Dionysos, einst der Patron dunkler Mächte und Zermonien, verwandelte sich ihnen in einen arglosen, bärtigen Trunkenbold.

Um einen dorischen Tempel vollständig und zulänglich zu rekonstruieren, müßte man ihn mit leuchtenden Farben – Rot, Blau und Ocker – bemalen. Dabei würde dem brutalsten Restaurator die Hand erzittern. Wir wollen den Stil der Griechen durch Regengüsse verwaschen sehen, weiß, ausgebleicht, ohne die Spuren der Leidenschaft und der Grausamkeit. Zu einer vollständigen Rekonstruktion gehörte auch die Wiedererschaffung dessen, was sich einst vor dem Tempel tat, denn was ist er ohne den Kult? Die Oberfläche eines Geheimnisses.

Bei Sonnenaufgang, wenn den himmlischen Göttern gehuldigt wurde, bei Sonnenuntergang oder in der Nacht, wenn die Anrufung den Unterirdischen galt, schritt eine Prozession mit dem Mystagogen an der Spitze zum Opferaltar, der auf dem Platz vor dem Tempel stand. »Nestor wusch sich die Hände, verteilte die Gerste. Lange zu Athena betend, schnitt er Haare vom Kopf des Tieres und warf sie ins Feuer. Danach streuten andere, ebenfalls betend, Gerste vor sich hin. Plötzlich trat der Sohn Nestors, der tapfere Trasymedes, heran und holte aus zum Hieb: das Beil durchschnitt die Nackensehnen und beraubte das Kalb des Lebens. Töchter und Söhne stimmten Gebetsgesang an . . . Der Kopf des Tieres wurde emporgehoben und hoch über der Erde mit ihren breiten Wegen gehalten. Es schnitt Paesistratos, es rann das rote Blut, der Atem entfloh von den Knochen . . .«

So ist es gewesen. Jetzt schweifen hier Ausflügler umher,

der Reiseführer, penibel wie ein Buchhalter, zitiert mit erhobener Stimme die Maße des Tempels. Er vervollständigt die Zahl der Säulen, als bitte er um Entschuldigung für die Ruine. Er deutet mit der Hand auf den Altar, doch dieser verlassene Stein rührt niemanden. Hätten die Besucher mehr Phantasie, würden sie statt der Kameras einen Stier mit hergebracht und ihn vor dem Altar getötet haben.
Übrigens gibt ein kurzer Schritt aus dem Autobus keinen Begriff davon, was ein griechischer Tempel ist. Man muß inmitten der Säulen wenigstens einen Tag verbringen, um das Leben der Steine in der Sonne zu verstehen. Sie verändern sich je nach der Stunde des Tages oder nach der Jahreszeit. Frühmorgens ist der Kalkstein Paestums grau, in der Mittagszeit honigfarben, beim Erlöschen der Sonne flammend. Ich berühre ihn und fühle die Wärme menschlichen Körpers. Wie ein Schauer überlaufen ihn Eidechsen.

Der Tag geht zur Neige. Der Himmel ist wie Erz. Helios' goldener Wagen fährt hinab ins Meer. Um diese Stunde, sagt der Archipoet, werden »alle Pfade dunkel«. Heute blühen vor dem Tempel Heras Rosen, die Vergil besang: »biferi rosaria Paesti«, und duften betäubend. Die Säulen nehmen das lebendige Feuer des Untergangs an. Bald werden sie in der schwarzen Luft wie ein verbrannter Wald stehen.

Piero della Francesca

Jaroslaw Iwaszkiewicz gewidmet

Da sagen die Freunde: nun gut, du bist dort gewesen, hast viel gesehen, dir hat Duccio gefallen, die dorischen Säulen, die Kirchenfenster in Chartres und die Stiere von Lascaux – aber nun sag, was hast du für dich ausgesucht, welcher ist dein Maler, den du um keinen anderen hergeben würdest. – Eine gegen allen Anschein sinnvolle Frage, denn jede Liebe, wenn sie ohne Heuchelei ist, muß die vorhergehende vernichten. Also überlegte ich und antwortete: *Piero della Francesca.*

Die erste Begegnung: London, *National Gallery.* (Ein trüber Tag, auf die Stadt senkte sich erstickender Nebel. An diesem Tag hatte ich keinerlei Besuch geplant, aber irgendwo mußte man Schutz suchen vor der Invasion stickiger Nässe.) Nicht einmal annähernd hatte ich erwartet, was da meiner harrte. Gleich im ersten Saal wurde mir klar, daß das Londoner Museum den Louvre bei weitem übertrifft. Niemals zuvor in meinem Leben hatte ich Gelegenheit gehabt, derart viele Meisterwerke auf einem Fleck versammelt zu sehen. Mag sein, daß dies nicht eben die beste Methode ist, um sich mit der Kunst vertraut zu machen. In dem Programm eines Konzerts, zum Beispiel, ist es gut, neben Scarlatti, Bach, Mozart sagen wir mal Noskowski zu setzen, nicht zum Trotz, sondern zur Lehre.

Am längsten hielt ich mich vor einem Maler auf, dessen Name mir ausschließlich aus der Lektüre bekannt war. Das Bild heißt *Die Geburt* und bestürzt durch die ungewöhnliche Komposition, die voller Helligkeit, Ernst und Charme ist. Es machte auf mich den gleichen Eindruck wie van Eyck, als ich zum ersten Mal Bilder von ihm sah. Es ist schwierig, diese Art von Betroffenheit zu beschreiben. Das Bild heftet den Blick des Betrachters auf eine einzige Stelle, und es ist unmöglich, von dieser sich zu entfernen oder sich ihr zu nähern wie bei zeitgenössischen Malern, um die Farben zu riechen und die Faktur zu prüfen. Den Hintergrund des Gemäldes markiert ein elender kleiner Stall, ein zerfallendes Gemäuer mit einem steilen, leichten Dach. Im Vordergrund, auf einem wie ein alter Teppich abgewetzten Rasen, das Neugeborene. Hinter ihm ein Chor von fünf Engeln, mit den Gesichtern dem Beschauer zugewandt; sie sind barfüßig, kräftig wie Pfeiler und überaus irdisch. Ihre bäurischen Gesichter bilden einen Kontrast zu dem durchleuchteten Antlitz der Madonna, die zur Rechten in stummer Anbetung kniet. Es brennen die spröden Lichter ihrer Hände. Im Hintergrund der schwere Rumpf eines Stiers, ein Esel, zwei, man könnte vielleicht sagen, flämische Hirten und Joseph. Zwei Landschaften an den Seiten – Fenster, durch die sich schäumendes Licht ergießt. Trotz der Beschädigungen sind die Farben rein und harmonisch wie die eines Kirchenfensters. Das aus den letzten Schaffensjahren des Künstlers stammende Bild ist, wie jemand treffend bemerkt hat, ein Abendgebet Pieros zu der Kindheit und der Morgenfrühe.

An der gegenüberliegenden Wand *Die Taufe Christi.* Die gleiche solenne architektonische Würde der Komposition, obwohl es sich um eine frühe Arbeit handelt. Die körperliche Schwere der Figuren kontrastiert mit der leicht, melodisch und klar gezeichneten Landschaft. Es ist etwas Endgültiges in dem Hinlegen der Blätter auf die Karte des Himmels: der Moment wird zur Dauer.

Der gescheite Satz von Goethe »Wer den Dichter will verstehen, muß in Dichters Lande gehen« ist, angewandt auf die Malerei, folgendermaßen zu deuten: Bilder, weil Geschöpfe des Lichts, soll man unter der Sonne des Heimatlandes des Künstlers betrachten. In der Tat scheint

Sassetta in einem amerikanischen Museum, und wäre es das allerschönste, fehl am Platz zu sein. So beschloß ich, zu Piero della Francesca zu pilgern. Weil aber meine Mittel bescheiden waren, mußte ich mein Glück dem Zufall und dem Abenteuer anheimstellen. Deswegen stimmt diese Beschreibung nicht mit einer den Schriftgelehrten so lieben Chronologie überein.

Zuerst kam ich nach Perugia. In einer kupfergrünen umbrischen Landschaft liegt diese düstere Stadt, wohl die dämmerigste aller italienischen Städte, bis heute in Mauern gefesselt. Sie hängt an einem hohen Felsen über dem Tiber, und man hat sie mit der Faust eines Riesen verglichen. Eine etruskische, römische und gotische Stadt, gezeichnet von einer grausamen und gewaltsamen Geschichte, die im Palazzo dei Priori ihr Symbol hat, einem mächtigen Gebäude mit metallenen Verzierungen und einer Wand, die wie ein Stab im Feuer gebogen ist. Hinter dem Platz, auf dem heute vornehme Hotels stehen und wo einst der Palast der Baglioni zu sehen war, beginnt ein phantastisches Labyrinth von Gäßchen, Treppen, Passagen, unterirdischen Gewölben – Zeugnis des unruhigen Geistes der Einwohner. »Il Perugini sono angeli o demoni«, schrieb Aretino. Das Stadtwappen zeigt einen Greif, den Rachen aufgesperrt, die Krallen entblößt: In ihrer Blütezeit herrschte die perugianische Republik über ganz Umbrien, und ihr Territorium wurde von zwanzig Schlössern bewacht. Am besten repräsentiert das perugianische Temperament die Familie der Baglioni, von denen nicht viele eines natürlichen Todes starben. Sie waren rachsüchtig, brutal und organisierten mit artistischer Finesse in schönen Sommernächten perfekte Massaker ihrer Feinde. Die ersten ›Bilder‹ der Schule von Perugia sind Kriegsstandarten. Die Kirchen haben hier den Charakter und die Funktion von Bastionen, und der schöne, von Giovanni Pisano geschaffene Brunnen war nicht so sehr Gegenstand ästhetischer Kontemplation als vielmehr ein Nutzobjekt: er diente den Verteidigern während zahlreicher Belagerungen als Wasserbehälter. Nach langwierigen Kämpfen fiel die Stadt unter die Herrschaft der Päpste. Um sie vollends zu unterjochen, errichteten diese hier eine Zitadelle »ad coercendam Perusianorum audaciam«.

Frühmorgens frühstückte ich in einem kleinen Bistro. Kellerhafte Kühle. Mir gegenüber saß ein grauhaariger, bärtiger Mann mit schmalen Augen und der Statur eines ausgedienten Boxers. Er erinnerte mich an eine Photographie von Hemingway. Doch erwies es sich (voller Stolz informierte mich der Wirt), daß es Ezra Pound war. Der rechte Mann am rechten Ort. Dieser Gewalttätige hätte sich in Gesellschaft der Baglioni ausgezeichnet gefühlt.

Um die Mitte des 15. Jahrhunderts machte sich Piero della Francesca, damals bereits berühmt und, ähnlich wie seine Kollegen, ein »wandernder Künstler«, nach Rom auf, wo er im Dienste Pius' II. Fresken malte, die heute leider zerstört sind. Unterwegs hatte er sich eine Weile in Perugia aufgehalten. Die städtische Pinakothek besitzt ein Polyptychon von ihm: *Madonna mit dem Kind von Heiligen umgeben.* Frappierend an diesem Gemälde ist der Hintergrund: golden, in der Manier des reifen Quattrocento! Ein Rätsel? Die Lösung liegt in einem Kontrakt, den Piero mit dem Kloster des hl. Antonius geschlossen hatte. Die Klosterbrüder, für die er das Bild malte, waren Leute mit einem erklärt konservativen Geschmack und wünschten, daß die Heiligen nicht in einer Landschaft, sondern in abstrakter paradiesischer Glorie stehen sollten. Es ist wohl nicht das beste Bild Pieros, bezeugt aber die für ihn charakteristische Art in der Behandlung der Gestalten.

Völlig überraschend ist der Sockel des Polyptychons, auf dem der heilige Franziskus dargestellt ist, die Stigmata empfangend. Der Renaissancemeister knüpft hier unmittelbar an die Tradition Giottos an. Zwei Mönchsfiguren in leerer Landschaft auf geborstener, mit Asche bestreuter Erde, über ihnen ein byzantinischer Vogel – Christus.

Auf halbem Wege zwischen Perugia und Florenz: Arezzo. Die Stadt lehnt sich an einen Hügel, dessen steinerne Kappe eine Zitadelle ist. Hier wurde der Sohn eines Florentiner Flüchtlings, Petrarca, geboren, der die Heimat der Verbannten: die Philosophie, entdeckte, und auch Aretino, »dessen Zunge Lebende und Tote verletzte und nur von Gott nichts Schlechtes redete, was er damit begründete, daß er ihn nicht kenne«.

Die Kirche des Franziskus ist düster und schroff. Man muß einen langen Flur von Dämmer durchqueren, um zum Chor und einem der größten Wunder der Malerei aller Zeiten zu gelangen. Den Zyklus der vierzehn Fresken – *Die Kreuzeslegende* – malte Piero zwischen den Jahren 1452 und 1466. Das Thema ist aus dem apokryphen Evangelium des Nikodemus geschöpft und aus der *Goldenen Legende* von Jacques de Voragine.

Versuchen wir (ein hoffnungsloses Unterfangen) die Fresken zu schildern.

Der Tod Adams. Das Holz des Kreuzes ist, der Legende zufolge, aus einem Samenkorn gewachsen, das dem sterbenden Vater des Menschengeschlechts unter die Zunge gelegt worden war. Adam, nackt, stirbt in den Armen der alten Eva. Die Greise Pieros haben nichts gemeinsam mit jenen zerstörten Menschenleibern, wie sie Rembrandt zu malen liebte. In ihnen steckt das Pathos und die Klugheit verendender Tiere. Eva bittet Seth, er solle ins Paradies gehen und Öl holen, das Adam genesen lassen werde. Auf der linken Seite des Freskos, vor dem Tor zum Paradies, redet Seth mit einem Engel. In der Mitte, unter einem kahlen Baum, liegt starr ausgestreckt Adam, dem Seth das Samenkorn in den Mund legt. Einige Gestalten neigen den Kopf über dem Verstorbenen. Das Weib, mit ausgebreiteten Armen, schreit lautlos, und in seinem Schrei ist kein Entsetzen, sondern Prophetie.

Der Besuch der Königin von Saba bei Salomon. Eine mittelalterliche Erzählung berichtet, der Baum des Kreuzes habe bis zu Salomons Zeiten überdauert. Der König ließ ihn schlagen und zu dem Bau einer Brücke über den Quell Siloah verwenden. An eben dieser Stelle fällt die Königin von Saba, von einer Vision getroffen, auf die Knie, umgeben von verdutzten Hofdamen, einem ganzen Garten weiblicher Schönheiten. Piero verstand es, den Menschen zu definieren wie nur die Größten der Größten vor und nach ihm. Er hat seinen Gestalten untrügliche Züge verliehen, die man auf immer im Gedächtnis behält, so wie es unmöglich ist, die Frauenfiguren Botticellis mit denen irgendeines anderen Malers zu verwechseln. Seine Modelle haben ovale Köpfe, aufgesetzt auf schlanke, warme Hälse, und volle, kräftige Arme. Die Form des Kopfes wird durch das fest an dem Schädel anliegende Haar unterstrichen. Die Gesichter sind blank, zur Gänze beherrscht vom Augenausdruck, das Mienenspiel ist gespannt und konzentriert. Ihr Blick trifft eigentlich niemals auf den des Betrachters. Das ist eines der bezeichnendsten Merkmale der Malerei Pieros, der von der billigen Psychologie abweicht, die aus der Malerei eine Zurschaustellung von Gebärden und Grimassen macht. Wenn er Dramatik darstellen will (wie z. B. hier, denn die Königin von Saba ist einsam in ihrem mystischen Erleben), so umgibt er seine Heldin mit einer Gruppe erstaunter Mädchen und fügt, um des schärferen Kontrastes willen, Pferde hinzu und zwei Knappen, einfache, wohlgestalte Jungen, die auf wunderbare Weise die Pferdehufe und das Pferdefell auf dem Bild einleuchtend machen. Die Tageszeit ist, wie so oft auf den Bildern Pieros, unbestimmt – vielleicht ein violetter Morgen, vielleicht mittags.

Die Szene setzt sich fort, der Meister nimmt seine Erzählung wieder auf, wobei er die Einheit der Perspektive wahrt, wie die klassischen Autoren die Einheit des Ortes gewahrt haben. An einem korinthischen, präzis wiedergegebenen Portikus spielt sich die Begegnung der Königin von Saba mit Salomon ab. Zwei Welten treten einander gegenüber – einerseits der weibliche Hof der Königin, bunt und theatralisch; anderseits die Würdenträger Salomons, Repräsentanten politischer Intelligenz und Autorität. Die Gewänder sind von einem renaissancemäßigen Reichtum, doch ohne pisanellische Ornamente und Schnörkel. Die Männer um Salomon stehen auf steinernem Fliesenboden; ihre langen, im Profil wiedergegebenen Füße gemahnen an ägyptische Maltechniken.

Das Ergebnis der Visite ist, daß die Brücke auseinandergenommen wird; wovon die nächstfolgende Szene berichtet, in der drei Arbeiter einen schweren Holzblock schleppen – eine Vorwegnahme des Weges Christi nach Golgatha. Das Fragment ist jedoch plump und, vielleicht mit Ausnahme der zentralen Gestalt, naiv gemalt, so daß Historiker dahinter die Hand der Schüler Pieros vermuten.

Die Verkündigung hat der Maler in einen klaren architektonischen Rahmen hineingestellt, der trefflich ausgewogen und von unfehlbarer Perspektive ist. Die Strenge der Marmorgevierte harmonisiert mit dem strengen Tonfall des Berichts. Gott-Vater in einer Wolke, ein Engel zur Linken und Maria, eine ruhige, plastische Renaissancegestalt.

Der Traum Konstantins. Hier verläßt Piero die steinernen Säulengänge und malt das goldbraune Interieur von Konstantins Zelt. Eine der ersten bewußten Licht-Schatten-Kompositionen in der italienischen Kunst. Der Schein einer Fackel modelliert sanft zwei Wächter, im Vordergrund hockt ein Höfling neben dem schlafenden Kaiser.

Der Sieg Konstantins erinnert an Uccello und Velasquez zugleich, allerdings mit dem Vorbehalt, daß Piero sein Thema schlicht und souverän nach antikem Muster ausführt. Sogar das Chaos der Kavalkade ist bei ihm organisiert. Er kannte und beherrschte das Prinzip der Verkürzung so gut, daß er es niemals als Ausdrucksmittel benutzte und seinetwegen den Zusammenhang der Flächen zerschlug. Senkrecht emporgereckte Lanzen stützen den Morgenhimmel, die Landschaft trieft von Licht.

Folterung eines Hebräers (es handelt sich um einen Mann namens Judas, der die Stelle kannte, wo das Holz des Kreuzes versteckt war; da er das Geheimnis nicht preisgeben wollte, wurde er auf Befehl Helenas, der Mutter des Kaisers, in einen ausgetrockneten Brunnen geworfen). Dargestellt ist der Augenblick, in dem zwei Kaiserliche mittels einer an einem dreibeinigen Gerüst aufgehängten Rolle samt Seil den zerknirschten Judas herausziehen. Der Seneschall Bonifaz hat ihn kräftig bei den Haaren gepackt. Wie nahe hätte es gelegen, eine Studie der Grausamkeit daraus zu machen! Doch Piero redet sachlich und unbeteiligt. Die Gesichter der Personen des Dramas sind ungerührt und jeder Gemütsbewegung bar. Wenn es überhaupt etwas Entsetzenerregendes in dieser Szene gibt, so das dreibeinige Gerüst mit der Rolle und Leine, an die der Verurteilte angebunden ist. Wieder einmal hat die Geometrie die Leidenschaft verschlungen.

Auffindung und Beweis der Echtheit des Kreuzes. Das Fresko besteht aus zwei Teilen, die miteinander in einem unzertrennbaren thematischen und funktionellen Zusammenhang stehen. Die erste Szene schildert die Hervorholung der drei Kreuze durch Arbeiter, denen die Mutter Konstantins zuschaut. In der Ferne, in der Mulde eines Tals, erkennt man eine mittelalterliche Stadt, gespickt mit Türmen, steilen Dächern, rosa- und ockerfarbenen Mauern. In der zweiten Szene geschieht die Wiedererweckung eines Menschen durch Berührung mit dem Kreuz. Die Mutter des Kaisers und ihre Hofdamen beten das Ereignis an. Das Bauwerk, das die Szene abschließt, wirkt als

Kommentar zu dem dargestellten Begebnis: ein Zusammenspiel marmorner Dreiecke, Quadrate und Kreise; eine reife Renaissance-Weisheit. Die Architektur übernimmt hier die Rolle einer endgültigen, rationalen Bestätigung des Wunders.

Dreihundert Jahre nach der Auffindung des Kreuzes erobert der Perserkönig Kisra die Stadt Jerusalem zugleich mit der wertvollsten Reliquie des Christentums. Der Kaiser Heraklius fügt ihm eine Niederlage zu. Die Geschehnisse der Schlacht sind von Piero mit Verve geschildert, und nur scheinbar erinnert die zusammengeballte Masse von Menschen, Pferden und Kriegsgerät auf seinem Bild an die berühmten Bataillen Uccellos, denn was hier den Betrachter fasziniert, ist die unheimliche Stille, die von der Darstellung ausgeht. Die Schlachtengemälde Uccellos sind lärmend. Seine kupferfarbenen Pferde keilen mit den Kruppen, das Gebrüll des Gemetzels und das Gestampfe der Streiter fliegt bis an das Blech des Himmels hinauf und fällt dann schwer zur Erde zurück. Bei Piero sind die Gebärden wie verlangsamt, aber wahrhaft. Die Erzählung ist nach epischer Art leidenschaftslos; die Mordenden und Gemordeten erfüllen ihre Mission mit der Gewichtigkeit von Holzfällern, die einen Wald roden. Der Himmel zu Häupten der Kämpfenden ist durchsichtig. Die im Winde erbebenden Fahnen »neigen sich von oben mit schleifenden Flügeln wie von Speeren durchbohrte Drachen, Echsen und Vögel«.

Die letzte Szene zeigt den siegreichen Heraklius an der Spitze einer Prozession, barfuß das Kreuz nach Jerusalem tragend. Das kaiserliche Gefolge stellen armenische und griechische Geistliche in bunten, sonderbaren Kopfbedekkungen. Die Kunsthistoriker grübeln noch immer, wo Piero wohl ähnlich phantastische Kostüme gesehen haben könnte. Es kann aber sein, daß hier nicht Realismus, sondern ein rein kompositionstechnischer Gesichtspunkt

gewaltet und der Maler, in Übereinstimmung mit seiner Vorliebe für Monumentalität, die Köpfe seiner Helden bekränzt hat wie ein Architekt seine Säulen mit Kapitellen. Der Marsch des Heraklius, das Finale der *Goldenen Legende,* klingt würdevoll und rein.
Pieros Meisterwerk ist von der Feuchtigkeit und von ungeschickten Konservatoren gleichermaßen in Mitleidenschaft gezogen. Die Farben sind verwelkt, als wären sie mit Mehl überstäubt. Zudem beeinträchtigt das schlechte Licht, das im Chor herrscht, die Beobachtung der Fresken. Gleichwohl: wäre auch nur eine einzige Gestalt dieser Legende erhalten geblieben, ein einziger Baum, ein Fetzen Himmels, man könnte aus diesen Bruchteilen wie aus Fragmenten eines griechischen Tempels das Ganze rekonstruieren.
Auf der Suche nach dem Schlüssel zum Geheimnis Pieros erweist es sich, daß er einer der am wenigsten egozentrischen und subjektivistischen Künstler aller Zeiten gewesen ist. Berenson vergleicht ihn mit dem anonymen Erbauer des Parthenon und mit Velasquez. Der Furor dieser Kunst rührt daher, daß in den Figuren, also in den Menschen, das Drama von Halbgöttern, Heroen und Giganten ausgefochten wird. Da Psychologie bei Piero nicht im Spiele ist, kann man die rein ästhetischen Werte seiner Malerei ungestört auffassen, die in der Form, in der Dialektik der Blöcke und im Licht verborgen liegen. »Das Mienenspiel der Gesichter ist eine derart unnötige Sache und oft so sehr störend«, bekennt Berenson, »daß ich meistens einer Statue ohne Kopf den Vorzug gebe«. Ähnlich argumentiert Malraux, der in dem Maler der *Kreuzeslegende* den Erfinder der Gleichgültigkeit begrüßt: »Sein bildhauerisches Gedränge belebt sich nur während eines sakralen Tanzes ... Dies ist das Prinzip der zeitgenössischen Empfindsamkeit, die verlangt, daß die Expression aus der Malerei selber komme, nicht aber aus der Gestalt, die sie darstellt.« Über dem

Wirrwarr der Schatten, den Konvulsionen, dem Lärm und der Wut der Dinge errichtete Piero della Francesca *lucidus ordo,* die ewige Ordnung des Lichts und des Gleichgewichts.

Ich dachte, man könnte sich den Besuch in Monterchi schenken, einer Ortschaft fünfundzwanzig Kilometer von Arezzo gelegen – ein steinerner Teich, eingesponnen in Bläue und Zypressen. Doch ermunterte mich dazu der Brief eines Freundes. Er schrieb: »Der Friedhof und die Kapelle in Monterchi liegen auf einer Anhöhe, etwa hundert Meter vom Dorf entfernt, in welchem das Erscheinen eines fremden Autos eine wahre Sensation hervorruft. Man fährt durch eine Olivenallee inmitten von Weinbergen. Die Kapelle und die Hütte des Friedhofwärters stehen in einer Reihe mit den Beinhäusern und haben dank des üppigen Weinwuchses ein rundum idyllisches Aussehen. Mädchen und Mütter mit Kindern kommen hierher zu ihren abendlichen Spaziergängen.«

Die Außenseite der Kapelle ist gelb, ihr Inneres kalkigweiß; vielleicht ist sie barock, wahrscheinlich aber jedweden Stiles bar. Sie ist sehr klein, die Mensa des Altars hat in einer Nische Platz, und in der Mitte gibt es Raum gerade noch für einen Sarg und ein paar Leute. Die Wände sind kahl, den einzigen Schmuck liefert ein Bild – ein in einen Rahmen hineingestelltes Fresko, das an den Seiten und im unteren Bildteil stark beschädigt ist. Auf der Wanderung durch die Jahrhunderte haben die Engel auf dem Fresko die Sandalen verloren, und irgendein ungeschickter Restaurator hat es nicht lassen können, sie zu ersetzen.

Diese Madonna von Piero ist wohl eine der provozierendsten, die jemals ein Künstler zu malen gewagt hat. Sehr menschlich, pastoral und fleischlich. Die straff um den Schädel gespannten Haare enthüllen große Ohren. Sie hat einen sinnlichen Hals und runde, pralle Arme. Die Nase ist fest, der Mund geschwellt und eigensinnig, die Lider sind gesenkt über schwarzen Pupillen. Der Blick scheint nach innen gerichtet, in die Tiefe des Körpers. Der Rock mit dem hohen Mieder ist von der Brust bis zu den Knien aufgeschlissen. Die linke Hand stützt sich auf die Hüfte, die rechte berührt den Bauch, doch ist die Geste frei von aller Vulgarität, eher scheu, denn sie zielt auf ein Geheimnis. Für die Bauern von Monterchi hat Piero das Mysterium der Mutterschaft gemalt. Zwei Engel an den Seiten ziehen mit energischer Bewegung eine Draperie wie einen Vorhang zurück.

Ein glücklicher Zufall hat es so gewollt, daß Piero weder in Florenz noch in Rom, sondern in dem kleinen Borgo San Sepolcro geboren wurde – weitab von den Tumulten der Geschichte, inmitten schweigender Felder und sanfter Bäume. Der Meister kehrte oft und gern aus der Welt in seine Vaterstadt zurück, bekleidete städtische Ämter und ist auch hier gestorben. Zwei Werke von ihm bewahrt das Palazzo Municipale auf. Das Polyptychon *Madonna der Barmherzigkeit* hält Focillon für das erste selbständige Werk Pieros. Der obere Bildabschnitt zeigt die Kreuzigungsszene. Christus ist pathetisch und streng dargestellt, doch zwei zu Füßen des Kreuzes stehende Figuren, die Madonna und der Jünger Johannes, offenbaren eine Gewalt der Expression, wie man sie in späteren Arbeiten Francescas nie mehr wiederfindet. Ihre klaffenden Arme, ihre gespreizten Finger sind Zeichen jäher Verzweiflung; es scheint, als habe Piero die ihm eigentümliche Poetik der Zurückhaltung und des Schweigens noch nicht entwickelt. Dafür erkennt man auf dem Hauptbild – die mit ihrem Mantel die Gläubigen beschützende Madonna – bereits erste Spuren des künftigen Stils. Die zentrale Gestalt ist schlank, hochgereckt und unpersönlich wie ein Naturelement. Der graugrüne Mantel fließt herab auf die Köpfe der Knienden wie Regen.

Die Auferstehung hat Piero gegen Ende seines Lebens gemalt, mit der gelassenen Sicherheit eines Vierzigjährigen. Die Christusfigur steht vor dem Grund einer schwermütigen toskanischen Landschaft. Es ist die Gestalt eines Siegers. In der linken Hand hält er die Fahne, mit der rechten rafft er das Leichentuch wie eine Senatorentoga zusammen. Er hat ein kluges, wildes Gesicht und die abgrundtiefen Augen eines Dionysos. Den rechten Fuß hat er auf den Grabrand gesetzt in der Pose eines, der den Hals seines im Zweikampf bezwungenen Gegners zudrückt. Im Vordergrund vier römische, vom Schlaf gelähmte Wächter. Der Gegensatz zwischen diesen beiden Zuständen – dem plötzlichen Erwachen einerseits und der schweren Lethargie der zu Gegenständen verwandelten Männer andererseits – ist erregend. Das Licht akzentuiert den Himmel und Christus; die Wächter und die Landschaft im Hintergrund liegen im Schatten. Obwohl die ganze Gruppe statisch auf einem Fleck verharrt, hat Piero hier wie ein Physiker das Problem der Bewegung und Unordnung, der lebendigen Energie und der Starrheit exemplifiziert: die ganze Dramatik des Lebens und des Todes ist nach Maßgabe der Trägheitsgesetze ausgedrückt.

Jemand hat Urbino mit einer Dame verglichen, die auf einem schwarzen Thron sitzt, eingehüllt in einen grünen Mantel. Jene Dame ist der Palast, der über der kleinen Stadt dominiert – so wie über ihrer Geschichte die Eigentümer des Palastes, die Fürsten Montefeltro, dominierten. Früher waren das Raubritter, und Dante, die höchste Autorität in Fragen der Endgültigkeit, placiert einen von ihnen, Guido, im Höllenkreis, wo die Händelsüchtigen büßen. Mit der Zeit jedoch haben sich die Temperamente besänftigt und die Charaktere verfeinert. Federico, der die Herrschaft im Jahre 1444 übernahm, war das Muster eines menschenfreundlichen Generals. Wenn er Krieg führte

– zum Beispiel mit dem abenteuerlustigen Malatesta von Rimini, dem Mörder zweier Ehefrauen, den Piero in frommer Pose vor dem heiligen Sigismund kniend gemalt hat –, so tat er das mit deutlichem Unbehagen an blutigen Schauspielen. Er war gleichermaßen tüchtig und überlegt; dank seiner Dienste als Condottiere bei den Sforzas, bei den Aragonesen und dem Papst verdreifachte er seine Besitztümer. Gern ging er durch die Hauptstadt des Fürstentums spazieren in schlichten roten Gewändern, allein, ohne Eskorte (schon damals war dieser propagandistische Trick bekannt) und unterhielt sich mit seinen Untertanen. Zwar pflegten diese während solch freundschaftlicher Schwätzchen vor ihm zu knien und ihm mehrmals die Hand zu küssen, doch galt Federico als ein für die damalige Zeit durchaus liberaler Regent.

Sein Hof, an dem für die Verhältnisse in jener Epoche außergewöhnlich ordentliche Sitten herrschten, bot den Humanisten Unterkunft; Castiglione nahm ihn zum Vorbild für seinen *Hofmann*. Sie hielten sich an Federicos Hof auf und arbeiteten dort. In Verbindung mit dem Fürsten standen beispielsweise Alberti, der berühmteste Architekt jener Zeit, der Bildhauer Rosselino Rosselini, die Maler Joos van Gent, Piero und Melozzo da Forli, der Federico porträtiert hat. Das Porträt ist erhalten geblieben. Der Fürst sitzt in seiner Bibliothek, er hat seine Rüstung angelegt (doch das Eisenzeug fungiert lediglich als Symbol der Macht) und hält ein auf ein Pult gestütztes großes Buch. Dieser Hinweis ist richtig und aufschlußreich: der Herrscher über Urbino war ein Bibliophile von hohen Graden. Nach der Schlacht bei Volterra forderte er als Beute nicht Pferde, nicht Gold, sondern eine Bibel in hebräischer Sprache. Seine Büchersammlung war sicherlich vielfältiger als seine Rüstkammer und enthielt rare Handschriften von Theologen und Humanisten.

Wir sprechen so ausführlich von Federico da Montefeltro,

weil er durch viele Jahre ein Freund und Mäzen Pieros della Francesca gewesen ist, was einen nicht unwichtigen Ruhmestitel bedeutet. Möglicherweise hat Piero am Hofe des Fürsten die glücklichsten Tage seines Lebens verbracht. Vasari, dessen Auskünfte über verlorengegangene Meisterwerke nicht zu unterschätzen sind, gibt an, Piero habe in Urbino eine Reihe kleinformatiger Bilder gemalt, an denen der Fürst Gefallen gefunden habe, die aber leider in den Kriegen, die über das Land hinweggingen, verschollen seien.

Nicht in Urbino, sondern in Florenz, in den Uffizien, wird ein Diptychon Pieros aufbewahrt, das Federico und seine Ehefrau, eine geborene Sforza, darstellt. Der Kontrast dieser beiden Gestalten ist erstaunlich: die Gemahlin mit wächsernem Gesicht, blutlos (daher die Vermutung, das Bild sei nach dem Tode der Fürstin angefertigt worden); Federico mit braungebrannten Wangen, voller Vitalität. Das Profil ähnelt dem eines Habichts, der Kopf sitzt auf einem Löwennacken und einem gewaltigen Leib. Rote Kopfbedeckung und rotes Gewand, rabenschwarzes, dichtes Haar. Wie ein Fels steht das Brustbild des Fürsten vor der Folie einer entrückten und sehr zart gezeichneten imaginären Landschaft. Der Blick des Betrachters, will er die Distanz zwischen der Figur und der Landschaft durchmessen, stürzt in einen Abgrund ohne Perspektive und Weite. Aus einem unsäglich leichten Himmel fällt in den Vordergrund die Gestalt des Fürsten wie ein heißer Meteor.

Auf der Rückseite der Porträts sind zwei allegorische Szenen geschildert – Divertimenti höfischer Poesie. Sie haben zum Gegenstand die in der Renaissancemalerei so überaus beliebten Triumphzüge. Der Wagen der Fürstin, eskortiert von den vier theologischen Tugenden, wird von zwei Einhornen gezogen. Die Landschaft ist grau, erdig, stumpf und erhellt sich erst an der Grenze des Panoramas.

Eine Anspielung auf den Tod, gewiß. – Vor den Triumphwagen des Fürsten sind weiße Pferde gespannt. Federico wird begleitet von der Gerechtigkeit, der Kraft und der Mäßigung. Die phantastische Landschaft glänzt vor Helligkeit. Ein blaues Nordlicht spiegelt sich im Wasser. Die Inschrift dieser Allegorie lautet:

Clarus insigni vehitur triumpho
Quem parem summi ducibus perhennis
Fame virtutum celebrat decenter
Sceptra tenentem.

Die Galerie in Urbino besitzt zwei Meisterwerke Pieros, die aus zwei verschiedenen Perioden seines Lebens stammen. Das eine ist die Madonna mit zwei Engeln, *Sinigalia* genannt nach der Kirche, die vorher ihr Aufbewahrungsort gewesen war. Trotz fehlender Dokumente wird sie für eines der letzten Bilder des Meisters erachtet. Manche Historiker wollen in ihm Anzeichen greisenhafter Degenerierung entdeckt haben. Man kann sich diesem Urteil schwerlich anschließen. Eher sollte man denen beipflichten, die in dem Werk den Versuch einer Erneuerung des Stils sehen. Ein neues Licht ist aus dem Norden gekommen. Bei keinem anderen Werk kann man besser den dramatischen Zusammenprall der Einbildungskraft des italienischen Malers mit der verzehrenden Kraft van Eycks beobachten, dessen Einfluß er in seiner Jugend wiederholt erlegen war. Bestätigt wird diese Mutmaßung durch die in keinem anderen Werk Pieros derart betonte Aufmerksamkeit gegenüber dem Detail. Die Hände der Engel, der Madonna und der Kinder sind mit einer wahrhaft flämischen Liebe für die winzige Einzelheit gemalt. Die Szene ist statisch und schnörkellos, ein Interieur, und zwar ohne jede Renaissance-Architektur, wie wir sie an den Fresken in Arezzo studieren können. Dagegen gibt es hier eine bei Piero geradezu unerhörte Sache: Intimität. Das Interieur zeigt Teile einer graublauen Kemenate mit einem an der rechten Seite offenen Korridor. Die Perspektive des Korridors ist nicht bis zum Ende durchgeführt, sie bricht schräg ab vor einer Wand mit Fenstern, durch die ein zur Beleuchtung der im Vordergrund verharrenden Gestalten durchaus unnötiger Glanz hereinfällt; es kann sich also nur um eine Studie zum Thema Licht–Schatten handeln. Die Gruppierung der Gestalten ist bündig und monumental. Die Madonna hat das Gesicht einer Krankenpflegerin und königlichen Amme. Jesus erhebt die Hand, ein wenig herrisch, sein Blick ist klar, offen und kühl. Er wirkt wie die verkleinerte Figur eines künftigen Caesaren, der sich seiner Macht und seines Schicksals bewußt ist.

Das zweite Bild, das jetzt in der Galerie in Urbino zu sehen ist und *Die Geißelung* heißt, überrascht durch die Originalität, mit der das Thema behandelt ist, und durch die absolute Harmonie der Komposition. Hier wurde eine Synthese der Malerei und der Architektur vollbracht, wie man sie vergebens in der europäischen Malerei suchen würde. Wir haben oft das Wort Monumentalität wiederholt, die Bedeutung der Architektur in der Malerei Pieros. Es ist nun an der Zeit, diese Angelegenheit ein wenig näher zu betrachten. Wir rühren dabei an ein Problem, das keineswegs an die Epoche gebunden ist, in der Piero gelebt hat; denn in dem Schwinden des Sinnes für Architektur – der höchsten Kunst, die das organisiert, was sichtbar ist – verbirgt sich das Drama der zeitgenössischen Malerei.

Der Mann, der auf Piero eine weit bedeutsamere Wirkung ausübte als alle ihm gleichzeitigen und früheren Maler (Domenico Veneziano, Sassetta, van Eyck, die Perspektivisten Uccello und Masaccio), war ein Architekt: Leon Battista Alberti. Er wurde am 14. Februar 1404 in Genua geboren und stammte aus einem berühmten Florentiner Geschlecht, das aus der Heimatstadt verbannt war. Bedeutung und Einfluß der Alberti läßt sich in Zahlen ausdrükken: die rachsüchtigen und sieggewohnten Albizzi hatten

eine hohe Belohnung ausgesetzt für die Tötung eines Mitglieds dieser Familie. Leon Battista studierte auf echt renaissancemäßige Art in Bologna, und das in Armut, denn kurz zuvor war sein Vater gestorben. Er promovierte zum Doktor der Rechte, lernte aber auch Griechisch, Mathematik, Musik und Architektur. Seine Studien vervollständigte er auf Reisen. Sein Glück war wechselhaft, und erst als sein Freund, der Humanist Tommaso Parentucelli, als Papst Nikolaus V. in den Vatikan einzog, zeigte sich das Schicksal ihm wohlgesinnt. Alberti, geschätzt wegen seiner Schönheit und seiner intellektuellen Gaben, war gleichsam das Renaissance-Modell eines Athleten und Enzyklopädisten, ein »Mann trefflichen Sinnes, scharfsichtig im Urteil und von gründlicher Bildung«. Angelo Poliziano stellte ihn Lorenzo Medici vor: »Diesem Menschen waren weder die ältesten Bücher unbekannt noch die esoterischsten Wissenschaften. Du könntest schwanken, ob er talentierter war in der Beredsamkeit oder in der Poetik, ob sein Stil mehr Ernst oder mehr Vornehmheit hat. Derart genau hat er die Reste antiker Bauwerke untersucht, daß er die Bauweise der Alten vollkommen kennengelernt und als Vorbild erkannt hat; auch hat er Maschinen und Automaten so gut wie herrliche Gebäude erdacht, und außerdem hielt man ihn für einen exzellenten Maler und Bildhauer.« Das Ende seines Lebens (er starb im Jahre 1472 in Rom) war von Ruhm umstrahlt. Man verglich ihn mit Sokrates. Zu seinen Freunden zählten die Gonzagas und die Medici.
Er hinterließ an die fünfzig Werke, Traktate, Abhandlungen, Dialoge und Schriften zur Moral, die Briefe und Apokryphen nicht gerechnet. Seinen Ruhm in der Nachwelt verdankt er seinen Texten über Bildhauerkunst, Architektur und Malerei. Sein Haupttraktat *De re aedificatoria* ist nicht ein Handbuch für Ingenieure, sondern ein Werk der Gelehrsamkeit und steckt voller Schönheiten, es paßt in die Hände von Kunstfreunden und Humanisten.

Trotz der klassischen Komposition des Inhalts ist das Buch höchst lebendig geschrieben; Fachprobleme, Anekdoten und scheinbar nebensächliche Beobachtungen kommen gleichermaßen zu ihrem Recht. Man kann sich dort informieren über den Bau von Fundamenten, über die verschiedenen Arten zu mauern, über Türklinken, Räder, Achsen, Lastenaufzüge, Spitzhacken und auch darüber, welche Gegend mehr und welche weniger geeignet ist für die Errichtung von Gebäuden. Auch erfährt man etwas davon, wie »man Schlangen, Mücken, Wanzen, Fliegen, Mäuse, Flöhe, Motten und diesen ähnliches unliebsames Nachtungeziefer vernichten und ausrotten kann«. Ein Werk, das einen unmittelbaren Einfluß auf Piero hatte, war Albertis Traktat über die Malerei aus dem Jahr 1435. Im Vorwort macht der Autor den Vorbehalt, daß er keine Geschichten von Malern erzählen, sondern sich bemühen wolle, die Malkunst ab ovo zu explizieren.
Einer allgemein verbreiteten Ansicht zufolge haben die Künstler der Renaissance sich darauf beschränkt, ihre antiken Vorläufer und die Natur nachzuahmen. Die Schriften Albertis beweisen, daß sich die Sache keineswegs so einfach verhielt, wie die Handbücher und die Historiographen es uns weismachen möchten. Alberti geht aus von dem Gedanken, daß der Künstler mehr noch als der Philosoph ein Baumeister der Wirklichkeit sei; allerdings verwerte er gewisse in der Natur vorgegebene Proportionen, Gesetze und Zusammenhänge, doch gelange er zu diesen nicht auf dem Wege mathematischer Spekulation, sondern der Anschauung. »Das, was man nicht mit dem Blick zu erfassen vermag, interessiert den Maler nicht. Das Bild, das im Auge entsteht, ist eine Kombination von Strahlen, die vom Gegenstand aus wie Fäden zum Beschauer gehen und auf diese Weise eine Pyramide bilden. Die Malerei nun ist ein Schnitt durch diese Pyramide ... Daraus folgt eine genau bestimmte Serie von Operationen, die sich auf die

Logik der Anschauung stützen. Zuerst also muß man den Ort feststellen, den der Gegenstand im Raum einnimmt. Dann muß man ihn mit einer linearen Kontur umschreiben. Schließlich bemerkt man an den Gegenständen mehrere Oberflächen, die man miteinander harmonisieren muß; eben dies nennt man die Kunst der Komposition mittels der Farbe. Die Unterschiede zwischen den Farben ergeben sich aus den Unterschieden der Beleuchtung.« Vor Alberti spielten die Maler mit der Farbe (die Theoretiker der Renaissance murren oft über das chromatische Chaos im Mittelalter), nach ihm – mit dem Licht. Der auf die Farbe gesetzte Akzent bewirkt, daß die Form nicht scharf umrissen werden kann; die Kontur verschwimmt. Vortrefflich begriff diese Lektion Piero und nutzte sie auf seine Weise. Er konzentrierte seine Aufmerksamkeit statt auf die Grenzen des Gegenstandes auf dessen Inneres. Der Leib Seths oder der Kopf der Königin von Saba ist von einem lichten Saum umgeben wie die Ränder der Wolken. Diese helle Kontur ist eine in der Praxis angewandte Theorie Albertis.

Komposition ist eine Methode – die Methode, die Elemente der Gegenstände und die Elemente des Raums im Bilde zu einem Ganzen zusammenzufügen. Die Erzählung läßt sich auf Figuren reduzieren, die Figuren lassen sich aufteilen in Glieder, die Glieder in einander berührende Oberflächen (wie die Flächen eines Diamants, jedoch ohne geometrische Kälte). Venturi hat richtig erkannt, daß die Kompositionstechnik Pieros und seine Formen eine geometrische Aspiration haben, daß sie jedoch haltmachen vor dem platonischen Paradies der Kegel, Kugeln und Würfel. Pieros Malweise ist – wenn man diesen Anachronismus aussprechen darf – derjenigen eines gegenständlichen Malers ähnlich, der die Schule des Kubismus durchlaufen hat.

Alberti widmet der erzählenden Malerei auffallend viel Platz, doch macht er die Einschränkung, daß ein Bild von selber wirken und dem Betrachter sich mitteilen müsse, unabhängig davon, ob dieser die erzählte Geschichte verstehe. Emotion soll vom Werk nicht durch Grimassen ausgehen, sondern einzig und allein aufgrund der Bewegung der Körper, also kraft der Formen. Er warnt vor übermäßigem Tumult, vor Überladenheit und Pointillismus. Diese Warnung nahm Piero sich zu Herzen, er deduzierte aus ihr zwei Regeln, die in seinen berühmtesten Kompositionen walten: den Grundsatz des mitspielenden Hintergrunds und das Gesetz der Ruhe.

In seinen besten Bildern *(Die Geburt; Porträt des Fürsten von Urbino; Taufe; Der Sieg Konstantins)* scheint der ferne, abgrundtiefe Hintergrund ebenso bedeutungsvoll und beredt wie die Figuren. Der Kontrast zwischen den massiven, gewöhnlich von unten her gesehenen Gestalten und der zarten, leisen Landschaft unterstreicht und betont das Drama der Menschen in der Raumweite. Die Landschaften sind meist leer, ohne Leute, nur von der Natur bewohnt, von Wasser, Erde und Licht. Die stille Skandierung der Luft und großer Flächen wirkt wie ein Chorbau, an dessen Stirnwand die dramatis personae der Berichte Pieros schweigen.

Das Gesetz der Ruhe ist eher ein Prinzip *innerer* Ordnung und nicht so sehr auf die architektonische Ausgewogenheit des Bildblocks gegründet. Piero wußte, daß jedes Übermaß an Bewegung und Expression nicht nur den Raum der Malerei zersprengt, sondern auch das zeitliche Geschehen auf dem Bild verkürzt, zu einer einmaligen Szene und zu einem einzigen Augenblick des Lebens. Die stoischen Protagonisten seiner Erzählungen sind konzentriert und ohne Affekte: die reglosen Blätter der Bäume, die Farbe des Morgens, eine Zeit, die keine Uhr schlagen wird, verleihen den Dingen eine tiefe Unverwüstlichkeit.

Kehren wir zurück zur *Geißelung*. Es ist das am offenkundigsten albertinische Werk Pieros. Alle Fäden der Komposition sind hastlos, bedachtsam und überlegen gespannt. Jede der Figuren steht im klug gebauten Raum wie ein Eisblock. Auf den ersten Blick scheint es, als ob der Dämon der Perspektive hier ungehindert herrscht.

Die Szene ist in zwei Teile gegliedert. Das eigentliche Ereignis geht an der linken Seite des Bildes vor sich, an einem marmornen Portikus, der sich auf korinthische Säulen stützt. Die Rechtecke des Fliesenbodens lenken den Blick auf den halbentblößten Christus. Er steht an eine Säule gelehnt, die Piero mit einem steinernen Symbol gekrönt hat – der Statue eines griechischen Heros mit ausgestrecktem Arm. Zwei Henkersknechte holen gleichzeitig mit Ruten zu Schlägen aus. Die Hiebe werden regelmäßig und leidenschaftslos sein wie das Ticken einer Uhr. Absolute Stille regiert; weder ist das Stöhnen des Opfers zu vernehmen, noch das haßvolle Schnaufen der Auspeitscher. Zwei Beobachter verfolgen das Drama, der eine steht mit dem Rücken zum Beschauer, der zweite sitzt im Profil an der linken Bildseite. Wäre nur dieser Bildabschnitt auf uns gekommen, die dargestellte Szene erschiene uns wie ein in ein Glas versenktes Modell, als ein Beispiel gezähmter Wirklichkeit. Niemals hat Piero – im Gegensatz zu dem Ironiker Breughel, siehe dessen *Ikarus* – wichtige Begebenheiten in Perspektive gesetzt, wissend, daß Geometrie die Leidenschaft frißt. Die entscheidenden Gestalten seiner Berichte stehen im Vordergrund, an der Bühnenrampe. Also suchte man eine Erklärung dieses rätselhaften Bildes in der Bedeutung und der symbolischen Funktion dreier Männer, die auf der rechten Seite des Gemäldes im Vordergrund stehen und der Folterung den Rücken kehren. Berenson und Malraux interessierten sich lediglich für ihren kompositorischen Stellenwert. »Um diese Szene noch strenger und grausam unpersönlich zu machen, führt der Künstler in seinem Bild drei herrliche Formen ein, die im Vordergrund stehen wie uralte Felsen.« Die Überlieferung jedoch verknüpfte die Darstellung mit einer zeitgenössischen historischen Begebenheit, nämlich mit dem gewaltsamen Tode des Fürsten Montefeltro, den man hier von zwei Verschwörern umgeben, wiedererkennen wollte. Hinter den Rücken der Gestalten braut die Mordabsicht, für die die Geißelungs-Szene als Zeichen einsteht. Suarez, der seiner Phantasie die Zügel schießen läßt, gerät vor diesem Werk in eine riskante Erläuterung. Für ihn sind die drei unbekannten Männer: der Hohepriester des Jerusalemer Tempels, der römische Prokonsul und ein Pharisäer. Mit dem Rücken zum Ereignis, das die Weltgeschichte erschüttern wird, erwägen sie in ihrem Geiste seinen Sinn und seine Konsequenzen. Suarez sieht in ihren zu Chiffren verschlossenen Gesichtern die Formulierung dreier verschiedener Gemütszustände – der zurückhaltenden Gehässigkeit des Pharisäers, des stumpfen Selbstgefühls des römischen Bürokraten und der zynischen Gleichgültigkeit des Priesters. Welchen dieser zahlreichen Schlüssel wir auch immer zupassen würden, es scheint, daß die *Geißelung* auf immer eines der unausdeutbaren Bilder der Kunstgeschichte bleiben wird. Wir erblicken es durch eine dünne Scheibe von Eis, betroffen, fasziniert und ratlos wie im Traum.

Das letzte Bild Pieros, wie die Erforscher der nicht unkomplizierten Chronologie seiner Werke meinen, ist die *Madonna mit dem Kinde* in Umgebung von Engeln und Heiligen. Es befindet sich gegenwärtig in der Galerie in Mailand. Über seine Urheberschaft wurde lange diskutiert, bis man es endgültig dem Maler der *Kreuzeslegende* zuschrieb. Zehn Gestalten stehen im Halbkreis um die Madonna, zehn Pfeiler aus Fleisch und Blut, und im Hintergrund wiederholt diesen Rhythmus die Architektur. Die Szene spielt in einer Apsis, über der sich ein voller Bogen öffnet und ein Gewölbe in der Form einer Muschel. Vom Scheitelpunkt der Muschel hängt an einer dünnen Linie ein

Ei. Das klingt alles sehr trivial, wenn man es zu beschreiben versucht, aber dieser unerwartete Akzent ist erstaunlich logisch und präzise. Das Bild ist das Testament Pieros. Und das Ei bedeutet, wie wir wissen, in der Symbolik das Geheimnis des Lebens. Unter der reifen Wölbung seiner Architektur wird dies bewegungslose Pendel für Piero della Francesca die Stunde der Unsterblichkeit anzeigen.
Ist die Größe seiner Kunst seinen Zeitgenossen und Nachfahren ebenso klar gewesen, wie sie uns offenbar ist? Zweifellos war Piero ein geschätzter und viel beschäftigter Künstler. Er arbeitete übrigens sehr langsam und machte keine solch blitzartige Karriere wie seine Kollegen aus Florenz. Man bewunderte ihn hauptsächlich wegen zweier theoretischer Schriften, die er gegen Ende seines Lebens schrieb. So ist es denn keineswegs seltsam, wenn er öfter von Architekten als von Malern zitiert wurde. Zwar widmete Cillenio ihm ein Sonett, erwähnte ihn der Vater Raffaels, Giovanni Santi, in seiner gereimten Chronik, und ein anderer Poet machte in einem Gedicht Anspielungen auf das Porträt des Fürsten Montefeltro. Aber das ist nicht eben viel. Vasari, neunzehn Jahre nach dem Tode Pieros geboren, steuerte ein paar biographische Auskünfte bei, betonte Francescas Ausdruckskraft, Realismus und Respekt gegenüber dem Detail, was ein Mißverständnis ist. Und später? Nur noch ein monotones und fühlloses Gemurmel der ihn zitierenden Chronisten und Historiker der Kunst.
Im 17. und 18. Jahrhundert verblaßte Pieros Ruhm, sein Name sank in Vergessenheit – wohl darum, weil die Reiseroute der an Kunst Interessierten von Florenz nach Rom führte, an Arezzo vorüber, ganz zu schweigen von dem kleinen Borgo San Sepolcro. Ungewiß ist, ob wir eine ungnädige Erwähnung Francescas in den *Italienischen Forschungen* des Philologen und Ästheten von Romohr einer großen Menge getrunkenen Weins oder dem allgemeinen

Geschmack der damaligen Zeit zu danken haben; Romohr schreibt, es lohne nicht, sich mit einem Maler zu befassen, der Piero della Francesca genannt werde. Erst in der Mitte des vergangenen Jahrhunderts begann dann die Rehabilitierung des Künstlers, den eine blinde Geschichte von der Liste der Großen gestrichen hatte. Stendhal – und es ist dies nicht der erste Fall, daß Schriftsteller den Kunsthistorikern vorgreifen – holte Piero aus der Vergessenheit hervor, verglich ihn mit Uccello, rühmte seine Könnerschaft, seine meisterliche Perspektiventechnik und die von ihm geschaffene Synthese zwischen Architektur und Malerei; doch als habe er sich dem Urteil Vasaris unterworfen, fügte er hinzu: »Toute la beauté est dans l'expression.« In der in den Jahren 1864-66 von Caracasselli und Crowe herausgegebenen *History of painting in Italy* wurde dem Schöpfer der *Kreuzeslegende* endlich der ihm gebührende Platz unter den größten Malern Europas eingeräumt. Alsbald hagelte es Studien. Von Berenson bis zu Roberto Longhi, dem Verfasser einer ausgezeichneten Monographie über Piero, reicht die Kette der Beiträger. Malraux hat den Satz geschrieben, unser Zeitalter habe vier Künstlern Gerechtigkeit widerfahren lassen: Georges de La Tour, Vermeer, El Greco und Piero della Francesca.
Was wissen wir von seinem Leben? Nichts, oder doch fast nichts. Schon das Datum seiner Geburt ist unbekannt, die Historiker geben die Zeit nach Weihnachten in den Jahren 1410 bis 1420 an. Er war ein Sohn des Handwerkers Benedetto de Franceschi und der Romana di Perino aus Monterchi. Die Werkstatt Domenico Venezianos in Florenz war seine Malakademie. Doch fühlte er sich in dieser Stadt nicht recht wohl. Am besten hat es ihm wahrscheinlich in dem kleinen San Sepolcro gefallen. Er arbeitete der Reihe nach in Ferrara, Rimini, Rom, Arezzo und Urbino. Im Jahre 1450 floh er vor der Pest in die Bastia in Rimini, kaufte später ein Haus mit einem Garten, 1486 verfaßte er

ein Testament, das seine eigenhändige Unterschrift trägt. Seine Erfahrungen als Maler überlieferte er nicht nur Schülern, zwei theoretische Arbeiten trugen sie weiter: *Libellus quinque corporibus regularibus* und *De prospectiva pingendi,* worin er die Probleme der Optik und der Perspektiven mit wissenschaftlicher Genauigkeit traktiert. Am 12. Oktober 1492 ist er gestorben.
Man kann über ihn keinen Roman schreiben. Derart dicht ist er hinter seinen Bildern und Fresken verborgen, daß es unmöglich scheint, sein persönliches Leben zu erraten, seine Lieben und Freundschaften, seine Ambitionen, Ärgernisse und Leiden. Er erlangte das höchste Glück, mit dem die zerstreute Geschichte, die Dokumente verliert und die Spuren der Existenz verwischt, Künstler zu beschenken vermag. Wenn von ihm noch heute die Rede ist, so nicht dank den Anekdoten von den Nöten, Tollheiten, Stürzen und Höhenflügen seines Lebens: ganz wurde er vom Werk verschlungen.
Ich stelle ihn mir vor, wie er durch ein schmales Gäßchen von San Sepolcro in Richtung zum Stadttor geht, hinter dem der Friedhof und die umbrischen Hügel warten. Er hat einen grauen Mantel über die Schultern geworfen. Er ist klein, gedrungen, bewegt sich mit sicherem, bäurischem Schritt. Grüße erwidert er schweigend.
Die Überlieferung meldet, gegen Ende seines Lebens sei er erblindet. Ein gewisser Marco di Longara erzählte Berto degli Alberti, daß er als Knabe durch die Straßen von Borgo San Sepolcro mit einem alten, blinden Maler gewandert sei, den man Piero della Francesca genannt habe. Der kleine Marco hat wohl nicht geahnt, daß er das Licht an der Hand führte.

Orvieto. Il Duomo

Mein Freund, ein Poet, sagt: »Du fährst nach Italien, vergiß nicht, einen Sprung nach Orvieto zu machen.« Ich schaue im Reiseführer nach: nur zwei Sternchen. »Was gibt es dort?« frage ich. – »Einen großen Platz, auf dem Platz Gras und eine Kathedrale. In der Kathedrale *Das Jüngste Gericht.*«

Wenn man aus dem Zug steigt an einer kleinen Station zwischen Rom und Florenz, sieht man die Stadt nicht, sie ist verdeckt durch einen steilen vulkanischen Felsen wie eine unfertige Plastik von einer Sackleinwand.

Der *Funicolare* (eine Seilbahn) speit die Passagiere bei der Porta Rocca aus. Zur Kathedrale geht man noch einen Kilometer, denn das, was in dieser Stadt am wichtigsten ist, das steckt tief in ihrer Mitte verborgen und zeigt sich ganz plötzlich.

Die Kathedrale steht (wenn dieses bewegungslose Zeitwort anwendbar ist auf etwas, das den Horizont zerreißt und einen schwindelig macht) auf einem geräumigen Platz. Die umliegenden Gebäude erlöschen nach einem Augenblick; man hört auf, sie wahrzunehmen. Der erste Eindruck unterscheidet sich nicht von dem letzten: dominierend bleibt das Gefühl der Unmöglichkeit, sich an diese Architektur zu gewöhnen.

Robbe-Grillet, ein Meister des Inventarisierens, würde vielleicht folgendermaßen schreiben: »Er blieb vor der Kathedrale stehen. Sie war hundert Meter lang und vierzig Meter breit, und die Höhe der Fassade in ihrer Mittelachse betrug fünfundfünfzig Meter.« Zwar ergibt sich aus einer solchen Beschreibung nichts Augenscheinliches, aber die Proportionen des Blockes melden, daß wir in Italien sind, wo die schlank emporschießende Gotik der Ile de France zu einem vollkommen eigenen Stil verarbeitet worden ist.

Die Benennung Gotik wird einzig aus chronologischer Lasterhaftigkeit für beide Stile gebraucht (alles, was in einer Epoche geschieht, wird mit einem einzigen Begriff belegt).
Im orvietanischen Kathedral-Museum sind zwei Pergamente aufbewahrt (vergilbt und beschädigt, als wenn sie langsam im Feuer gewendet wären), welche die Kunsthistoriker, die sich in das Problem des Fassadenbaus vertiefen, in Emphase versetzen. Beide Zeichnungen stellen die gleiche Fassade der Kathedrale von Orvieto dar und sind ein kapitales Beispiel für die Evolution des Geschmacks. Die zeitlich frühere, mit der Bemerkung »manu magistri Laurenti« (von der Hand des Meisters Lorenzo) versehen, zeigt noch das Gepräge eines nordischen Geschmacks: der Mittelteil der Elevation der Kathedrale über dem Hauptportal ist kräftig akzentuiert, es überwiegen die senkrechten Linien und spitzwinkligen Dreiecke. Die zweite Zeichnung bringt eine grundsätzliche Änderung: die beiden seitlichen Glieder der Fassade sind angehoben, horizontale Linien erscheinen, die Komposition hat den Charakter des Ragenden eingebüßt, hat sich breitgehockt; vor allem aber ist die Fläche der Fassade beträchtlich vergrößert, damit Ornament und Farbe diese Architektur in Stolz und Prunk verwirklichen können.
Die Italiener des 14. Jahrhunderts schauten auf die französischen Kathedralen gewiß als auf herrliche aber fremde Gebilde. Kein Zweifel: die rohen Quader, die Spannung zwischen den senkrechten Linien, die schamlose Entblößung des Gerippes und die Überspanntheit des Steinwerks mußten die lateinische Vorliebe für Kreis, Quadrat und rechtwinkliges Dreieck, das heißt für ein sinnliches und ein wenig schwerfälliges Gleichgewicht der Elemente, konsternieren. Dabei waren nicht so sehr Einzelheiten des Geschmacks als vielmehr der Gestaltung, also des Talents im Spiel. Die mehr chauvinistischen französischen Kunst-

historiker betrachten die italienische Gotik gern als ein mißlungenes Rezept ihrer eigenen Entdeckung – nach der Meinung von Louis Reau ist der Mailänder Dom, ein Werk vieler Jahrhunderte und vieler Künstler, das charakteristischste Eingeständnis der Kraftlosigkeit italienischer Baumeister. Diesen erschienen die gotischen Werke des Nordens als das Produkt einer anderen Natur, und sie beargwöhnten sie mit leichtem Schaudern, wie einen Termitenhügel. Für die Italiener war die Fassade eine Prozession von Farben, ein wenig übertrieben und einer Oper ähnlich, mit Chören von Statuen, Mosaiken, Pilastern und Türmchen, und Orvieto ist sicherlich eines der überraschendsten Exempel einer malerischen Konzeption der Architektur. Dies eben macht es so schwierig, den Eindruck von Begeisterung, Verlegenheit und völligem Verlorensein, den der Wald bunter Steine, wogender Flächen, bronzener, goldener und blauer Farben im Besucher hervorruft, wiederzugeben.
Den ältesten Teil der Fassade bilden vier Relief-Zyklen, an denen viele Künstler, hauptsächlich aus Pisa und Siena, gearbeitet haben – vier große Karten (Gesamtfläche: hundertzwölf Quadratmeter), die von links nach rechts zu lesen sind und die Schöpfung der Welt erzählen, die Genealogie Davids, die Taten der Propheten und Christi und das Jüngste Gericht.
Die Erzählung ist pathetisch und zugleich schlicht. Es zeigt sich, daß man in Stein die Erschaffung des Lichts auszudrücken vermag (der deutende Finger des Schöpfers, strahlenförmige Linien und die emporgerissenen Köpfe der Engel). Der wohl schönste Abschnitt ist die Darstellung der Geburt Evas. Ein massiger Gottvater mit langem Haar nimmt dem schlafenden Adam eine Rippe heraus; in der nächstfolgenden Szene sieht man Eva, sie hat den Kopf geneigt, ihr Gesicht ist voller Zauber und Reinheit. Propheten entfalten Schriftrollen, Dämonen zerren eine Rotte

Verdammter, Zähneklappern mischt sich mit dem Gesang von Engeln, die auf den Ästen genealogischer Bäume sitzen.
Die gewaltige spitzenartige Rosette, aus Marmor gehäkelt, gleicht eher einer Elfenbeinschnitzerei denn einem Element monumentaler Architektur. Die Flächen der Fassade sind von Farben zerrissen; dazu kommt die Verwirrung stiftende Vielzahl von Details, die mit der eines Miniaturisten würdigen Exaktheit gearbeitet sind. Wenn man die Kathedrale von Orvieto mit irgend etwas vergleichen kann, so mit einer Initiale einer illuminierten Handschrift , mit einem hohen A voller Rausch.

Die abscheuliche Sitte, Kirchen um die Mittagszeit zu schließen, streicht aus dem mühsam ausgetüftelten Plan wertvolle Stunden. Was bleibt mir übrig, als im Schatten dahinzudösen, oder in Makkaroni zu schlemmen, oder in der Stadt herumzuschlendern. Ich wähle den Spaziergang.
Die Gassen ähneln Gebirgsbächen, sie haben eine reißende Strömung und eröffnen unerwartete Perspektiven. Dem Plane nach fließt Il Duomo zusammen mit einer Schräge, die in das Quartiere Vecchio führt. Unheimliche Mittagsstille. Die Rouleaus vor den Fenstern sind herabgelassen, die Stadt schläft, die Häuser träumen, unter dem Verputz hebt und senkt sich der verlangsamte Atem der Steine. Neben einem Haustor zwei schwarze Stühle, wie Särge bei einem Tischler an die Wand gelehnt. Die Gassen sind leer. Auf Mäuerchen schlafen Katzen. Von der Hand berührt, öffnen sie die Augen, in denen – wie auf stehengebliebenen Uhren – der Mittag unbeweglich von dem schmalen Zeiger der Pupille eingeschrieben ist.
Zwischen der Porta Maggiore und der Porta Romana stoße ich auf Reste alter Wehrmauern. Von hier aus ist Umbrien zu sehen wie aus der Vogelschau: das in der Sonne glühen-

de Band der Paglia, und auf der anderen Seite des Flusses ein blauender Höhenzug, der weich in den Himmel steigt an der Grenze des verschmierten Horizonts.
Die italienischen Städte unterscheiden sich voneinander durch ihre Farbe. Assisi bevorzugt Rosa, wenn dies banale Wort die Tönung des leicht rötlichen Sandsteins widerzuspiegeln vermag; Rom bleibt im Gedächtnis wie Terrakotta auf grünem Grund; Orvieto schwelgt in Goldbraun. Man kann das beobachten vor dem romanisch-gotischen Palazzo del Popolo, einem massigen Würfel mit einem breiten Balkon an den Etagen, einem flachen, mit Zinnen gespickten Dach und herrlichen Fenstern mit Säulen und Voluten. Der Palast hat die Farbe des Kupfers, allerdings ohne dessen Glanz – das Feuer schwelt im Innern, eine Erinnerung an die Lava.
Man kann lange in der Stadt kreisen und verliert doch niemals die Empfindung, daß man die Kathedrale im Rükken hat; ihre Gegenwart verdängt und erdrückt alle anderen Dinge. Es ist schwer, sich vorzustellen, was Orvieto, das heute wie eine Dreingabe zur Kathedrale aussieht, vor Zeiten einmal gewesen ist – vor dem Jahr 1290, als unter Assistenz vierer Kardinäle und vieler Prälaten der Papst Nikolaus IV. »posuit primum lapidem« (den Grundstein legte), wie ein Dokument berichtet, und »incepta sunt fundamenta sacrae Mariae Novae de Urbeveteri, quae fuerunt profunda terribiliter« (man den Bau der Fundamente der Kirche Mariä der Neuen begann, die entsetzlich tief waren). Zwanzig Jahre nach dem Baubeginn rief man aus Siena einen hervorragenden Bildhauer und Architekten namens Lorenzo Maitani herbei, der Fehler in der Konstruktion korrigierte, die Mauern verstärkte und entschlossen Einfluß nahm auf die Gestalt und die Färbung der Fassade. Der große Baumeister blieb in Orvieto bis zu seinem Tode; bisweilen machte er Reisen nach Siena und nach Perugia, wo er Aquädukte reparierte.

Die Frage nach dem Urheber des Doms in Orvieto ist ebenso aussichtslos wie die Frage, wer der Erbauer der Stadt gewesen sei (ich sage: der Stadt, nicht der Industrievororte). Der Äußerung eines recht mythischen Fra Bevignate zufolge ist in der Grundkonzeption der Kathedrale der entscheidende Einfluß Lorenzo Maitanis zu erkennen, doch nach ihm arbeiteten noch Andrea Pisano, Orcagna und Sanmicheli an dem Bau mit, und auch die Namen dieser Großen sind wie Goldkörner im Sande, denn neben ihnen waren im Laufe der Jahrhunderte an der Errichtung und Fertigstellung der Kathedrale einige dreißig Architekten, hundertfünfzig Bildhauer, siebzig Maler und rund hundert Mosaik-Spezialisten beteiligt.
Daß damals in Orvieto die Musen geschwiegen hätten, kann man nicht behaupten; obschon die Zeiten keineswegs friedlich waren. Die Stadt war eines der Ketzernester und gleichzeitig, durch eine Ironie der Geschichte, beliebter Zufluchtsort der Päpste. Die welfische Familie der Monaldeschi hatte sich in den Haaren mit der Familie jener Monaldeschi, die dem Kaisertum anhingen und die man aus der Stadt vertrieb, als die Bildhauer mit der Illustration der Schöpfungsgeschichte beschäftigt waren. Beide Geschlechter leiden – nach einem glaubwürdigen Zeugen, dem Autor der *Göttlichen Komödie* – im Fegefeuer zusammen mit den Familien von Romeo und Julia. Die Machtkämpfe in der Stadt dauerten lange (die Viscontis mischten sich ein und besetzten Orvieto), kurz, sie teilte das Los anderer italienischer Städte, *dolore ostello,* der Schmerz ergriff Besitz von ihr, wie Dante sagt.
Das einzige Restaurant, von dem aus die Kathedrale zu sehen ist, hat entsprechend hohe Preise wie alles, was von der Nachbarschaft der Geschichte zehrt; man zahlt zweifach für den Schatten von Meisterwerken auf den Makkaroni. Der Wirt ist mager, redselig und hat einen dürren Truthahnhals. Auf der Karte wird ein Wein angeboten, der

so heißt wie die Stadt, und der Wirt lobt ihn noch überschwenglicher als die Kathedrale. Er bringt den Orvieto – ihn richtig zu trinken setzt Kennerschaft voraus – in einem kleinen Gefäß, ein Hauch von Kälte weht heran. Auf dem Glas das Bild eines Mädchens, das auf etruskische Art lächelt, also mit den Augen und den Mundwinkeln, indes das Gesicht selbst unbewegt bleibt. Den Wein zu beschreiben ist schwieriger als die Kathedrale zu schildern. Er hat die Farbe des Strohs und einen starken, kaum charakterisierbaren Duft. Der erste Schluck macht Eindruck, nach einer kurzen Weile setzt die Wirkung ein: Brunnenkühle fließt in den Körper, die Gedärme und Herz frieren macht, während der Kopf sich erhitzt. Der Zustand ist vergnüglich, und ich verstehe jetzt, warum Lorenzo Maitani in Orvieto blieb, das Bürgerrecht annahm, obwohl ihm daraus Unannehmlichkeiten erwuchsen: er mußte auf den waldigen Anhöhen Umbriens seine Wahlheimat mit der Pike verteidigen.

Betritt man die Kathedrale, erwartet einen abermals eine Überraschung, so sehr unterscheidet sich die Fassade vom Innenraum. Il Duomo hat die Form einer dreischiffigen Basilika mit einem auf das Hauptschiff gesetzten Akzent, das eine solide Apsis abschließt. Einige der schweren Säulen, die durch Flachbögen miteinander verbunden sind, stützen die Architektur, von der sich sagen läßt, daß sie ein sparsames gotisches Ornament über das romanische Schema gelegt hat. Keinerlei Interesse an der Kombination von Bögen macht sich da bemerkbar, was bezeichnend für die französische Schule ist. Das Gewölbe ist beinahe flach, so daß die Giebelwände der Fassade als pure Maske wirken. Zur Rechten des Altars befindet sich eine zweite Kapelle *della Madonna di San Brizio*; sie beherbergt Fresken, die von Fra Angelico und von Luca Signorelli gemalt sind.

Die Freskomalerei ist eine alte und ehrwürdige Technik, die sich im Laufe der Jahrhunderte, vom Altertum bis in die Moderne, nur geringfügig verändert hat, als wäre sie immanenten Gesetzen unterworfen. Das mit der Architektur verbundene Fresko teilt das Schicksal der Mauern, ist organisch gleich einem Baum und unterliegt dem biologischen Gesetz lebender Wesen: der Alterung. Schon die Arbeit an der Ausschmückung von Wänden setzt überlegtes Handeln und handwerkliche Kenntnisse voraus. Der Kalk für die Unterlage muß lange reifen, dann wird er mit Flußsand gemischt. In der Zwischenzeit erwärmt sich in der Sonne der Kalk, den man den Farben beimengen wird: Schwarz aus verkohlten Rebenhölzern, Erde, Zinnober, Kadmien. Anfangend bei der Nässung der Mauer und dem Auftragen der drei Schichten bis zur Lufteinwirkung hat alles den Charakter chemischer Prozesse. Die Oberfläche der Farben wird unter einem durchsichtigen Film von Kalksalzen haltbar gemacht.
Wie gesagt, die Fresken in der Kapelle der Madonna di San Brizio hat Fra Angelico zu malen begonnen, nachdem er mit drei Schülern im Jahre 1447 nach Orvieto gekommen war; doch hielt es ihn hier nicht lange, kaum dreieinhalb Monate, dann legte er die Arbeit nieder und ging, von Papst Nikolaus v. gerufen, nach Rom. Der Rat der Stadt bemühte sich jahrelang bald um Pinturicchio, bald um Perugino, was ein Licht auf die Ambitionen der Stadtväter wirft; endlich, nach fünfzehn Jahren des Verhandelns und Überredens, im Jahre 1499, einigte man sich mit Luca Signorelli, einem Schüler Pieros della Francesca und damals sechzigjährigen Maler auf der Höhe seines Ruhms, der nach Orvieto kam, um den Vertrag über sein Lebenswerk zu unterschreiben. Die Vereinbarung, in Latein formuliert, steckt voller ungeschickter, aber bewundernswerter hausväterlicher Besorgtheit; man erhoffte sich eine gute Leistung. Es ist also die Rede davon, daß »omnes colores

mittendos per ipsum magistrum Lucam, mittere bonos, perfectos et pulchros« (der Meister selber gute, vollkommene und schöne Farben auflegen solle) und daß Luca sich verpflichte, »facere figuras meliores aut pares, similes et conformes aliis figuris existentibus nunc in dicta capella nove« (bessere oder gleich gute Figuren zu malen, denen ähnlich, die jetzt in der genannten Kapelle vorhanden sind). Zum Schluß wird festgelegt, daß eine Kommission nach Beendigung der Arbeit den künstlerischen Wert der Anstrengungen des Malers zu begutachten habe.

Fra Angelico hatte an der Giebelwand des Gewölbes die Darstellungen des richtenden Christus und der Apostel hinterlassen. Beide Kompositionen sind recht steif und hieratisch ausgefallen, als wenn der Maler (oder seine Schüler) einen übertriebenen Gebrauch von Zirkel und Bleidraht gemacht hätte, Instrumenten, die zum Ausmessen der Perspektive dienten. Signorelli füllte eine ähnlich große Fläche mit Gestalten, und zwar nach einem Karton seines Vorgängers, doch sein »coro dei dottori« enthält bereits die Ankündigung eines Dramas: die Draperien scheinen nicht aus toten Fasern gefertigt, sondern aus Nerven und Muskeln. Worin sich die entscheidende Leidenschaft des Meisters Luca verrät: den Körper in Bewegung zu zeigen, was ihm auf großen Flächen zwischen den Bögen des Gewölbes auch tatsächlich gelungen ist. *Das Kommen des Antichrist, Die Geschichte des Endes der Welt, Die Erlösten und die Verdammten* erzählen in einer kargen und dunklen Sprache, die eines Dante würdig ist. Wohl ihretwegen gilt dieser Maler einem englischen Kunsthistoriker von keineswegs altjüngferlichem Geschmack als »viril but somewhat harsh and unsympathetic« (männlich, aber ein wenig rauh und unfreundlich).

Der Lieblingsschüler Pieros della Francesca war kein genialer Kolorist. Sein Meister hatte an die Wände der Kirche San Francesco in Arezzo eine durchsichtige und mit Licht durchtränkte Wirklichkeit gemalt. Signorelli dagegen verteilte über den Raum sanft zerstreuter Flächen harte Akzente, Licht–Schatten und Hohlformen; das Licht blieb dem Gemalten äußerlich. Dinge und Menschen waren Gefäße des Dunkels.

Predicazione del Anticristo, »dessen Auftreten eine Folge satanischer Effekte ist, verbunden mit Gewalt, Ankündigungen und lügnerischen Wundern«, spielt in Jerusalem, doch die Architektur im Hintergrund trägt Merkmale der Renaissance, als ob Bramante sie entworfen hätte. Unter fernen Arkaden schwarze Gestalten mit Piken – wie Ratten, die auf ihren Schwänzen gehen. Im Vordergrund der, »der heimlich kommen und das Königreich durch Verrat erlangen wird«; er hat das Gesicht Jesu, doch hinter seinem Rücken ist ein Dämon versteckt. Er steht inmitten einer Menschenmenge, in der Ikonographen Dante, Boccaccio, Petrarca, Raffael, Cesare Borgia, Bentivoglio und Columbus bemerkt haben.

Auf der rechten Seite, einen halben Schritt vorgetreten wie auf ein Proszenium, steht der Erzähler, Meister Luca, den Hut fest auf den Kopf gedrückt, in einem weiten Mantel und mit schwarzen Strümpfen an den muskulösen Beinen. Das Gesicht ist robust wie auf den Bauernporträts, die Breughel gemalt hat; der Augenausdruck verrät Kühle und Realitätssinn, so daß die Bemerkung Vasaris glaubwürdig wird, Luca sei hinter dem Sarg seines Sohnes ohne eine Träne gegangen. Unmittelbar neben ihm steht Fra Angelico in einer Soutane und wie versunken ins Selbstgespräch. Zwei Blicke: der eines Visionärs und der eines Beobachters. Dieser Unterschied wiederholt sich in der Darstellung der Hände: die von Luca sind fest ineinander verflochten, die zarte Hand Fra Angelicos zeichnet eine Geste des Schwankens, zweifelnde Finger. Die beiden Maler der Kapelle San Brizio berühren einander mit den Schultern, obgleich der Zeitraum eines halben Jahrhunderts sie trennt; die Einzelheit ist interessant, sie deutet darauf hin, daß damals Solidarität verpflichtete und es nicht üblich war, den künstlerischen Vorläufer zu einem Dummkopf zu stempeln.

Die *Auferstehung der Leiber* spielt sich auf ebenem Gelände ab, das platt ist wie ein Tisch. Am oberen Bildrand zwei Engel, fest mit den Füßen auf die Luft gestützt; sie blasen Trompete: »Und seine Füße gleich Kupfer, wie in der Hölle gebranntem, und seine Stimme wie die Stimme vieler Wasser.« Die zweite Geburt findet unter Qualen statt. Die Szene ist mit eschatologischem Humor gewürzt, sie wird begleitet vom Lachen der Skelette, die einem Menschen zuschauen, der soeben in Fleisch und Haut gehüllt wurde. Ein außerordentliches Detail. Signorelli, Meister der Aktzeichnung, hatte in der Osteologie jedoch recht sonderbare Vorstellungen: den Beckenknochen gibt er wieder als breiten Gürtel mit vier Öffnungen vorne.

Finimondo (Weltuntergang) ist ein Fresko von heftiger Dramatik und Kraft. Während – am rechten Bildrand – die Doktoren noch beratschlagen, was zu tun sei, steht über ihnen bereits der Himmel in Brand. »Es nahm der Engel das Räucherfaß vom Altar und warf es auf die Erde, und es geschahen Donner und Stimmen und Blitze und ein riesiges Beben der Erde.« Auf der gegenüberliegenden Seite des Bogens, über den das Fresko sich spannt, drängen sich Männer und Frauen mit Kindern auf den Armen. Die ersten Opfer liegen hingestreckt, in ihren Leibern haust jene endgültige Starre, die Gegenständen eigen ist. Über der Erde die Fetzen ohnmächtiger Gebärden der Fliehenden.

Berenson hat recht, wenn er die Vorliebe der Renaissance-Maler für den Akt nicht einfach mit der für haptische und dynamische Erlebnisse gleichsetzt, sondern sie als eine Ausdruckstendenz erklärt. Nackte Körper vermögen in hohem Grade, Gemütsbewegungen zu erwecken. Darüber belehrt das Fresko *Die Verdammten,* das uns die Haut versengt, auf die Zunge Aschenfladen legt und die Nase mit dem gelben Ruch von Schwefel füllt. Die Szene ist vollbesetzt und ohne Perspektive. Die Leiber stehen eng gedrängt wie in einem Keller während eines Bombardements. Eigentlich sind das gar nicht die Körper von einzelnen Personen, sondern eine ungeheure Verflechtung von Aktion und Kontraktion, von Schlägen der Henkersknechte und von Gesten sich wehrender Verdammter. Signorelli war fasziniert von dem Problem der Bewegung, und er begriff dessen physische und metaphysische Konsequenzen. Er wußte sehr genau, daß in jeder Handlung ein Keim des Todes steckt und daß das Ende der Welt eine endgültige Explosion und die Verbrennung aufgestauter Energie sein wird. Viele Jahre vor Galilei und Newton definierte dieser Maler des Quattrocento mit kaltem und trockenem Pinsel die Gesetze vom Fall der Körper.

Der Himmel über den Verdammten ist eine gemalte Analyse verschiedener Stadien des Gleichgewichts: drei Engel als ausgewogene, geflügelte Dreiecke; zwei Verdammte mit vom Sturz deformierten Körpern; Satan, mit einem schweren Weib auf dem Rücken, wie er im Gleitflug (Vögeln ähnlich, die gegen den Wind rudern) herabsinkt. Kommt es eines Tages dazu, eine wirkliche Geschichte der Wissenschaften zu schreiben, so ist der Beitrag der Maler des 15. Jahrhunderts, welche das Problem des Raumes, der Bewegung und der Materie erforschen halfen, nicht zu entbehren.

Es ist, zum Schluß, eine Lästerung zurückzuweisen, die Autoren von Handbüchern gern weitersagen: außer Frage steht, daß die Fresken von Orvieto einen nachhaltigeren Eindruck hinterlassen als die Fresken Michelangelos in der Sixtinischen Kapelle. Michelangelo kannte die Malereien in der Kapelle San Brizio und hat sich aus ihrem Bann nie mehr zu befreien vermocht. Gewiß, die Vision des Nach-

folgers ist voll verblühender Schönheit, aber ihre allzu geschmeidige und gelockerte Sprache umspinnt die Dinge mehr, als daß sie diese ausdrückt.
Selten haben große Dichter das Glück, große Illustratoren zu finden. Dante hat einen ebenbürtigen Interpreten in Luca Signorelli gefunden. Außer Porträts einiger Poeten und – bezeichnenderweise – einer Abbildung des Empedokles, der aus dem schwarzen Grund eines Medaillons wie aus dem Bauche des Ätna hervortritt, sind in der Kapelle San Brizio elf kleinere Fresken aufbewahrt, die sich auf die *Göttliche Komödie* beziehen. Solide Ikonographen haben herausgefunden, daß hier einige Abschnitte der ersten elf Gesänge des *Purgatorio* illustriert sind. So stellt die erste Illustration Dante dar, wie er vor einer Gestalt in auseinandergewehtem Gewande kniet. Der entsprechende Vers der *Göttlichen Komödie* redet von *l'uccel divino*, dem göttlichen Vogel, also einem Engel. Die Schwierigkeit besteht darin, daß die dargestellte Gestalt keine Flügel hat; Franz Xaver Kraus, ein verläßlicher Ikonograph, murrt: »zweifelhaft« und zeigt sich darob maßlos bekümmert. Nebenbei gesagt: Spötteleien über Ikonographen passen sehr gut zu unserem Zeitalter (die Form hat die Bedeutung verdrängt).

Der Autobus fährt in weiter Serpentine zur Bahnstation hinab. Die Stadt entschwindet gleich hinter dem Tor den Blicken. Man sieht sie erst wieder aus den Fenstern des fahrenden Zuges. Il Duomo überragt sie wie die erhobene Hand eines Propheten. Doch einstweilen ist das *Jüngste Gericht* unter dem Gewölbe der Kapelle San Brizio eingeschlossen und geht über der Stadt nicht in Erfüllung. In der Honigluft Orvietos schläft es ruhig und gelassen wie eine Echse.

Lascaux

Si Altamira est la capitale de l'art pariétal Lascaux en est Versailles.
Henri Breuil

Lascaux erscheint auf keiner offiziellen Karte. Man kann sagen, es existiere jedenfalls nicht in dem Sinne, in dem London oder Bielefeld existieren. Eine Erkundigung im Pariser Musée de l'Homme war nötig, um zu erfahren, wo dieser Ort denn eigentlich liegt.

Ich fuhr im zeitigen Frühling hin. Das Tal der Vézère erwachte gerade in seinem frischen, unvollendeten Grün. Was aus dem Busfenster an Landschaftsfragmenten zu sehen war, erinnerte an Bissières Bilder. Ein Netz zarten Grüns.

Montignac – ein Städtchen, in dem es nichts zu besichtigen gibt außer der Gedenktafel zu Ehren einer verdienten Hebamme »Ici vécut Madame Marie Martel – sage-femme – Officier d'Académie. Sa vie . . . c'était faire du bien. Sa joie . . . accomplir son devoir.« Schöner geht's nicht.

Frühstück in einem kleinen Restaurant, aber was für ein Frühstück! Omelett mit Trüffeln. Die Trüffeln gehören zur Geschichte der menschlichen Verrücktheiten und damit zur Geschichte der Kunst. Ein Wörtchen also über Trüffeln.

Es handelt sich um eine unterirdisch wachsende Pilzart, die an den Wurzeln anderer Pflanzen schmarotzt, indem sie ihnen den Saft entzieht. Um die Trüffeln aufzufinden, benutzt man Hunde oder Ferkel, die bekanntlich einen vorzüglichen Geruchssinn besitzen. Auch zeigt eine bestimmte Sorte Fliegen an, wo sich diese gastronomischen Schätze befinden.

Trüffeln erzielen auf dem Markt einen hohen Preis, deshalb sind die Bewohner der Gegend von einem wahren

Suchfieber ergriffen. Man hat die Erde aufgewühlt und die Wälder vernichtet, die jetzt kläglich verdorrt dastehen. Ganze Geländestreifen sind von Unfruchtbarkeit befallen, denn der Pilz sondert eine giftige Substanz ab, die die Vegetation zerstört. Zudem ist er sehr launenhaft und erheblich schwerer zu züchten als der Champignon. Trotzdem, ein Omelett mit Trüffeln ist etwas Herrliches, und ihr Geruch – denn einen Geschmack haben sie eigentlich nicht – ist mit nichts zu vergleichen.

Von Montignac aus geht man auf einer Chaussee, die ansteigt, einen Bogen schlägt, in den Wald eintritt und plötzlich abbricht. Ein Parkplatz. Eine Bude mit Coca-Cola und bunten Ansichtskarten. Wer sich mit den Reproduktionen nicht zufrieden gibt, wird in eine Art Gehege geführt und dann in einen betonierten Keller, der an einen Bunker erinnert. Wie in Schatzkammern schließen sich Stahltüren, man steht eine Weile, der Einweihung harrend, im Halbdunkel. Endlich öffnet sich eine zweite Tür, die ins Innere führt. Wir sind in der Höhle.

Das kalte elektrische Licht ist scheußlich, man kann sich nur vorstellen, was die Höhle von Lascaux war, als der lebendige Schein der Fackeln und Öllämpchen die an Wände und Decken gemalten Herden von Stieren, Bisons und Hirschen in Bewegung versetzte. Dazu noch die Stimme des Führers, der seine Erklärungen stottert. Es ist die Stimme eines Feldwebels, der aus der Heiligen Schrift vorliest.

Die Farben: schwarz, braun, ocker, zinnoberrot, karminrot, malvenfarben und das Weiß der Kalkfelsen. Sie sind lebendig und frisch wie auf keinem einzigen Renaissance-Fresko. Die Farben der Erde, des Blutes und des Rußes.

Die Tierbilder, meist vom Profil her gesehen, sind in der Bewegung erfaßt und mit ungeheurem Schwung, zugleich aber mit der gleichen Zartheit gezeichnet wie Modiglianis warme Frauengestalten. Das Ganze ist scheinbar ungeordnet, als hätte ein verrücktes Genie das alles in Eile gemalt, mit einer Technik wie im Film, teils aus der Nähe, teils aus größerer Entfernung gesehen. Dabei ergibt sich jedoch eine geschlossene, panoramaartige Komposition, obgleich alles dafür spricht, daß die Künstler von Lascaux jeder Regel spotteten. Die einzelnen Bilder sind verschieden groß: von weit unter einem Meter bis zu über fünf Metern. Auch fehlen Palimpseste nicht, das heißt Malereien, die sich überlagern, mit einem Wort: das klassiche Durcheinander, das dennoch den Eindruck der Harmonie erzeugt.

Der erste Saal, Saal der Stiere genannt, hat ein schönes natürliches Gewölbe wie aus erstarrten Wolken. Er ist zehn Meter breit, dreißig Meter lang und hat für hundert Personen Platz.

Den Tiergarten von Lascaux öffnet das Bild eines Zweihorns. Dieses phantastische Geschöpf mit dem mächtigen Körper, dem kurzen Hals, dem kleinen, an ein Nashorn erinnernden Kopf, aus dem zwei riesige, gerade Hörner vorstehen, ist keinem lebenden oder fossilen Tier ähnlich. Seine geheimnisvolle Gegenwart gleich am Eingang verkündet, daß wir keinen Atlas der Naturgeschichte besichtigen werden, sondern uns an einer Stätte des Kults, der Beschwörungen und der Magie befinden. Die Prähistoriker sind sich darin einig, daß die Höhle von Lascaux keine Wohnhöhle war, sondern ein Sanktuarium, eine unterirdische Sixtinische Kapelle unserer Vorväter.

Die Vézère windet sich durch bewaldete Kalkhügel. An ihrem Unterlauf, bevor sie sich mit der Dordogne vereinigt, hat man eine große Zahl von Höhlen entdeckt, die der paläolithische Mensch bewohnte. Sein Skelett, in Crô-Magnon gefunden, ist dem des heutigen Menschen ähnlich. Der Crô-Magnon-Mensch stammte wahrscheinlich aus Asien und begann nach der letzten Vereisung, also zwischen 40 000 und 30 000 vor Christus, seinen Sturm auf Europa. Erbarmungslos rottete er den auf der Stufenleiter

der Menschenarten tieferstehenden Neandertaler aus und nahm seine Höhlen und Fanggründe in Besitz. Die Geschichte der Menschheit begann unter dem Kains-Mal.
In Südfrankreich und Nordspanien schuf der Eroberer, der Homo sapiens, eine Zivilisation, die die Prähistoriker franko-kantabrisch nennen. Sie entfällt auf die Zeit des jüngeren Paläolithikums, auch Rentier-Epoche genannt. Die Gegend von Lascaux war – und zwar schon seit dem mittleren Paläolithikum – ein wahrhaft Gelobtes Land, darin allerdings weniger Milch und Honig als vielmehr heißes Tierblut floß. So wie die Städte später an den Schnittpunkten von Handelswegen entstanden, konzentrierten sich die menschlichen Siedlungen der Steinzeit an den Wanderwegen der Vierfüßer. Jedes Frühjahr zogen die Herden der Rentiere, der wilden Pferde, Kühe, Stiere, Bisons und Nashörner durch dieses Land zu den grünen Weiden der Auvergne. Die geheimnisvolle Regelmäßigkeit und der segensreiche Gedächtnismangel der Tiere, die alljährlich auf demselben Weg in das sichere Massaker zogen, waren für den paläolithischen Menschen ebenso ein Wunder wie die Nilüberschwemmungen für die Ägypter des Altertums. An den Wänden der Höhle von Lascaux kann man den mächtigen Bittgesang ablesen, diese Weltordnung möge ewig dauern.
Gewiß deshalb sind die Höhlenmaler die größten Animalisten aller Zeiten. Für sie war das Tier nicht wie für die Holländer ein sanfter Bestandteil der pastoralen Landschaft, sondern sie sahen es blitzschnell, in dramatischer Flucht, lebendig, aber bereits vom Tode gezeichnet. Ihr Auge sieht das Objekt nicht kontemplativ, sondern fängt es mit der Präzision des vollkommenen Mörders in den Schlingen der schwarzen Kontur.
Der erste Saal, wahrscheinlich der Zeremonienplatz der Jagdmagie (hierher kamen sie mit steinernen Lämpchen zu ihren lautstarken Riten), verdankt seinen Namen vier gro-

ßen Stieren, von denen der größte fünfeinhalb Meter lang ist. Über der Herde der als Silhouetten gemalten Pferde und zarten Hirsche mit phantastischen Geweihen dominieren diese herrlichen Tiere. Ihr mächtiger Galopp sprengt die unterirdischen Gelasse.
Der Saal geht über in einen schmalen Korridor ohne Ausgang. Hier herrscht, wie die Franzosen sagen, l'heureux désordre des figures. Rote Kühle, kleine, kindliche Pferdchen, Steinböcke rennen in unbeschreiblichem Durcheinander hierhin und dorthin. Ein auf dem Rücken liegendes Pferd, die Hufe gegen den Kalkhimmel gestreckt, zeugt von einer Jagdprozedur, die primitive Jägerstämme noch jetzt betreiben: die mit Feuer und Geschrei auf einen steil abfallenden Felsen zugetriebenen Tiere stürzen hinunter in den Tod.
Eines der schönsten Tierporträts, und zwar nicht nur der paläolithischen Kunst, sondern der Kunst aller Zeiten, ist das sogenannte »chinesische Pferd«. Der Name bezeichnet keine Rasse; er stellt eine Huldigung an die zeichnerische Perfektion des Meisters von Lascaux dar. Die schwarze, weiche, sich sättigende und wieder schwindende Kontur bildet nicht nur den Umriß, sondern modelliert auch die Körpermasse. Eine kurze Mähne wie bei Zirkuspferden, rasend stampfende Hufe. Der Ocker füllt nicht den ganzen Körper aus, Bauch und Beine sind weiß.
Ich bin mir darüber im klaren, daß jede Beschreibung, jede Aufzählung der Elemente kraftlos ist angesichts eines solchen Meisterwerks mit seiner blendenden und augenfälligen Einheitlichkeit. Nur Gedichte und Märchen haben die Kraft blitzhaften Erschaffens der Dinge. Also möchte man nur soviel sagen: Es war einmal ein schönes Pferd aus Lascaux ...
Wie kann man diese raffinierte Kunst mit der brutalen Praxis der prähistorischen Jäger in Einklang bringen? Wie kann man den Pfeilen, die die Tierkörper durchbohren, dem imaginären Morden des Künstlers zustimmen?

Die vor der Revolution in Sibirien lebenden Jägervölker existierten unter ähnlichen Bedingungen wie der Mensch der Rentier-Epoche. In seinem Buch *Les rites de chasse chez les peuples sibériens* schreibt Lot-Falck: »Der Jäger behandelte das Tier als ein ihm selber mindestens gleiches Wesen. Sehend, daß es – wie er – jagte, um sich zu ernähren, meinte er, es habe auch das gleiche Modell sozialer Organisation. Die Überlegenheit des Menschen manifestiert sich allein auf technischem Gebiet durch die Benutzung von Werkzeugen; im magischen Bereich schreibt der Mensch dem Tier keine geringere Kraft zu, als er selbst besitzt. Andererseits steht das Tier in dieser oder jener Hinsicht höher als der Mensch: infolge seiner physischen Kraft, seiner Schnelligkeit, seines ausgezeichneten Gehörs und Geruchssinnes – infolge von Vorzügen also, die der Jäger hoch einschätzt. Im geistigen Bereich erkennt er ihm noch größere Werte zu [. . .]. Das Tier hat eine unmittelbare Verbindung zum Göttlichen, es ist den Naturkräften, die sich in ihm verkörpern, näher.«
Das ist für den Menschen von heute gerade noch verständlich. Die Abgründe der Paläopsychologie beginnen dort, wo von der Verbindung zwischen dem Mörder und seinem Opfer die Rede ist: »Der Tod des Tieres hängt mindestens teilweise von ihm selbst ab: um getötet werden zu können, muß es seine Zustimmung geben, muß es mit seinem Mörder einen Vertrag eingehen. Deshalb wacht der Jäger über dem Tier, und es liegt ihm sehr daran, die bestmöglichen Beziehungen mit ihm anzuknüpfen. Wenn das Rentier den Jäger nicht liebt, läßt es sich von ihm nicht tötetn.«
So ist also die Heuchelei unsere Ursünde und unsere Stärke. Nur habgierige, todbringende Liebe kann den Zauber des Bestiariums von Lascaux erklären.
Rechts vom großen Saal führt ein enger Gang zu Höhlenteilen, die Schiff und Apsis heißen. An der linken Wand fesselt eine große schwarze Kuh die Aufmerksamkeit

– nicht nur durch die vortreffliche Zeichnung, sondern auch durch zwei geheimnisvolle und deutlich sichtbare Zeichen, die sich unter ihren Klauen befinden. Es sind nicht die einzigen Zeichen, vor denen wir ratlos dastehen.
Die Bedeutung der die Tiere durchbohrenden Pfeile ist für uns klar, denn diese magische Praxis – die Tötung des Bildes – war den mittelalterlichen Zauberern bekannt, wurde an den Renaissancehöfen weitgehend betrieben und hat sich sogar bis in unsere rationalistischen Zeiten erhalten. Doch was bedeuten jene Vierecke mit dem Farbenschachbrett unter den Klauen der schwarzen Kuh? Abbé Breuil, der Papst der Prähistoriker und ausgezeichnete Kenner nicht nur der Höhle von Lascaux, sieht in ihnen Zeichen von Jägerclans, die fernen Ursprünge der Wappen. Man hat auch die Hypothese aufgestellt, es seien Modelle von Tierfallen; andere sehen in ihnen die Muster von Laubhütten. Für Raymond Vaufrey sind es ganz einfach bemalte, aus Leder gefertigte Kleidungsstücke, wie man sie heute noch in Rhodesien antrifft. Jede dieser Vermutungen ist wahrscheinlich, aber keine sicher. Wir können auch andere einfache Zeichen nicht interpretieren: Punkte, Striche, Quadrate und Kreise, Umrisse geometrischer Figuren, wie sie sich in anderen Höhlen finden, zum Beispiel in El Castillo in Spanien. Manche Gelehrten äußern zaghaft die Annahme, das seien die ersten Schriftversuche. So reden also nur die konkreten Bilder zu uns. Inmitten des keuchenden Atems der galoppierenden Tiere von Lascaux schweigen die geometrischen Zeichen und werden vielleicht für immer schweigen. Der heftige Schrei und die Grabesstille modellieren unser Wissen vom Urahnen.
An der linken Seite des sogenannten Schiffes ein schöner Fries von Hirschen. Der Künstler hat nur Hälse, Köpfe und Geweihe dargestellt, so daß sie auf die im Dickicht verborgenen Jäger zuzuschwimmen scheinen.
Eine Komposition von unvergleichlicher Expressivität, ne-

ben der alle Gewaltsamkeiten heutiger Meister kindlich wirken, sind die beiden pechschwarzen Bisons, die einander die Hinterteile zukehren. Beim linken scheint die Haut auf dem Rücken aufgerissen zu sein und das Fleisch bloßzuliegen. Die Köpfe sind erhoben, das Fell gesträubt, die Vorderhufe springen im schnellen Lauf empor. Ein von dunkler und blinder Kraft explodierendes Malwerk. Selbst Goyas Stierkämpfe sind nur ein schwaches Echo dieser Leidenschaftlichkeit.

Die Apsis führt in den tiefen Abgrund, Schacht genannt, zur Begegnung mit dem Geheimnis aller Geheimnisse.

Das ist eine Szene oder vielleicht ein Drama, und wie es sich für ein antikes Drama gehört, spielt nur eine kleine Zahl von Helden mit: der von einem Speer durchbohrte Bison, der liegende Mensch, der Vogel und das im Umriß undeutliche, fortgehende Nashorn. Der Bison steht im Profil, doch ist sein Kopf dem Beschauer zugekehrt. Aus seinem Bauch hängen die Eingeweide heraus. Der wie in Kinderzeichnungen schematisch behandelte Mensch hat einen Vogelkopf mit geradem Schnabel, weit ausgebreitete Hände mit je vier Fingern und steif gestreckte Beine. Der Vogel ist wie aus Pappe geschnitten und auf der geraden Linie eines Stockes angebracht. Das Ganze ist mit dickem schwarzem Strich gezeichnet, nicht mit Farbe ausgefüllt, nur durch den goldenen Ocker des Grundes mit seiner rohen, gleichsam ungeschickten Faktur unterscheidet es sich von den Malereien des großen Saals oder der Apsis. Trotzdem fesselt es die Aufmerksamkeit der Prähistoriker, nicht so sehr aus künstlerischen Gründen als wegen der ikonographischen Aussage. Fast die gesamte franko-kantabrische Kunst ist nichtanekdotisch. Um eine Jagdszene komponieren zu können, ist eine Darstellung des Menschen notwendig. Wir kennen zwar Ritzzeichnungen von Gesichtern und menschliche Figürchen, aber in der paläolithischen Malerei ist der Mensch eigentlich nicht anwesend.

Abbé Breuil sieht in der Szene aus dem Schacht eine Art Gedenktafel, die an einen tödlichen Jagdunfall erinnert. Der Bison hat den Menschen getötet, doch die tödliche Wunde des Tieres ist vielleicht ein Werk des Nashorns, das sich in den Zweikampf eingemischt hat. Ein auf den Rükken des Bisons geworfener Speer – vermutet der Gelehrte weiter – konnte kein so breites Aufreißen der Bauchhöhle hervorrufen; die Ursache dafür ist vielleicht die einfache Vorrichtung zum Schleudern von Steinen, deren undeutlicher Umriß unter den Füßen des Tieres sichtbar ist. Schließlich ist jener schematisch gemalte Vogel, fast ohne Beine und Schnabel, für Breuil eine Art Friedhofspfahl, wie ihn die Eskimos aus Alaska heute noch benutzen.
Das ist nicht die einzige Exegese, und weil sie den Prähistorikern zu einfach vorkam, haben sie ihrer Phantasie die Zügel schießen lassen. Eine Erklärung scheint interessant und der Anführung wert. Ihr Autor ist der deutsche Anthropologe Kirchner, der die kühne Hypothese aufgestellt hat, die ganze Szene habe durchaus nichts mit der Jagd zu tun. Der liegende Mensch sei kein Opfer der Tierhörner, sondern ein Schamane in ekstatischer Trance. Breuils Erklärung überging die schwer zu erläuternde Anwesenheit des Vogels (die Analogie zu den Friedhofspfählen der Eskimos wirkt wenig überzeugend) und ebenso den vogelförmigen Kopf des liegenden Menschen.
Auf diese Einzelheiten hat Kirchner bei seiner Interpretation den Hauptnachdruck gelegt. Er stützt sich auf Analogien zwischen der Zivilisation sibirischer Jägerstämme und der paläolithischen Zivilisation und führt die Zeremonie des Kuhopfers an, die in Wacław Sieroszewskis Werk über die Jakuten beschrieben ist. Bei dieser Opferszene wurden nun wirklich, wie aus den Illustrationen in dem Buch hervorgeht, drei Pfähle aufgestellt, auslaufend in geschnitzte Vögel, die an den Vogel von Lascaux erinnern. Aus der Beschreibung wissen wir, daß derartige Opfer bei den

Jakuten in der Regel in Gegenwart eines Schamanen stattfanden, der in Ekstase verfiel. Aufgabe des Schamanen war es, die Seele des Opfertiers in den Himmel zu geleiten. Nach ekstatischem Tanz fiel er tot zu Boden, mußte sich also eines Hilfsgeistes bedienen, eben des Vogels, an dessen Natur er übrigens teil hatte, was er durch ein Gewand aus Vogelfedern und eine Vogelmaske unterstrich.
Kirchners Hypothese ist sehr frappierend, doch sie erklärt die Bedeutung des Nashorns nicht, das sich ruhig entfernt, als wäre es stolz über das begangene Verbrechen.
Noch aus einem anderen Grunde ist die Szene im Schacht besonders wichtig und ungewöhnlich. Sie bildet eine der ersten Darstellungen des Menschen in der paläolithischen Kunst. Welch ein auffalender Unterschied in der Behandlung des Tier- und des Menschenkörpers! Der Bison wirkt suggestiv und konkret. Man spürt nicht nur die Masse seines Körpers, sondern auch das Pathos der Agonie. Die Figur des Menschen: ein langgezogener rechteckiger Korpus, die Stöcke der Gliedmaßen – das ist schon der Gipfel der Vereinfachung, eben noch ein Erkennungszeichen für den Menschen. So als schämte sich der Maler aus dem Aurignacien seines Körpers und sehnte sich nach der großen Familie der Tiere, die er verlassen hat. Lascaux ist eine Apotheose derjenigen Lebewesen, denen die Evolution nicht befahl, ihre Formen zu ändern, sondern die sie in unveränderter Gestalt beließ.
Der Mensch hat durch sein Denken und seine Arbeit die Ordnung der Natur zerstört. Er hat sich bemüht, eine neue Ordnung zu schaffen, und sich dabei eine Reihe von Verboten auferlegt. Er hat sich seines Gesichts als des sichtbaren Zeichens für den Unterschied geschämt. Er hat gern eine Maske getragen, und zwar eine Tiermaske, als wollte er für den Verrat um Verzeihung bitten. Wenn er schön und mächtig aussehen wollte, hat er sich als Tier verkleidet, in ein Tier verwandelt. Er ist zu seinem Anfang

zurückgekehrt, er ist mit Wollust eingetaucht in den Schoß der Natur.

Die Darstellungen des Menschen aus dem Aurignacien haben die Gestalt von Hybriden mit Köpfen von Vögeln, Affen und Hirschen, wie zum Beispiel die menschliche Gestalt aus der Höhle Trois Frères, die in ein Fell gehüllt und mit einem Geweih geschmückt ist. Sie hat große, faszinierende Augen, deshalb nennen die Prähistoriker sie den Gott der Höhle oder den Zauberer. In derselben Höhle stellt eine der schönsten Gravierungen die märchenhafte Szene eines Tierkarnevals dar: eine Menge von Pferden, Steinböcken, Bisons – und der tanzende Mensch mit dem Wisentkopf, der auf einem Musikinstrument spielt.

Das angestrebe Ideal, die für die magischen Zwecke unerläßliche absolute Tierimitation, war wahrscheinlich die Ursache dafür, daß man die Farbe zu benutzen begann. Die Farbpalette ist einfach und läßt sich auf Rot und seine Abstufungen sowie auf Schwarz und Weiß reduzieren. Mir scheint, der prähistorische Mensch war für andere Farben nicht empfänglich, ähnlich wie heute die Bantuneger. Im übrigen bleiben auch die alten heiligen Bücher der Menschheit, der Veda, das Avesta, das Alte Testament, die homerischen Epen, dieser Begrenzung farbigen Sehens treu.

Besonders gesucht war der Ocker. In den Höhlen von Les Roches und Les Eyzies wurden vorgeschichtliche Magazine dieses Farbstoffes gefunden. Im tertiären Sand bei Nantron sind Spuren des Ocker-Abbaus entdeckt worden, und zwar eines Abbaus in großem Umfang.

Die damaligen Farbstoffe waren mineralischer Herkunft. Die Basis für Schwarz bildete das Mangan, für Rot die Eisenoxyde. Auf Steinplatten oder Tierknochen wie zum Beispiel auf einem Wisent-Schulterblatt, wovon der Fund in Pair-non-Pair zeugt, zerrieb man Stücke des Minerals zu Staub. Den farbigen Puder bewahrte man in ausgehöhlten

Knochen oder kleinen, an den Gürtel geknüpften Säckchen auf, wie sie im vorigen Jahrhundert die letzten von den Buren ausgerotteten Buschmann-Künstler trugen.
Der pulverisierte Farbstoff wurde mit Tierfett, Mark oder Wasser vermischt. Die Konturen grub man häufig mit einem steinernen Griffel ein, man malte dagegen mit dem Finger, einem Pinsel aus Tierhaaren oder einem Büschel trockener kleiner Zweige. Auch benutzte man Röhren zum Aufblasen pulverisierter Farbe, wovon die Malereien in Lascaux zeugen: große, ungleichmäßig mit Farbe bedeckte Flächen. Dieses Verfahren hatte den Effekt weicher Konturen, körniger Oberflächen, einer organischen Faktur.
Die erstaunliche Fähigkeit schon im Aurignacien, Solutréen und Magdalénien, sich aller malerischen und zeichnerischen Techniken zu bedienen, hat die Prähistoriker zu der Vermutung veranlaßt, es müsse in jenen um Jahrzehntausende zurückliegenden Zeiten Künstlerschulen gegeben haben. Die Entwicklung der paläolithischen Kunst von den schlichten Handsilhouetten in der Höhle von El Castillo bis zu den Meisterwerken von Altamira und Lascaux scheint das zu bestätigen.
Das Problem der Entwicklung der paläolithischen Kunst ist nicht leicht zu lösen, damit aber ist auch die Datierung der Gravierungen und Malereien dieses Zeitabschnittes schwierig. Eine bessere Grundlage für die Periodisierung ist die Entwicklung der Geräte. In dieser verdünnten Sphäre der Menschheitsgeschichte (verdünnt natürlich für uns, und das hauptsächlich wegen des Fehlens der Schrift und wegen der im Verhältnis zu dem riesigen Zeitabschnitt nicht allzu großen Anzahl der Funde) schlagen die Uhren weder Stunden noch Jahrhunderte, sondern Jahrzehntausende.
Das jüngere Paläolithikum oder die Epoche der Rentiere und des vernünftigen Menschen zählt fünfzehn bis fünfundzwanzig Jahrtausende und endet um fünfzehntausend

vor Christus. Es wird eingeteilt in Aurignacien, Solutréen und Magdalénien. Die natürlichen Umweltbedingungen hatten sich zu jener Zeit fixiert, das schuf die Grundlage für die franko-kantabrische Zivilisation. Das Gespenst der eisigen Katastrophen, der weißen, von Norden kommenden Kältemassen, die mehr vernichteten als die Lava der Vulkane, war zerstoben. Zur Niederlage dieser Zivilisation jedoch wurde die Klimaerwärmung. Gegen Ende des Magdalénien zogen die Rentiere sich nach Norden zurück. Der Mensch blieb allein, verlassen von Göttern und Tieren.

Wo ist der Ort Lascaux' in der Vorgeschichte? Wir wissen, daß die Höhle nicht in einem Zuge ausgeschmückt wurde, sondern Malereien enthält, die häufig übereinander liegen und aus verschiedenen Jahrtausenden stammen. Auf die Stilanalyse gestützt, spricht sich Breuil für die Herkunft der hauptsächlichen Malereien aus dem Aurignacien aus. Der charakteristische Zug des Aurignacien soll eine bestimmte Art der Perspektive sein. Natürlich ist das keine Zentralperspektive, sondern eine Perspektive, die man gekrümmt nennen könnte. Die Tiere sind grundsätzlich im Profil gemalt, einzelne Teile von ihnen jedoch wie der Kopf, die Ohren, die Füße sind dem Betrachter zugekehrt. Die Hörner des Bisons aus der Szene im Schacht haben die Form einer geneigten Lyra.*

Die Entdeckungsgeschichte. Es ist September 1940. Frankreich ist geschlagen. Die Luftschlacht über Großbritannien nähert sich ihrem Höhepunkt. Weit abseits von diesen Ereignissen, im Walde nahe Montignac, rollt eine Szene wie aus einem Jugendbuch ab, die der Welt eine der

* Es gibt noch eine andere Methode zur Datierung archäologischer Funde. Sie stützt sich nicht auf die Stilanalyse, sondern auf die Messung des in den Pflanzen- und Tierresten enthaltenen Isotops C^{14}. Die Analyse der in der Höhle von Lascaux gefundenen Kohle erlaubt es, die Entstehungszeit der Wandmalereien auf dreizehntausend Jahre vor Christus zu datieren. Dennoch verschieben die Archäologen dieses Datum um einige Jahrtausende nach rückwärts.

herrlichsten Entdeckungen aus der Vorgeschichte schenken sollte.

Man weiß nicht genau, wann ein Gewitter den Baum umstürzte; damit war eine Öffnung freigelegt, die die jugendliche Phantasie des achtzehnjährigen Marcel Ravidat und seiner Freunde in Bewegung setzte. Die Burschen meinten, es handle sich um den Einlaß zu einem unterirdischen Gang, der zu den Ruinen der nahen Burg führen werde. Journalisten haben sich die Geschichte mit dem Hund ausgedacht, der in diese Öffnung gefallen und damit der eigentliche Entdecker von Lascaux gewesen sein soll. Aller Wahrscheinlichkeit nach jedoch war Ravidat vom Forschungstrieb gepackt, wobei ihm nicht am Ruhm, sondern an der Auffindung eines Schatzes gelegen war.

Die Öffnung hatte ungefähr 80 cm Durchmesser und, wie es schien, dieselbe Tiefe. Doch ein hineingeworfener Stein fiel verdächtig lange. Die Burschen erweiterten die Öffnung. Ravidat war als erster in der Höhle. Man holte eine Lampe – und die Malereien, seit zwanzigtausend Jahren unter der Erde eingeschlossen, enthüllten sich dem menschlichen Auge. »Unsere Freude war unbeschreiblich. Wir tanzten einen wilden Kriegstanz.«

Zum Glück fingen die jungen Leute nicht an, die Höhle auf eigene Faust auszubeuten, sondern benachrichtigten den Lehrer, Herrn Laval, dieser wiederum den Abbé Breuil, der damals in der Nähe wohnte und neun Tage nach der Entdeckung in Lascaux erschien. Die Welt der Wissenschaft erfuhr von diesem Fund erst fünf Jahre später, das heißt nach Kriegsende.

Die Burschen von Lascaux haben, wenn nicht ein Denkmal, so mindestens eine Gedenktafel nicht kleiner als jene verdient, welche die Verdienste der Frau Marie Martel ehrt, Hebamme und Officier d'Académie. Ihr Heimatstädtchen Montignac wurde berühmt. Nach dem Ruhm kam der reale Nutzen. Man erhielt eine bessere Autobus-

verbindung, Lokale verschieder Art vermehrten sich: Zum Stier, Zum Bison, Zum Quartär, und mindestens ein paar Dutzend Familien leben vom Andenkenverkauf. Vielleicht hat Ravidat selber ein Restaurant aufgemacht und wird auf seine alten Tage den Touristen am Kamin von seiner Entdeckung erzählen, vielleicht hat er auch Archäologie studiert. Es ist aber zu bezweifeln, ob ihm ein zweites Mal solch ein Meisterstück gelingen wird. Ehrlich gesagt, man weiß nichts davon.
Einige hundert Meter von der Höhle von Lascaux entfernt ist eine Art Privatunternehmen aus der prähistorischen Branche entstanden. Die Besitzer einer Viehweide haben etwas entdeckt, was der Eingang zu einer neuen Höhle sein kann, und ein paar nicht besonders auffällige Versteinerungen gefunden. Sie haben einen Schuppen zur Unterbringung dieser »Ausstellungsstücke« errichtet, und um ihrem »Museum« einen Anschein von Wissenschaftlichkeit zu geben, haben sie einige Schautafeln an die Wände gehängt, aus denen man erfahren kann, daß es vier Eiszeiten gegeben hat: Günz, Mindel, Riß und Würm. Nachdem er einen Franken kassiert hat, gibt ein listiger, nach Schafskäse riechender Dörfler nähere Erläuterungen zum Thema Paläologie.
Weil wir in einer Epoche der Verdächtigungen leben, wurde die Authentizität der ausgemalten Höhlen in Zweifel gezogen. Das begann übrigens schon im Jahre 1879 nach der Entdeckung von Altamira durch Marcelino de Sautuola. Man verdächtigte nämlich die Jesuiten, sie hätten insgeheim die Höhlen ausgemalt, sie dann gewissermaßen den Wissenschaftlern unter die Nase gehalten und warteten nun, bis sich eine Diskussion über sie entfalte. Dann wollten sie die Fälschung aufdecken, um die Prähistoriker zu blamieren, deren Wissenschaft die Anfänge der Menschheit über die – fügen wir hinzu: naiv aufgefaßte – biblische Chronologie hinaus verschoben habe. Für die Authentizität von Altamira haben sich die Wissenschaftler

erst zwanzig Jahre nach ihrer Entdeckung ausgesprochen. Ihre Skepsis ist übrigens vollauf begründet. Es genügt, an die berühmte Geschichte vom Piltdown-Schädel zu erinnern, über den die bedeutendsten Archäologen und Anthropologen innerhalb von vierundzwanzig Jahren viele wissenschaftliche Abhandlungen geschrieben hatten, ehe er sich als Fälschung herausstellte; als eine,wie man sich ausdrückte, in ihrer Art geniale Fälschung, denn sie war sehr lange Zeit hindurch von jemandem präpariert worden, der Zugang zu den Sammlungen hatte und die Methoden der Laboratoriumsuntersuchungen kannte.
Die Maßnahmen, denen man ein Knochenstück unterwerfen kann, um es »paläolithisch« zu machen, sind allerdings erheblich einfacher als das Bemalen der Riesenflächen in den Höhlen. Dieses erforderte ein ganzes Team von Leuten, die nicht nur über Wissen verfügen, sondern auch mit keinem geringen künstlerischen Talent begabt sein müßten. Und außerdem stünden die Kosten derartiger Fälschungen in keinem Verhältnis zum Nutzen.
Bei den Laien weckt am häufigsten die Tatsache Verdacht, daß manche Reproduktionen, und zwar die gleich nach der Entdeckung publizierten, in Einzelheiten nicht mit dem übereinstimmen, was man mit eigenen Augen feststellen kann. Es gibt also die Vermutung, die Prähistoriker hätten sich an die Funde herangemacht und einige ihrer Ansicht nach unentbehrliche Einzelheiten hinzukomponiert. Auf der Szene im Schacht, so wie sie in der populären Presse reproduziert wurde, hat der auf der Erde liegende nackte Mann keinen Phallus. Dieses Fragment wurde ganz einfach von Redakteuren wegretuschiert, die sich um die Moral ihrer Leser sorgten. Wenn wir hinzufügen, daß viele paläolithische Statuetten und Gravierungen mit der Fruchtbarkeitsmagie zusammenhängen und sich durch Unterstreichung und Vergrößerung der Geschlechtsorgane auszeichnen, wird die Sache klar.

Bei der Besichtigung der Höhle von Lascaux erlag ich für ein Weilchen der Skepsis, als ich die Frische der Farben und den ausgezeichneten Zustand eines Kulturdenkmals sah, das immerhin über fünfzehntausend Jahre alt ist. Die Erklärung für diese erstaunliche Tatsache ist einfach. Die Höhle war all die Jahrtausende hindurch verschüttet, also herrschten in ihr unveränderte atmosphärische Bedingungen. Dank der Oberflächenfeuchtigkeit entstanden glasige Kalksalze, die die Malereien wie Firnis konservierten.

Im Sommer 1952 beschloß der berühmte Dichter André Breton, als er die Höhle von Pech-Merle besichtigte, die Frage der Authentizität der prähistorischen Werke experimentell zu entscheiden. Einfach gesagt, er wischte mit dem Finger über die Malereien, stellte fest, daß der Finger eingefärbt worden war, und kam zu der Überzeugung, die Bilder seien eine Fälschung, und dazu noch neuen Datums. Des Beispiels halber wurde er mit einer Geldstrafe belegt (für die Berührung, nicht für die Überzeugung), doch die Sache war damit nicht zu Ende. Der französische Schriftstellerverband forderte eine Untersuchung über die Authentizität der Höhlenbilder. In seinem Bericht für die höchste Kommission zur Erhaltung historischer Denkmäler hat Abbé Breuil dieses Verfahren für unannehmbar erklärt. So ist die Methode des Wischens mit dem Finger nicht ins Arsenal wissenschaftlicher Methoden bei der Untersuchung der prähistorischen Kunst eingegangen.

Ich kehrte aus Lascaux auf demselben Weg zurück, den ich gekommen war. Obwohl ich, wie man so sagt, in den Abgrund der Geschichte geblickt hatte, glaubte ich nicht, aus einer anderen Welt zu kommen. Nie bin ich der tröstlichen Gewißheit sicherer gewesen: ich bin ein Bürger dieser Erde, ein Erbe nicht nur der Griechen und Römer, sondern nahezu des Unendlichen.

Das eben ist der Stolz des Menschen und sein den Berei-

chen des Himmels, des Raums und der Zeit entgegengehaltenes Bekenntnis. »Ihr armen Körper, die ihr spurlos vergeht, mag die Menschheit für euch ein Nichts sein. Die schwachen Hände holen aus der Erde, welche die Spuren der Halbtiere des Aurignacien und die Spuren des Untergangs der Königreiche in sich trägt, die Bilder heraus, die, ob sie nun Gleichgültigkeit oder Verständnis wecken, dennoch von eurer Würde zeugen. Keine Größe läßt sich von dem trennen, was sie aufrechterhält. Der Rest sind willenlose Wesen und vernunftlose Insekten.«
Der Weg zu den griechischen Tempeln und den gotischen Kirchenfenstern war frei. Ich ging auf sie zu und spürte den Händedruck des Malers von Lascaux.

Versuch, die griechische Landschaft zu beschreiben

Für Magda und Zbyszek Czajkowski

Nach Griechenland fuhr ich, um der Landschaft zu begegnen. Die griechische Kunst nämlich kann man in den europäischen Museen einigermaßen kennenlernen. Die schwüle Nacht auf dem Deck des Schiffes, das die klassische Route von Brundisium nach dem Piräus befuhr, war voller Fragen nach der Farbe des Himmels, des Meeres und der Berge.

Ich war der Meinung, die italienische Landschaft werde sich hier fortsetzen. Doch schon frühmorgens, als am Horizont die ersten Inseln auftauchten, das Steilufer des Peloponnes und schließlich die Bucht von Korinth, begriff ich, daß ich etwas Unvergleichliches kennenlernen würde.

Es ist eine Landschaft, die sich durch ihren Charakter der Beschreibung entzieht. Unmöglich, einen Ort zu finden, der nur annähernd eine Summe wäre, eine Synthese der visuellen Erfahrungen des Reisenden, unmöglich, aus der Verflechtung von Himmelsblau, Gebirge, Wasser, Luft und Licht ein Stück herauszuschneiden und zu sagen: das ist Griechenland. Natürlich kann man meinen, so sei es immer mit einer vielfältigen Landschaft, doch hier geht es nicht um ihren Reichtum.

Eine der intensivsten Erfahrungen, die mich in Griechenland nie verließ, war das Erlebnis der Bewegung, als öffneten sich die Augen unablässig für das schmerzhafte Drama der Geburt unserer Erde.

Berge sollten die Landschaft mit majestätischer Stille erfüllen. Aber im Unterschied zu den Alpen haben wir hier ein unruhiges Sichüberschichten, ein heftiges Zusammenpral-

len der Erdmassen, tiefe Abgründe, unvermittelte Engpässe und dazwischen nur selten weite, meistens enge, gewundene Täler. Auf die Steilhänge haben Übermacht und Gewalt ihre Namen geschrieben.
Der Geologe sagt: Die in Griechenland überwiegenden Kalk- und Dolomitgesteine beweisen, daß das Land Hunderte von Jahrmillionen vom Tethys-Meer überflutet war. Dieses Meer hatte den als Angara bezeichneten nördlichen Landblock (Mitteleuropa, Asien, Nordamerika) von dem südlichen Block Gondwana (Afrika, Südasien, Südamerika) getrennt. Das Mittelmeer ist ein Überrest des früheren Tethys-Meeres. Aus seinen Strudeln erhob sich durch die Kraft vulkanischer Ausbrüche das heutige Griechenland. Die Konturen der Länder und Meere hatten sich erst in der letzten Epoche der Erdgeschichte gebildet. Griechenland ist eines der erdbebenreichsten Gebiete unseres Globus. Auf der Halbinsel und den Inseln von Hellas ereigneten sich in historischer Zeit über 300 Beben.
Das Meer sieht man fast von jeder Erhebung. Es schließt den Horizont mit einer ebenen Linie ab, die Beruhigung gewähren sollte. Doch selbst wenn es still ist, wenn es nicht gegen die Erde anbrandet, erinnert seine tiefblaue Farbe daran, daß es ein Abgrund ist, bedeckt mit einem Spiegel.
Wer mit der Palette eines italienischen Landschaftsmalers hierher käme, müßte alle seine süßen Farben wegwerfen. Die Erde ist verbrannt von der Sonne, heiser von der Trockenheit, sie hat die Farbe heller Asche, manchmal ist sie grauviolett oder hochrot. Die Landschaft liegt nicht nur vor Augen, auch von der Seite, vom Rücken her spürt man ihr Andrängen, ihre Belagerung, ihre intensive Gegenwart. Nur hin und wieder eine hohe Eiche – der Zeus der Bäume. An die Hänge geheftet sind Klümpchen von Grün, kleine, hartnäckige Sträucher. An den Wegen auf den sanfteren Erhebungen – der wilde Ölbaum mit seinen schmalen,

fingerförmigen, beweglichen, auf der Unterseite grün-silbernen Blättern. Unmittelbar auf der Erde Quendel, Thymian, Minze – das Aroma der Hitze.
Zwischen Licht und Schatten die scharfe, wie mit einem Diamanten eingeritzte Linie, ohne jenes Spiel von Grautönen und Halbschatten, das wir aus den Ländern des Nordens kennen. Die Griechen haben die Steine ihrer Tempel mit Malereien bedeckt, um nicht geblendet zu werden. Doch ehe ihre Heiligtümer sich in der Sonne erhoben, schlug Griechenlands Herz unter der Erde. Bei den Grotten, Labyrinthen, Klüften muß man mit der Wanderung beginnen. Dies soll ein Versuch sein, die Landschaft und das, was unmittelbar aus ihr hervorgeht, zu beschreiben.

Das Dorf heißt Psychro. Es liegt zu Füßen eines der höchsten Berge Griechenlands, des Dikte. Auf die wenigen Ankömmlinge wartet ein Führer, ein hochgewachsener, schwarzhaariger Kerl, er führt sie in scharfen Serpentinen aufwärts bis zu der Stelle, wo sich eine Grotte auftut, in der, einer der Sagen zufolge, Zeus geboren sein soll.
Im besonnten Berghang klafft plötzlich eine kohlschwarze Höhle. Der Führer steckt Kerzen an. Die Neigung des Bodens ist stark. Schon nach wenigen Schritten verdichtet sich die Dunkelheit; wir werden von Kälte und steinerner Feuchtigkeit durchdrungen. Schwarze Stalaktiten – die Säulenhalle eines wahnwitzigen Architekten, enge Korridore, Kammern steigern den Eindruck vom klebrigen, biologischen Geheimnis der Geburt.
Die Grotte teilt sich in zwei Teile, deren oberer die Opferstätte war. Es haben sich Reste erhalten, in denen die Archäologen Spuren eines Altars erkennen wollen. Natürliche Stufen führen zum zweiten Teil, der ein gutes Dutzend Meter tiefer liegt und teilweise von Wasser überflutet ist. Hier hat man Votivgaben aus der minoischen und mykenischen Epoche gefunden.

Je weiter man zu dem kleinen unterirdischen See hinabsteigt, der den Kerzenschimmer hart wie schwarzer Marmor zurückwirft, desto dichter wird die Dämmerung, sie preßt sich immer stofflicher, stickiger um den Körper, so daß man ihre bedrohliche Gegenwart mit einem Schrei verscheuchen möchte.

Warum wurde gerade dieser Ort zur Wiege des Himmelsgottes auserwählt? Hätte er nicht vielmehr auf einem Berggipfel geboren werden müssen oder in einem weiten, sonnenerfüllten Tal? Warum wurde sein Ursprung in die Tiefe einer Höhle verlegt?

Die griechische Religion war eine Synthese von Erde und Himmel. Sie hat vorgriechische Elemente aufgenommen – kretische, asiatische, ägyptische. Sie assimilierte die alten Mittelmeertraditionen bäuerlicher Kulte stark mystischer Prägung mit einer ganzen Plejade weiblicher Erdgottheiten und der Großen Mutter, der Patronin der Fruchtbarkeit, an der Spitze. Zeus, wohl der griechischste der griechischen Götter, war nicht frei von diesen Einflüssen. Geboren in einer Erdkluft, aufgezogen von der Nymphe oder Ziege Amaltheia (die man als Verkörperung der Großen Göttin ansehen kann), war er zunächst eine Gottheit zweiten Ranges. Sein späterer Kult und seine Ansiedlung auf dem olympischen Thron ist verbunden mit der neuen, nun schon griechischen religiösen Strömung, die von Hirten (und nicht von Bauern) herrührt. Kennzeichen dieses Kultes waren, wenn nicht der Verlust, so doch gewiß die Einschränkung des mystischen Elements, das Übergewicht männlicher Gottheiten, die Verlegung des Sitzes der Weltherrscher aus der Erdtiefe an den Himmelsrand. Die Grotte des Zeus Dikteon Andron ist die dunkle Wiege der neuen Lichtreligion.

Der Ausstieg aus der Grotte ist eine Befreiung von schwüler Dunkelheit. Vor den Augen die große Lassithi-Ebene – die fröhliche Geometrie bestellter Felder. Wie weiße

Sonnenblumen drehen sich in der Sonne die ausgespannten Leinensegel der Windmühlen. Intensives Flimmern von Weiß, Gelb, Grün. Ein Tal des Lebens, auf allen Seiten von unfruchtbaren Bergen umstellt.
Epidauros, auf den Karten – wer weiß warum – am Meeresufer liegend, ist in Wirklichkeit drei Stunden Fußmarsch von ihm entfernt. Ehe man das Heiligtum des Asklepios erreicht, muß man einen grünen Vorhof, einen in diesem verbrannten Lande unerwarteten Garten mit hohen Bäumen und saftigem Gras passieren. Es gibt wohl in ganz Griechenland kein Fleckchen Erde, das sich besser eignete zur Kultstätte des gutmütigsten Gottes im griechischen Olymp, so wie ihn die Bildhauer darstellen, lächelnd und seine gesundmachende Hand auf den Leib der Betrübten, Kranken und Hilfesuchenden legend.
Das Heiligtum ist weiträumig; auf einer grauen Ebene sind die Reste von Altären, Säulenhallen und Tempeln verstreut. Das rätselhafteste und interessanteste Gebäude ist der Tholos in der Nähe des Asklepios-Tempels, ein Rundbau aus zwei konzentrischen Säulenringen, im Inneren reich skulptiert und bemalt. Ein wahres Rätsel ist das tief in die Fundamente eingemauerte Labyrinth, der verwickelte unterirdische Teil. Sein Querschnitt erinnert an einen Maulwurfshügel. Man weiß, daß Reptilien und unter der Erde lebende Tiere für die Griechen Verkörperungen der chthonischen Kräfte waren. Ehe Asklepios das milde menschliche Gesicht annahm, war er ein Maulwurf. Das Labyrinth unter dem Tholos im sonnigen Epidauros ist die dunkle Wurzel dieses Mythos.
Das Ritual, dem die auf die Hilfe des Gottes wartenden Kranken unterworfen wurden, war einfach. Nach Darbringung ihres Opfers wurden sie in den Tempel geführt, wo sie eine Nacht auf den noch blutigen Häuten der Opfertiere verbringen mußten. Wichtigster Teil der Behandlung war die Inkubation, das Warten auf den Schlaf,

in dessen Verlauf der Gott in unmittelbaren Kontakt mit den Patienten trat. Vorher empfahl man Fasten und körperliche Enthaltsamkeit, um die günstigen Bedingungen für die Inkubation zu sichern.
Bis zu achthundert Kranke hielten sich gleichzeitig in Epidauros auf. Im dritten Jahrhundert vergrößerte man den Portikus, der zugleich den Vorhof des Tempels bildete. Das nächste Dorf lag eine Wegstunde entfernt. Die Pilger schliefen dann sub Iove. Erst im zweiten Jahrhundert baute man für sie eine Herberge.
Die antiken Texte schweigen über Epidauros. Die Klassiker interessierten sich kaum für Angelegenheiten des einzelnen und schenkten offenbar den kleinen Krankheiten der kleinen Leute keine allzugroße Beachtung. Es bleiben also die unmittelbaren Zeugen: Votivgaben, Dankinschriften, jedoch die neueren Forscher bewahren ihnen gegenüber weitgehende Zurückhaltung.
Es fällt nämlich schwer – selbst wenn man einen gehörigen Respekt vor Wundern hat –, an die fünfjährige Schwangerschaft der Kleo zu glauben, die mit einer glücklichen Entbindung endete; die so zur Welt gebrachte Tochter badete sogleich allein in einer Quelle und ging dann auch noch mit ihrer erfreuten Mutter spazieren. Wahrscheinlicher ist die Heilung jenes stummen Mädchens, das beim Anblick einer Schlange vor Angst aufschrie und dann zu sprechen begann. (Die Umgebung von Epidauros war voll von großen, gelben, sanften Schlangen, Asklepios' Helferinnen, die überall herumkrochen und im Inkubatorium nisteten.) Die in den Dankinschriften berichteten Geschichten sind nicht ohne Humor und Charme. Da hatte ein Sklave den Lieblingspokal seines Herrn zerschlagen. Entsetzt begab er sich nach Epidauros, die Scherben des teuren Gefäßes in einem Sack mit sich tragend. Und der gute Asklepios heilte dieses Mal den Pokal.
Gewiß waren Unfälle und Krankheiten der Patienten des

Asklepios verschiedenartig und nicht immer eingebildet. Es kamen auch schwere Erkrankungen vor, wovon die schweigende Galerie der in Stein geformten, dem Gott dargebrachten Teile des menschlichen Körpers zeugt. Doch scheint die Vermutung recht zu haben, nach der die Therapie des lächelnden Gottes auf einer vernünftigen Verbindung der Diätetik und Hygiene mit der Suggestion beruhte und mit Magie nichts zu tun hatte. Der Gott empfahl, den Kopf vor der Sonne zu schützen, Milch mit Honig als Abführmittel zu trinken, spazierenzugehen, den Körper sauberzuhalten. »Klinatas aus Theben«, lautet eine der Inschriften, »hatte eine Unmenge von Flöhen am ganzen Leibe; er kam in das Hieron und hatte folgende Vision: ihm war, als zöge der Gott ihn aus, nähme eine Bürste und reinigte den Leib von den Flöhen. Am nächsten Tage verließ Klinatas geheilt das Inkubatorium.«

Gewöhnlich meint man, die griechische Medizin habe ihren Anfang im Tempel genommen. Doch spricht vieles dafür, daß beide Disziplinen, das Wunderwirken wie das ärztliche Wissen, sich unabhängig voneinander bei sozusagen friedlicher Zusammenarbeit entwickelt haben. Hippokrates, der übrigens vor Scharlatanen warnte, hat ja zu Opfern und Gebeten vor allem gegen Melancholie und Alpträume geraten – ein Vorläufer der Psychotherapie. Das Asklepieion von Epidauros hatte eine Kette von Filialen in vielen griechischen Städten, und wir wissen, daß in der Athener Filiale ein Priester neben einem Arzt arbeitete. Nein, Aristophanes hatte wohl nicht recht. Die Komödie und ihre unerläßlichen Übertreibungen sind nicht die beste Quelle, die Probleme einer Epoche kennenzulernen. Asklepios war kein Gott der Scharlatane, das ist gewiß.

Aus Griechenland gelangte der Asklepios-Kult nach Rom, wo er vulgarisiert und durch die magischen Praktiken Ägyptens und Asiens getrübt wurde. Seine ursprüngliche Reinheit gewann er – scheinbar paradoxerweise – zur Zeit des Christentums wieder. Die Märtyrergräber übernahmen die Kette der Inkubatorien in den Asklepieien. Die Namen wandelten sich, doch die Methode der heiligen Thekla aus Seleucia, des heiligen Johannes aus Ägypten oder des heiligen Kosmas und Damian blieb im Grunde die gleiche.

In Epidauros befindet sich das schönste antike Theater der Welt.

Seine unmittelbare Nachbarschaft zum Hieron des Asklepios scheint die heilende Funktion des griechischen Dramas zu bezeugen. Niemand vermochte wohl besser als die Griechen, die Architektur der Landschaft als Vollendung und Krönung einzufügen. Kann man den Tempel mit einer Baumgruppe vergleichen, so ist das Theater ein Felsenkessel. Das Werk wird dem jüngeren Polyklet zugeschrieben. Der Architekt hat weder mit harter Geometrie noch mit kaltem Maßstab in die Landschaft eingegriffen. Das Theater in Epidauros, mit dem Rücken an den Berghang gelehnt, ist ein des Parthenon würdiges Werk.

Um im Rhythmus der fünfundfünfzig Reihen des ansteigenden Zuschauerraumes Monotonie zu vermeiden, hat der Künstler die traditionelle Gliederung in zwei Teile, bezeichnet durch den Diasoma genannten Durchgang, benutzt: der obere Teil des Zuschauerraumes neigt sich in anderem, schärferem Winkel zur Bühnenebene als der untere. Auch bildet der Unterrand des Koilon mit dem Rund der Orchestra kein konzentrisches Kreispaar, als hätte man das Zusammentreffen zweier gleicher geometrischer Figuren abschwächen wollen.

Die Führer zerreißen Papier, sie flüstern im Halbkreis der Szene, um die vorzügliche Akustik des Bauwerks zu demonstrieren, wenn sie verstummen, muß man sich in die heißen Steine des Koilon vertiefen und sich dem ewigen Festspiel der Berge, Bäume und Wolken hingeben.

Man kann die gewellte Ebene der Argolis, deren Hügel

sanft werden in der Vorahnung des nahen Meeres, ein Dutzend Kilometer weit überblicken.

»Da liegt das goldreiche Mykene und der blutbefleckte Palast der Pelopiden.«

Die Reste des Goldes befinden sich jetzt im Athener Museum. Der Palast ist eher eine düstere Festung. Nur Blut und Steine sind geblieben. Wo die Chaussee eine Kurve beschreibt, zeigt sich den Augen plötzlich die griechische Hauptstadt des Verbrechens. Selbst dem, dessen Gepäck an mythologischen Reminiszenzen bescheiden ist, macht Mykene unabweislich den Eindruck eines von der Tragödie heimgesuchten Ortes.

Die Akropolis hat die Form eines ungeschickt gezeichneten Dreiecks, die Basis etwa 200 Meter, die Seiten je 300 Meter lang. Die Festung erhebt sich auf einem Erdbuckel und ist von zyklopischen Mauern umgeben; sie trennen auf beiden Flanken die steil abfallenden Hohlwege von den benachbarten nackten Hängen.

Das Ganze wirkt streng und riesig, obwohl die Kraft Mykenes nicht auf gigantischen Ausmaßen beruht. Infolge der lebhaften Modellierung des Geländes wirkt alles größer, als es in Wirklichkeit ist. Die Landschaft ist wild, verschlossen. Der von den Berggipfeln zerfetzte Himmel läßt über Mykene die geronnene Wolke des Unheils hängen.

Die zyklopischen Mauern sind ein Meisterwerk der Konstruktion, da sie dreieinhalb Jahrtausende lang den Ungewittern der Geschichte widerstanden haben. Ihr Name ist treffend, sie scheinen mehr ein Werk der Natur als des Menschen zu sein. Sie erinnern an Felsen, die eine Gletscherstirn in dieses enge, von Schluchten zerrissene, auf zwei Seiten von Bergen verstellte Tal geschoben hat.

Ihre namenlosen Erbauer waren bestimmt geniale Architekten. Sie besaßen ein Wissen von der Natur des Steins, das nur wenige Vergleiche zuläßt. Die Blöcke sind nur scheinbar unbehauen, sie haben unregelmäßige Seiten, Spalten wurden mit kleineren Steinen ausgefüllt, die der Konstruktion Elastizität, eine natürliche Muskulatur verliehen, wodurch sich das Geheimnis ihrer Langlebigkeit erklärt.

Der genius loci entspricht genau dem, was wir von Mykenes Herrschern wissen. Die Banden der Achäer, die ersten indo-europäischen Eroberer Hellas', begannen ab 2000 v. Chr. nach Griechenland einzudringen. Schnell gewannen sie die Herrschaft über die peloponnesische Halbinsel. Ihr Hunger führte sie weiter südwärts – nach Kreta, dessen Glanz die Barbaren blendete. Es entstand eine gemischte Zivilisation, sie verband Elemente, die wie Feuer und Wasser entgegengesetzt sind: nordische und mittelmeerische. Fast der ganze »art mineur« der Mykener ist eine Kopie der ägäischen Kunst. Die raffinierte Goldschmiedkunst mit ihrer prächtigen Zeichnung, die Tauben-Rhytone (an einem Ort, wo man sich eher Geier denken kann), die raschelnden Halsketten aus goldenen Blättern – all das suggeriert das süße Leben der mykenischen Feudalherren. Deshalb muß man hierher kommen, in den Ring der dicken Mauern, der zusammengedrängten Häuser, des engen und gewiß dunklen Palastes, des kreisförmigen, düsteren Friedhofs innerhalb der Festung, um den Abgrund zu verstehen, der die aus dem Norden entlehnte Zitadelle von den sonnigen Versailles-Schlössern der Kreter trennt.

Die Achäer unternahmen Raubzüge von wahrhaft normannischem Schwung, die Kleinasien (nicht nur Troja, denn auch hethitische Texte bewahren ihren Namen), Kreta, Italien erfaßten. Sie kehrten heim mit Vieh, Gold und Sklaven. Das Löwentor schlug zu; sein Relief konnte jene lähmen, die Gerechtigkeit suchen wollten. Man hat treffend bemerkt, daß die Landkarte von Griechenlands

Heldensagen (die Kriegsgründe wurden in der Mythologie poetisch sublimiert) genau mit den mykenischen Zentren übereinstimmt.
Wenn es dämmert, setzt man sich am besten an den Weg, der zum Agamemnon-Grab führt (ein Bienenkorb aus behauenen Steinen), und wirft noch einmal einen Blick auf die zyklopischen Mauern und auf die getürmten Ruinen Mykenes. Die Nacht steigt herab von den Bergen, doch das Nest der Atriden glänzt noch rötlich wie altes Gold und altes Blut.

Damals hat die griechische Landschaft mit der Stimme des Mysthos und der Tragödie zu mir gesprochen. Das war der dominierende Eindruck. Jetzt, aus der Perspektive der Entfernung, weiß ich, daß dieser Eindruck sich tief in mein Gedächtnis geprägt hat. Die aufdringliche Gegenwart der Erde, der stark skulptierten Felsmassen wird gesteigert durch die Nichtigkeit des Pflanzenüberzugs. Die großen Bäume – Pappel, Eibe, Eiche – wachsen in den Tälern, aber der Wald zieht sich überall zurück vor der Macchia, vor dem Angriff der kleinen, dornigen Sträucher, die alles überdauern.
Aus historischen Überlieferungen wissen wir, daß einst Zedern- und Zypressenwälder die heute nackten Hänge der kretischen Berge bedeckten. Die Umgebung von Olympia war reich an Pappeln, doch fielen diese einer Vorschrift zum Opfer, nach der nur sie das Holz liefern durften, das man bei den Opfern benutzte. Die heutige griechische Landschaft ist also wilder und ärmer an Grün als die der Antike.
Gleichwohl gibt es auch heute kleine Flecken der Stille – Haine, in denen man sich Sokrates mit Phaidros redend vorstellen kann. Selbst mitten in Athen, einer Stadt voll Lärm und fieberhaftem Herumlaufen, kann man von der verkehrsreichen Straße Leophoros Dionysiou Areopagi-

tou, die zu Füßen der Akropolis verläuft, abbiegen und auf den gewundenen Wegen des Musenhügels verschwinden. Es tut gut, abends hierher zu kommen und unter Myrthen, Lorbeeren und Zypressen umherzuirren. Die Bäume sind nicht hoch, sie weichen nicht viel von der Größe eines gut gewachsenen Mannes ab und sind in der Dämmerung so menschengestaltig, daß man Lust hat, sie zu grüßen, stehen zu bleiben, sich zu unterhalten.

Dieses besondere Gefühl der Verbrüderung mit der Natur, der Leichtigkeit, mit der sie sich in menschliche Gestalten verwandeln läßt, habe ich in keinem anderen Lande erfahren. Deshalb scheint es, als ob die Verwandlung der Bäume in Dryaden ein Ergebnis nicht so sehr der blühenden Phantasie der Griechen sei als vielmehr der scharfen Beobachtung und des treffenden Erfassens der Zeichen der Umwelt.

Unweit von Athen, in Richtung Kap Sunion, befindet sich eines der ältesten Heiligtümer der Antike, Brauron. Der Weg führt durch Felder, verliert sich in sandiger Unwegsamkeit, weshalb die Ortschaft wohl nur selten von Touristen, die ja von Jahr zu Jahr mehr den Charakter von Pilgern verlieren, aufgesucht wird.

Zu Füßen der Akropolis ein Portikus in Form des Buchstaben pi; kurze dorische Säulen aus hellgoldenem Sandstein, proportional zu den niedrigen Hügeln der Umgebung, Erntegeruch und Zikaden – sie schaffen die besondere Atmosphäre eines Heiligtums in menschenleerer Gegend. Neben dem pi-förmigen Portikus, der das beherrschende Bauwerk ist und das architektonische Ganze abschließt, sind die Fragmente zweier kleiner Tempel – der Artemis und der Iphigenie – sowie das Haus der Priesterinnen ausgegraben worden. Herodot erwähnt, hier habe alle vier Jahre eine wunderliche Zeremonie stattgefunden. Junge Mädchen in safrangelben Kleidern wurden der Göttin geweiht. Sie trugen den seltsamen Namen ›Bärinnen‹. Die

Alten erläuterten die Zeremonie damit, vor Zeiten habe man in Brauron eine der Artemis geweihte Bärin getötet und die rachsüchtige Göttin habe deshalb eine Seuche über die Gegend kommen lassen. Absicht des Mädchenopfers sei gewesen, die Göttin der Wälder um Verzeihung zu bitten.

Diese Interpretation dringt nicht allzusehr in die Tiefe. Ausgrabungen jüngster Zeit, die Reste einer prähistorischen Siedlung freilegten, lassen vermuten, daß die Festlichkeiten von Brauron das ferne Echo totemistischer Kulte eines vorgriechischen Clans sind, dessen Schutztier der Bär war.

Bären in Griechenland? Die letzten Exemplare dieser Gattung leben noch im Hochgebirge des Nordens – das heutige Griechenland scheint außerordentlich arm an Tieren zu sein.

Bei Bauarbeiten in der ersten Hälfte des 19. Jahrhunderts entdeckte man in der Ortschaft Pikermia nahe Athen durch Zufall einen Tierfriedhof. Diese Entdeckung wurde zur Sensation für die Naturwissenschaftler ganz Europas.

Aufgrund des Fundes kamen die Gelehrten zu dem Schluß, daß Griechenland unmittelbar vor der historischen Zeit ein Gebiet mit ungewöhnlicher, reicher und vielfältiger Fauna war. Hier lebten die Tiere des gemäßigten Klimas – Gemsen, Rehe, Bären – neben denen der heißen Zonen wie Antilopen, Elefanten, Hyänen, Nashörnern, Affen, und ebenso die für kalte Länder charakteristischen Gattungen, z. B. der Moschusochse. Mächtige Raubtiere wie der Säbelzahntiger fehlten nicht, und der so oft in Skulpturen dargestellte Löwe war keineswegs, wie es scheinen könnte, ein Import der Phantasie.

Der Friedhof in Pikermia war die Folge eines Steppenbrandes; die fliehenden Wildrudel zerschellten am Fuße der Steilhänge in den Schluchten.

In Euripides' *Iphigenie auf Tauris* finden wir Brauron erwähnt. Der Text lautet:

> Iphigeneia, du, auf den geweihten Höhn
> Brauroniens sollst Priesterin der Göttin sein.
> Dort wirst du auch begraben ruhn nach deinem Tod,
> In schöngewobene Gewänder eingehüllt,
> Die Frauen in den Todesnöten der Geburt
> Zurückgelassen.

Zu Euripides' Zeiten war Iphigenie nur noch eine sterbliche Heroine. Vorher war sie eine Göttin der Fruchtbarkeit. Ihren Platz räumte sie der Artemis. Ähnlich war Helena zuerst eine Göttin, verwandelte sich dann in die Frau des Menelaos und wurde zur Ursache des unseligen Trojanischen Krieges. Was bedeuten diese Dethronisationen? Wahrscheinlich bestand in der Zeit unmittelbar vor der Geburt der Tragödie die Notwendigkeit, Sagen zu kodifizieren, und so mußte eine Reihe lokaler Götter den gesamtgriechischen Gottheiten Platz machen.
Brauron hat die träge Atmosphäre alter, verlassener, dörflicher Höfe. Am Hang der Akropolis entspringt eine Quelle, und der Bach verschwindet unter den Fundamenten des pi-förmigen Gebäudes. Und wenn das Heiligtum von Brauron auch überlagert ist von vielen Sagen und weit zurückliegenden Glaubensvorstellungen, so scheint es doch, als hätte hier einst ein Tempel zu Ehren des Wassers gestanden – in einem Lande, wo eine Quelle eine Offenbarung ist.
Weit über die Grenzen der Phantasie und über die Grenzen jeder Beschreibung hinaus reicht die Landschaft von Delphi. Man hat über sie viele schöne Sätze gesagt: »Ein Ort, der in sich das Geheimnis und die Größe und die Furcht vor dem Göttlichen trägt«; »inmitten der kolossalen Auftürmung nackter Felsen thront der Tempel herrlich

über der tragischen und erhabenen Einöde«; »riesige Kulissen der vom Zorn des blitzeschleudernden Gottes gemarterten Erde«. Und wenn die Sätze auch flüssig und literarisch glatt sind, verhalten sie sich doch zu dem beschriebenen Ort wie der Fingerring zum Kreis des Horizonts.

Der Mensch kam in diese Gebirgseinöde, um den Göttern ihr Geheimnis zu entreißen. Er heftete sich an den letzten Hang des Parnaß, den man übrigens von dort aus nicht sieht; und dieser Hang ist so wild, daß darauf vielleicht bis heute der nicht vertriebene Bacchos spazierengeht. Die Phaidriaden genannten Felsen fallen fast senkrecht aus einer Höhe von 300 Metern ab. Aus einer engen Spalte fließt die kastalische Quelle. Der dicht über der tiefen Schlucht des Pleistos ausgehauene Weg führt nach Westen in die Tiefe der Bergeinsamkeit, nach Süden in Richtung auf die Itea-Bucht. Von ferne sieht man unten das Meer wie eine Schlangenhaut glitzern.

Die Anfänge der Autorität Delphis, der geistigen Hauptstadt Griechenlands, sind schwer zu ergründen. Manche Forscher meinen, die Institution der Tyrannen habe dazu beigetragen. In Krisenaugenblicken hat die Autorität des Orakels ihre schwankenden Throne gestützt. Bezeichnenderweise waren das nicht nur hellenische Herrscher, sondern auch barbarische aus Phrygien und Anatolien: Gyges, Krösus, Midas. Der letzte schenkte Delphi um das Jahr 740 einen goldenen Thron. War das ein Zeichen von Frömmigkeit? Marie Delcourt bemerkt treffend, der asiatische Fürst habe den Gott wie einen Menschen behandelt, der bestochen werden mußte.

In der Epoche Homers war Delphi bereits berühmt und reich. Ein Mythos lehrt, der Ort habe anfangs Pytho geheißen, hier habe Gaia geherrscht, die Erdgöttin. Apollo begehrte, hier ein Heiligtum zu besitzen. Vorher mußte der weibliche Drache Python, eine Verkörperung chthonischer Mächte, getötet werden. Ein homerischer Hymnos vom Ende des 7. Jahrhunderts beschreibt das Ringen der beiden elementaren Mächte der griechischen Religion:

Nahe dabei fließt schön ein Quell. Der Herrscher Apollon
Tötete dort die Drachin mit seinem gewaltigen Bogen,
Ein gar riesiges, feistes und wildes Untier, das vieles
Elend schuf den Menschen im Lande, vielen von ihnen
Und auch stelzenden Schafen in Menge, ein blutiger Schrecken.
Wer der Drachin nahte, den raffte der Tag des Verderbens,
Ehe mit seinem starken Geschoß der Schütze und Herrscher
Phoibos sie traf. Sie lag, von wilden Schmerzen zerrissen,
Schrecklich stöhnend da und wand sich keuchend am Boden,
Und ein grauses Geschrei scholl unablässig. Im Walde
Wälzte sie sich ohne Ende nach allen Seiten und hauchte
Aus den blutigen Geist. Da rühmte sich Phoibos und jauchzte:
»Hier sollst du vermodern auf männernährender Erde.«

Der homerische Hymnos fährt fort, der Sieger habe sich auf die Suche nach Priestern begeben, die Wächter seines neuen Heiligtums und Kultes sein konnten. Mit einem Schiff in der Form eines Delphins sei er nach Kreta gefahren. Daher der neue Name Delphi.

Dieser zweite Teil des Mythos ist unklar, und manche interpretieren ihn als Beweis für den minoischen Einfluß auf den Mittelpunkt des neuen Kultes. Gegenwärtig ist man eher der Meinung, die apollinische religiöse Revolution habe im 7. Jahrhundert oder nicht lange davor stattgefunden, zu einer Zeit also, da Kreta schon seit ein paar Jahrhunderten eine Domäne der Griechen war. In naher Nachbarschaft des Apollo-Heiligtums, an einem Ort namens Marmaria, haben die Erdgottheiten ihre Souveränität bewahrt, wovon Sphinxe und andere Symbole zeugen, die Phoibos fremd sind. Höchstwahrscheinlich war Pytho schon vor Apollos Ankunft Sitz eines Orakels. Obwohl über das Orakel von Delphi viele Bücher geschrieben wurden und obwohl alle Forscher seine ungeheure Bedeutung unterstreichen, befindet sich sowohl sein Funktionieren als auch seine politische Seite immer noch im Bereich der Mutmaßungen und Hypothesen. Emil Bourget sagt: »Unabhängig davon, ob es die letzten Heiden oder die ersten Christen waren, die aus sehr verschiedenen Gründen wünschten, daß sämtliche Spuren dessen verschwanden, was man den Mechanismus und die materielle Seite des Orakels nennen kann – das Ergebnis ist das gleiche: Die letzte Pythia hat ihr Geheimnis mitgenommen.«

Als Geliebte des Gottes mußte die Pythia anfangs eine Jungfrau sein. Später wählte man sie aus der Mitte der verheirateten Frauen; von nun an führte sie ein Ordensleben. Man befragte das Orakel einmal jährlich, dann alle drei Monate, aber im Zeitabschnitt der größten Autorität Delphis gab es auch Konsultationen außer der Reihe. Auch die Zahl der Wahrsagerinnen wuchs, aber sie überstieg nie die Ziffer drei. Die fixe Vorstellung von der Apollo-Pricsterin hat sich bei uns durch die Bilder vieler Epochen befestigt: Eine Frau mit aufgelöstem Haar und offenem Mund sitzt, von Ausdünstungen der Erde betäubt, auf einem Dreifuß. Diese hysterische Vision hat mit den Realitäten nicht viel gemein. Man hat nämlich in Delphi keine Erdspalte entdeckt, der jenen anregenden Ausdünstungen hätten entsrömen können. Diese ganze Sage muß späteren christlichen Interpretatoren zugeschrieben werden, Origenes und Johannes Chrysostomos, die die feindliche Institution in teuflischen Schwefelgeruch haben versenken wollen.

Die Befragung des Orakels geschah in dem abgelegensten

Teil des Tempels, im Adyton (Ort, zu dem man keinen Zutritt hat). Die konsultierenden Personen reinigten sich in der kastalischen Quelle, entrichteten die vorgeschriebene Gebühr und assistierten beim Opfer. Wenn sich das Opfer als günstig erwies, betraten sie das Adyton. Die hinter einem Vorhang unsichtbare Pythia gab Antwort auf die gestellten Fragen.

Die sprichwörtliche Unklarheit der Weissagungen machte die Hilfe von Exegeten erforderlich. So waren die Antworten der Prophetin immer indirekte Antworten. Delphi war eine komplizierte Institution, deren – wenn man so sagen darf – Ehrenvorsitzender Apollo war; neben den Helfern der Pythia, den Priestern, die man die Heiligen nannte, haben hier allerdings die Botschafter der Einzelstaaten als Mittler zwischen der Residenz des Gottes und ihrer Heimatstadt mitgewirkt.

Wir kennen leider weder die Verfahrensweise noch die Hierarchie der einzelnen Würden, nicht einmal die Namen jener Mittler. Gründliche Forscher haben dieser uralten Konspiration den Namen eines kleinen athenischen Propheten und Exegeten des 5. Jahrhunderts entrissen. Er hieß Lampon, amtierte in Delphi, doch weiß man nicht, ob er akkreditiert war oder auf eigene Rechnung handelte. Man weiß von ihm nur, daß er eine wichtige Rolle spielte, indem er sich auf Perikles' Seite gegen Thukydides stellte. In der Umgebung Delphis war ein Widder mit einem Horn aufgetaucht. Lampon verkündete – und verschaffte dieser Verkündigung entsprechende Verbreitung –, der athenische Staat werde in Kürze aufhören, zwischen zwei politischen Systemen zu oszillieren, und Thukydides, der Chef der Aristokratenpartei, werde Perikles weichen müssen.

Aus diesem Einzelfaktum darf man jedoch keinen allgemeinen Schluß ziehen, auch nicht den, Delphi habe stets die demokratischen Kräfte unterstützt. Aristoteles sagt, die Botschafter der griechischen Städte in Delphi seien Stützen der Tyrannen gewesen. Infolge der Bruchstückhaftigkeit der Quellen sind wir zum Leidwesen aller Anhänger sicheren Wissens (auch im Bereich der göttlichen Dinge) zu Hypothesen verurteilt, und zu jeder These lassen sich starke Gegenargumente finden.

Die Reichweite und Gewichtigkeit der vom Orakel behandelten Fragen waren sehr verschiedenartig; sie reichten von persönlichen Angelegenheiten bis zu den schwerwiegenden Problemen von Krieg und Frieden. Pindar führt folgende Geschichte an, die vielleicht nur eine Anekdote ist. Da habe ein Bürger der Insel Thera, ein gewisser Battos, der an einem Zungenfehler (Stottern) litt, den Rat der Gottheit eingeholt, was er tun solle, um dieses mißliche Leiden loszuwerden. Die Pythia antwortete, er solle nach Afrika fahren und dort eine Kolonie gründen. Der gehorsame Battos ging nach Afrika und kam in der Wüste einem Löwen in die Quere, wodurch sein Leiden für alle Zeit geheilt war. Ob die Geschichte wahr ist oder nicht, es steht fest, daß Delphi die Expansion der Griechen unterstützte und nicht zögerte, zu diesem Zwecke auch Stotterer zu gebrauchen.

Sehr bekannt dank Herodot ist die Rolle des Orakels in den dramatischen Tagen, die der Auseinandersetzung mit den Persern im dritten Perserkrieg vorausgingen. Panik hatte alle griechischen Städte ergriffen. Die Antwort der Pythia auf die Frage, was zu tun sei, war keineswegs ermutigend:

Elende, sitzt ihr noch hier? An das Ende der Erde
Flieh aus der Heimat, ja fliehe der Stadt hochragenden Felsen!
Denn nicht das Haupt, nicht der Leib entrinnt dem grausen Verderben;
Nicht die Füße am Boden, die Hände nicht, nichts aus der Mitte

Bleibt verschont; denn alles erliegt dem verzehrenden Feuer
Oder des Kriegsgotts Wut, der auf syrischem Wagen daherfährt.
Nicht nur deine, Athen, viele andere Burgen zerstört er;
Viele Tempel der Götter verzehrt er mit flackernden Flammen;
Jetzt schon stehen sie da, vom Schweiße der Angst übergossen,
Zitternd und bebend vor Furcht, und hoch von den Zinnen der Tempel
Rinnt ein schwarzes Blut und kündet das kommende Unglück.
Fort aus dem Heiligtum hier! Erhebt eure Herzen im Unglück!

Außer dem letzten Satz, in dem ein Ton von unreligiöser Tragik (wie wir heute sagen würden) mitschwingt, konnte die Vision der totalen Vernichtung selbst die Tapfersten lähmen. Auf Themistokles' Rat bat man das Orakel um eine zweite Prophezeiung. Die Antwort lautete rätselhaft: Hölzerne Mauern würden Athen retten. Man baute also eine Flotte, und tatsächlich rettete ihr Sieg bei Salamis Griechenland.

Delphi war bestimmt ein Punkt, wo sich die verschiedenen politischen Kräfte rieben, aber es wäre übertrieben zu sagen, Delphi sei aus Tradition konformistisch gewesen und habe in kritischen Momenten zugunsten der Perser, der Spartaner oder schließlich der Makedonen gesprochen, immer im Bunde mit denen, die stärker waren oder es zu sein schienen. Das Orakel wurde zweifellos mißbraucht, aber es ist heute schwer zu entscheiden, was war in Wahrheit sein Wirken und was die Phantasie der Interpreten oder der Personen, die sich post factum bemühten, eine Rechtfertigung unter Berufung auf die Stimme des Gottes zu finden, wie z. B. Argos und die kretischen Städte, die an der Verteidigung Griechenlands nicht teilnahmen unter dem Vorwand des vom Kampf gegen die Perser abratenden Orakels, während doch die schlichte Kenntnis der menschlichen Natur annehmen läßt, daß das Motiv dieses Beiseitestehens eher die profane Angst als der blinde Glaube der Biedermänner war.

Die religiöse und moralische Rolle des geistigen Zentrums von Hellas hat den Interpreten viele Schwierigkeiten bereitet. Im allgemeinen kann man sagen, daß die Hauptstadt der griechischen Religion auf diesem Gebiet viel gesunden Menschenverstand bewiesen hat, indem sie unter anderem fremde Kulte unterstützte und den Grundsatz vernünftiger Toleranz anwandte. Allerdings nicht ohne Inkonsequenzen. Nach der Eroberung Trojas erschlug Ajax der Lokrer eine Priesterin, und zur Sühne für diese Tat mußten tausend Jahre lang zwei lokrische Mädchen zu den Trojanern entsandt werden, wo sie, umgeben von allgemeinem Haß, eingeschlossen im Athena-Tempel, ein bedauernswertes Leben führten, diesen Platz nie verließen und bis zum Ende ihrer Tage mit niemandem sprachen. Im 4. Jahrhundert beschlossen die Lokrer, dieses barbarische Verfahren einzustellen. Delphi jedoch empfahl die Fortsetzung dieses Opfers (eine Art kollektiver Verantwortung, ausgedehnt auf Generationen).

Es ist mehr als wahrscheinlich, daß die Humanisierung der griechischen Religion in stärkerem Grade von der tragischen Dichtung als von den Priestern ausgegangen ist. Gerade Aischylos und Sophokles haben mit Kraft, Würde und Mut das Problem der Blutrache dargestellt, das unheilverkündend auf dem griechischen Leben lastete. Ihr Gefühl für das Wesen der Religion – als Quelle der Vergebung – war weit größer als das der offiziellen Vertreter des Kultes.

Das Gelände in Delphi gleicht großen, in den Fels gehaue-

nen Stufen. Der heilige Weg windet sich in scharfen Kehren durch das unerhörte Gedränge von Denkmälern, Säulenhallen, Schatzhäusern und Tempeln. Über diesem Wirrwarr von Bauten dominiert der dorische Apollo-Tempel. Noch höher, auf der höchsten Erhebung – das Stadion und das Theater.
Ähnlich wie die gotischen Kathedralen war Delphi ein Gemeinschaftswerk. Als im 6. Jahrhundert das Apollo-Heiligtum einem Brande zum Opfer fiel, ordnete man eine internationale Subskription an. Die delphischen Priester wanderten von Stadt zu Stadt und sammelten Spenden. Sie übergingen auch Ägypten nicht; der Pharao Amasis gab für diesen Zweck tausend Talente. Und als später ein Erdbeben den Tempel restlos vernichtete, flossen Spenden für den Neubau aus ganz Griechenland, auch von den Ärmsten, die ihren sprichwörtlichen Obolus gaben.
Infolge der Entfernung und der halsbrecherischen geographischen Lage waren die Bau- und besonders die Transportkosten ungewöhnlich hoch, und nur mit der inneren Bindung an den heiligen Ort läßt es sich erklären, daß die Griechen keine bequemere Stelle suchten. Der Preis eines Steinblocks im Steinbruch betrug sechzig Drachmen, am Ort des Baues aber das Achtfache. Ein Architekt verdiente damals zwei Drachmen täglich.
Unterhalb des Apollo-Tempels befinden sich die Denkmäler und die Schatzhäuser. Die letzteren waren kleine sakrale Gebäude und gleichzeitig Magazine für die wertvollsten Opfergaben, die sicherheitshalber nicht im Freien belassen wurden. Im Miniaturmaßstab kann man hier die Entwicklung der griechischen Architektur verfolgen: vom ältesten korinthischen Schatzhaus (wahrscheinlich Ende des 7. Jahrhunderts), einem schlichten, langgestreckten, rechteckigen Saal ohne Unterteilungen und architektonische Verzierungen, bis zum Schatzhaus von Kyrene, einem der steinernen mathematischen Hauptprobleme des 4. Jahr-

hunderts. Die hellenische Geometrie huldigt dem Gott des Maßes und der Harmonie.
Die Denkmäler dagegen sind ein Zeugnis der blutigen Rivalitäten griechischer Städte. Man baute sie nicht zu Ehren der Götter, sondern um den eigenen Kriegsruhm zu verewigen und die Gegner an ihre Niederlagen zu erinnern. Die Bewohner von Argos weihten ihr Denkmal dem Andenken ihres Sieges über Sparta bei Oinoa. Als die Spartaner bei Aigos Potamos die Athener geschlagen hatten, errichteten sie ein Denkmal, und zwar in der Nähe des athenischen, mit Statuen spartanischer Generäle und Admiräle. Wenn wir hinzufügen, daß das Material für diese kleinen Hochmutstempel in den eroberten Städten erbeutet worden war, wird uns erst das volle Maß der Demütigung bewußt.
Diese lehrreichen Beispiele für die Zwietracht der Städte dürfen die Tatsache nicht verschleiern, daß Griechenland trotz allem, und zwar hauptsächlich dank Delphi, eine geistige Einheit bildete. Man kam aus den entferntesten Kolonien zu den heiligen Hängen, um die Gnade der Versöhnung unter der lichten Herrschaft dessen zu erlangen, der, wie Pindar sagt, uns die Lyra und die Begeisterung schenkt, der die Liebe zum Frieden und den Haß gegen den Bürgerkrieg in unser Herz gießt.
Die Felsen rund um Delphi sind nur spärlich mit Grün bedeckt, fast kahl, blutig-braunrot und bläulich; sie drohen ständig abzubrechen. Auf dieser dramatischen Filmleinwand kann man abends den langsam gleitenden Schatten des Adlers beobachten.
Delphi ist die steinerne Krone der griechischen Landschaft.

Sparta gewährt keinerlei ästhetisches Erlebnis. Das Städtchen, einst Sitz einer griechischen Großmacht, ist klein, provinziell, schlecht gebaut. Die lebendige Mauer spartanischer Männer ,von der man einst prahlend sprach, ist längst

unter die Erde gesunken. Die Reste trauriger Ruinen, die im übrigen aus späteren Zeiten stammen, sind ohne Spur von Größe und Schönheit. Das Museum ist arm – es besitzt nur eine bemerkenswerte Skulptur, eine Büste des Leonidas, die aus dem rohen Stein hervortritt wie eine unvollendete Statue von Michelangelo. Thukydides' Voraussage hat sich erfüllt – von Sparta ist nichts geblieben.
Es gewährt keine Erlebnisse, weckt aber Reflexionen. Man hat die Zeit nicht anhalten können, obwohl die Konstruktion des Staates und der spartanischen Sitten ein Versuch war, sie anzuhalten. Bis zum Ende (d. h. bis zu der Niederlage, die Theben den Spartanern im Jahre 371 beibrachte) trennte ein sozialer Abgrund die Spartiaten von den Heloten, den Rechtlosen. Diese waren die Opfer abscheulicher, von den spartanischen Jünglingen vollführter Massaker, die man als Kampfübungen hielt. Die Macht in diesem höchst oligarchischen griechischen Staat blieb bei einer Handvoll Bürger. Wirtschaftliche Tätigkeit war untersagt. Der Krieg war die einzige würdige Beschäftigung der Spartiaten. Inbegriff der Kunst war Tyrtaios, der Autor von Hymnen und Oden, den zwei literarischen Gattungen, die nach Jahrhunderten bei Saint-Just Anerkennung finden sollten.
Sparta hatte jedoch seine Verehrer. Das waren natürlich die Intellektuellen Plato und Xenophon, welche – typisch für sie – die von einer Idee regierten Staaten solchen vorzogen, in denen die unberechenbaren und verdächtigen Gesetze des Lebens herrschen.

Olympia hat mir keinen tieferen Eindruck gemacht. Das Gelände ist, was in Griechenland selten vorkommt, flach und stark von Bäumen bewachsen. Das berühmte Stadion ist eigentlich eine geräumige Wiese. Die einzige Erhebung in der Gegend, der Kronos-Hügel, ist regelmäßig wie eine Kuppel und mit einer schönen Baumgruppe bestanden.

Das Licht ist hier sanft-grün, durch die Blätter gefiltert und vom Gras reflektiert. Eine völlige Antithese zur delphischen Landschaft.
Schon zu Beginn des 18. Jahrhunderts war Olympia das Objekt archäologischer Sondierungen. Systematische Grabungen unternahmen die Deutschen. Die Arbeiten dauern heute noch an. Vielleicht erschwert gerade diese kühle wissenschaftliche Planmäßigkeit in Olympia die ästhetische Kontemplation. Erst im Museum spürt man, was es wirklich war, wenn man die sehr schöne Sammlung griechischer Metopen und die beiden herrlichen Giebel des Zeus-Tempels betrachtet.
Für die Archäologen ist es seit langem ein schwieriges Problem, daß sich die Grundsätze der Konservierung und die Grundsätze der Rekonstruktion nicht immer vereinen lassen. Außerdem müssen die Ausgrabungen aus kommerziellen Gründen möglichst schnell allgemein zugänglich gemacht werden, was oft die wissenschaftlichen Arbeiten hemmt. Es ist aber wohl keine übertriebene Schöngeisterei, wenn man sagt, daß Ruinen die Kraft der Evokation besitzen sollten. Es geht selbstverständlich nicht darum, fehlende Säulen zu ergänzen, Metopen anzukleben und Gewölbe wieder zu errichten. Die Reste des Poseidon-Tempels auf Kap Sunion besitzen (dank der vorzüglichen Lage – wie ein Leuchtturm auf der zum Meer abfallenden Böschung) die idealen Züge einer unvollständigen, aber die Phantasie bewegenden Rekonstruktion. Olympia besichtigt man mit dem Reiseführer in der Hand, als erledigte man eine Hausaufgabe: hier war das Heraion, hier der Altar des Zeus, sein Tempel (mächtige Säulentrommeln liegen da wie Baumstämme), dort die Werkstatt des Phidias. Die wahre Gnade der Schönheit wird einem erst im Museum zuteil.
Die Spiele, in Griechenland für die ältesten angesehen, fanden alle vier Jahre Anfang Juli oder Anfang August statt

und bildeten seit dem 8. Jahrhundert die Grundlage der griechischen Chronologie. Sie dauerten fünf Tage, ihre Organisation und ihr Programm sind uns seit langem gut bekannt. Die modernen Forscher versuchen, ihre Quellen zu finden und den Sinn dieser Festlichkeiten zu erkennen.
Die olympischen Sportwettkämpfe sind gewiß das Echo der erbarmungslosen Kämpfe zwischen Vater und Sohn (Kronos und Zeus, Zeus und Herakles – den Patronen der Spiele) oder zwischen Schwiegervater und Schwiegersohn (Oinomaos und Pelops) – das ewige Thema zahlloser Sagen der ganzen Welt. Der Bewerber um das Königtum mußte seine Vorzüge und seine physische Überlegenheit beweisen – und die beste und unwiderrufliche Methode war die Tötung des Gegners. An der Wurzel der uneigennützigen Sportwettkämpfe standen Mord und Machtergreifung.
Wie man aus der Ilias weiß, hat Achilleus nach Patroklos' Tode Wettkämpfe veranstaltet. Das war nicht nur ein Mittel, den gefallenen Helden zu ehren. Die Bedeutung dieser Feier war magisch. Es ging um eine Transfusion von Lebensenergie der Wettkämpfer auf den Toten.
Der einzige materielle Lohn des olympischen Siegers war ein Kranz aus Ölbaumzweigen – nicht von irgendeinem Ölbaum am Wege, sondern von dem Baum Kallistephanos, den Herakles aus dem Lande der Hyperboreer mitgebracht hatte. Das verweist auf den Zusammenhang der Spiele mit Vegetationskulten. Besonders der Lauf, das rhythmische Aufschlagen der nackten Fußsohlen auf die Erde sollten deren eingeschlafene Zeugungskräfte wecken. Das war eine Zeremonie zu Ehren des Herakles, doch nicht des aus den Sagen bekannten dorischen, sondern einer bedeutend älteren Verkörperung, des chthonischen Naturdämons Herakles.
Die älteste Wurzel der Spiele war das Ringen auf Leben und Tod; man bilde sich nicht ein, die Weiterentwicklung sei in der klassischen Epoche allzu weit gegangen. Die

Wettkämpfe waren nicht nur eine Demonstration von Kraft und Schönheit, sie trugen in sich vielmehr Elemente des Spiels um den höchsten Einsatz. Besonders gefährlich waren die Quadriga-Wettrennen; bei den pythischen Spielen des Jahres 462 kam nur eine einzige heil ans Ziel. Die blendende Sonne, die scharfen Kurven und die Länge der Strecke waren Ursache vieler tödlicher Unfälle, die anscheinend wie bei der Corrida einen Bestandteil des Schauspiels bildeten.

Olympia war neben Delphi Symbol des Hellenentums. Für die Dauer der Wettkämpfe verkündeten Theores genannte Botschafter den Frieden, und die zerstrittenen Städte mit ihren verschiedenen Verfassungen, Dialekten und Sitten atmeten tief die Luft des gemeinsamen, wiedergefundenen Vaterlandes.

Die Spiele waren ein Agon, d. h. ein Wettbewerb oder besser: ein Kampf, und dieser gehört zu den wesentlichen Elementen der griechischen Zivilisation. Aus dem Kampf sollte nicht irgendein guter oder irgendein tüchtiger, sondern der beste Held siegreich hervorgehen. Olympia war also eine Schule der Energie und eine Demonstration persönlicher Vorbilder.

Aber auch eine Bildhauerschule. Die Wettkämpfer liehen ihre Körper den Göttern und Heroen. Die beiden hervorragendsten griechischen Künstler, Myron und Polyklet (der Schöpfer des Kanons), arbeiteten für Olympia. Mannschaftswettkämpfe waren den Griechen unbekannt. Der Sieg war individuell – von 776 bis 700 waren Peloponnesier die Sieger, dann tauchen die Namen von Wettkämpfern aus Athen, Smyrna, Theben, Kroton, Syrakus und Samos auf –, doch der Ruhm des Siegers strahlte auf seine Familie und die Heimatstadt aus. Der mit dem Ölbaumzweig Ausgezeichnete hatte alle Chancen, nach dem Tode ein Bewohner der vom ozeanischen Wind gekühlten Inseln der Seligen zu werden, wo die Erlösten unter blütenbekränzten Bäumen wandeln – in der Hut des Rhadamanthys und seiner Gemahlin Rhea, der Herrscherin auf dem höchsten Thron.

Zu einem vollständigen Bild Griechenlands gehört unbedingt auch das der Inseln. Vom Flugzeug aus, das von Herakleion nach Athen fliegt, sieht man sie aus dem Meer auftauchen. Sie haben zerfetzte Ränder und die fahle Farbe wilder Tiere, als hätte jemand eine Löwenhaut auf die Wellen geworfen. Vom Schiffsdeck aus gesehen, zeigen sie dann ein menschliches Gesicht: gekalkte Häuser mit flachen Dächern, gewundene Gassen, Rauchfahnen, geschäftige schwarze Gestalten rund um ein soeben aus dem Meer gezogenes Netz.

Ich wählte Delos. Das Schiff braucht zwölf Stunden vom Piräus bis zur Insel Mykonos. Es ankert auf hohem Meer. Ein Motorboot bringt die Passagiere in den kleinen Fischerhafen.

Obwohl ich nachts ankam, strahlten die wie Honigwaben zusammengeklebten Häuser ihr Weiß aus.

Mykonos ist in Mode, doch haben es die Verkehrsschwierigkeiten glücklicherweise nicht in den Zustand Capris versetzt. Morgens geht man am besten zum Hafen und läßt den Blick von Haus zu Haus schweifen und dichtet aus Vergleichen mit Kreide, Schaum, Marmor und Alpenschnee ein Barocksonett. Eine wahre Orgie in Weiß – wenn das Wort Orgie für diese leiseste der Farben angemessen ist.

Seit Jahrhunderten hat Mykonos von den Gaben des Meeres gelebt. Diesen Satz kann man in den Prospekten für die Touristen lesen, in denen häufig wirkliche Perlen angewandter Poesie zu finden sind. Genau gesagt sind Fischfang und Piraterie die Berufe der Bewohner. Das Städtchen ist dadurch berühmt, daß auf je zwei Häuser eine Votivkapelle entfällt, gestiftet von den Vertretern eines der beiden Berufe, was dafür zeugt, daß das Meer hier tatsächlich

gefährlich und die Gier nach den Gütern des Nächsten unüberwindlich ist.
Von dem Hafen aus fährt man mit einem klapprigen Motorboot nach Delos. Ich bekam den Zorn des Poseidon zu spüren, ehrlich gesagt war es kein richtiger Zorn, sondern ganz einfach Murren und schlechte Laune. Das genügte aber, um mich zu überzeugen, daß das Ägäische Meer kein Ententeich ist.
Der Bootsbesitzer warnte übrigens in loyaler Weise die Touristen, indem er neben den Anfallkorb eine sehr alte Tafel mit unleserlicher Schrift stellte, aus der ein an das Entziffern verworrener Handschriften gewöhnter Mensch hätte schließen können, daß die Fahrt heute auf eigene Gefahr der Reisenden stattfinde.
Die Reisenden: Eine Gruppe englischer Studenten bewahrte schönen Gleichmut den Widrigkeiten des Schicksals gegenüber, sie entfalteten die großen Flächen ihrer Zeitungen, die in diesem Falle jedoch nicht der Lektüre dienten, sondern jene Togen ersetzten, die sich die Stoiker über das Gesicht zogen, um ihre Leiden zu verbergen; die Deutschen lärmten zunächst munter, wurden aber schnell träge und melancholisch; eine blonde, schwarzgekleidete Schwedin hielt die ganze Zeit die Augen geschlossen; über ihr Gesicht rannen große Tränen. Das einzige Mitglied der Besatzung außer dem Steuermann, ein Matrose, sofern dieses Wort für einen bejahrten Alten angemessen ist, bemühte sich, mit einem kleinen Behälter von dem Wasser auszuschöpfen, das die über Bord schlagenden Wellen hineinspülten. Mir erschien das ganze Erlebnis durchaus notwendig zum Verständnis einiger Fragmente der Odyssee.
Endlich Delos. Unfruchtbare Erde, Erde ohne bestellte Felder, von den Wellen emporgehobene Felsen, mehr für Möwen als für Menschen bestimmt, allen Winden offen, vom Meeresrhythmus erfüllt. Die Insel umfaßt kaum vier

Quadratkilometer. Von der höchsten Erhebung, dem Berg Kythnos, sieht man den Kranz der Kykladen: Tenos, Andros, Syros, Kythnos, Seriphos, Antiparos, Paros, Ios, Naxos, Amorgos, Mykonos, Ikaria, Patmos. Das ist etwas übertrieben, man sieht nicht alle Inseln, doch die Namen sind so schön, daß man der Verführung erliegt, sie aufzuzählen. Delos liegt in der Mitte der Kykladen, und das erklärt die besondere Bedeutung dieses Inselheiligtums, das schon in mykenischen Zeiten ein berühmter Sitz der Erdgottheiten war, der Beschützerinnen der Fruchtbarkeit und der Gebärenden. Herodot erzählt von den Pilgerzügen, die aus dem fernen Skythien hier eintrafen.
In die griechische Mythologie ist Delos als der Geburtsort Apollos und der Artemis eingegangen. In einem schönen homerischen Hymnos wendet sich ihre Mutter Leto nicht an Poseidon, welcher der von Heras Zorn Verfolgten dieses steinerne Lager gab, sondern direkt an die Insel. Sie spricht wie eine vertriebene Fürstin zu armen Bäuerinnen und verspricht ihnen für später eine Belohnung – Hekatomben auf den Altären, Wagen voll fetten Fleisches.

> Delos, willst du Sitz des Sohnes, den ich gebäre,
> Phöb Apollens werden [. . .] so bringen
> Hekatomben die Menschen dir alle versammelt.

Neun Tage und neun Nächte kniete Leto und hielt den Stamm der heiligen Palme umfangen (eine naive Gebärtechnik), bis sie Artemis und Apollo zur Welt gebracht hatte. Aus der gewöhnlichen Ortygia (Insel der Steinchen) wurde das leuchtende Delos. Ähnlich wie im Falle von Delphi bezeichnet der Namenwechsel das Aufkommen eines neuen Kults. Obgleich im Laufe der Jahrhunderte immer wieder neue Götter eingesetzt wurden, geschah das nicht auf Kosten ihrer Vorgänger; als verpflichtend galt nämlich der schöne Grundsatz, man dürfe die alten Eltern aus ihren Behausungen nicht vertreiben. Das ist zweifellos ein Verdienst der Jonier, die sich, ohne etwas von ihrer Individualität zu verlieren, fremde Elemente zu eigen machen konnten. Übrigens darf man nicht vergessen, daß die ganze apollinische Trias (Leto, Artemis und Apoll mit seinem asiatischen Bogen, der bei Troja als Gegner der Griechen auftritt) dem Osten entstammte.

Aus der Epoche archaischen Glanzes des – neben Olympia und Delphi – dritten berühmten Heiligtums in Griechenland sind manche Andenken bewahrt geblieben: ein riesiger Apollo-Torso, eine Gruppe schöner Koren und schließlich die bekannte Löwenterrasse. Die sich auf die Vorderpranken stützenden Tiere bellen gen Norden. Ihre langgezogenen Körper erinnern an Hunde – das einzige Modell, das dem Künstler jener Zeit zur Hand war.

Athen, im 6. Jahrhundert zu einer der ersten Mächte Griechenlands geworden, neidete Delos seine politische und moralische Bedeutung. Man brachte alte Mythen in Umlauf, um uralte attisch-delische Verbindungen nachzuweisen. Der athenische Tyrann Peisistratos reinigte die Insel durch Beseitigung aller Gräber. Seither war es nicht gestattet, auf Delos zu gebären und zu sterben. Mütter im Kindbett und Sterbende wurden auf die Nachbarinsel Rheneia gebracht. Im 5. Jahrhundert waren Delos und Athen die Hauptstädte der antipersischen Föderation, doch die Verlegung des delischen Schatzes nach Athen bezeichnete den unvermeidlichen Niedergang der Wiege Apollos.

Eine Renaissance der Insel erfolgte in der hellenistischen und römischen Epoche. Ohne den Charakter eines Heiligtums zu verlieren, wurde Delos zur Handelsmetropole des Ägäischen Meeres. Besonders nach der Zerstörung Korinths und Karthagos durch die Römer im Jahre 146 erlebte die zentral zwischen Asien, Europa und Afrika gelegene Insel eine Zeit der *prosperity*.

Neue Menschen – neue Götter. Delos war stets etwas wie

eine gastliche Herberge. Auf dem sanft ansteigenden Hang des Berges Kynthos – eine Terrasse fremdländischer Götter. Drei Serapis-Tempel, ein Isis-Tempel neben den bisherigen Gottheiten der apollinischen Trias, neben Zeus und Hera. Und eine neue Sage, die Kallimachos entfaltet: der kleine delische Bach Inopos soll aus den Wassern des Nils gespeist werden. Die heiligen Wasser des ägyptischen Flusses pilgern zu Apollo – ein sprechendes Beispiel für die Verbrüderung der Religionen am Abend der antiken Welt.
Häufig vergleicht man Delos mit Pompeji. Die Ähnlichkeit liegt mehr in der Atmosphäre als im Aussehen und in den Einzelheiten. Der Besuch des delischen Theaterbezirks ist kein Spaziergang über einen Friedhof. Die mit Steinen ausgelegten Straßen haben die Spuren von Wagen und Schritten bewahrt. Auf dem Fußboden des Hauses der Kleopatra, des Dionysos oder der Delphine leuchten plötzlich Mosaiken auf. Diese gestorbene Stadt ist lebendig. An den Wänden der Tempel, Magazine und Paläste sind die Spuren des Alltäglichen ablesbar wie der Abdruck einer Hand.

Ich bin mir dessen bewußt: was ich mitgeteilt habe, entspricht nicht dem Titel. Vom Thema der Landschaft bin ich zu häufig in die Sphäre der Sagen und der Geschichte abgeglitten. Ich kann mir nicht einmal selber den Zusammenhang erklären, der zwischen der Landschaft Griechenlands und seiner Kunst und Glaubenswelt besteht. Nur eine starke Intuition sagt mir, daß der griechische Tempel, die Skulpturen und der Mythos aus Erde, Meer und Bergen erwachsen.
Zum Beschreiben verführt und am Beschreiben gescheitert. Es ist mir nicht gelungen, Form und Farbe des Ölbaums darzustellen. Und doch kenne ich mindestens einen genau, er steht dicht neben dem Drahtzaun, der den Palast des

Minos in Knossos abgrenzt. Ich habe mit dem Blick alle seine Blätter gezählt und trage in mir genau seine Kontur. Aber man muß ein Dürer sein, um aus diesem Erlebnis einen neuen Gegenstand zu machen.
Einen Bergabhang beschreiben: unten das silberne, zerfetzte Grün der Sträucher. Drei weiße Häuser. Ein Weingarten, der an längliche, niedrige Altanen erinnert. Oben gesprenkeltes Grün mit einem Zusatz von Himmelsblau, aber zwischen den Spalieren saphirene Kühle. Ein kleines Rechteck sehr klangvollen Brauns, wie es im Herbst die Weißbuchenblätter haben. Noch höher endlich abblätterndes Gestein und spärliches Gras.
Ich wollte beschreiben –.

Akropolis

Es gibt kein anderes Bauwerk auf der Erde, das meine Phantasie ebenso stark in Anspruch genommen hätte. Aufnahmen, Zeichnungen, Beschreibungen bildeten eine dünne Nahrung ohne Duft, Farbe und Hintergrund. Ich kannte recht gut die Topographie, die Ausmaße und Konturen der Haupttempel, doch das ganze Ensemble lag für mich unveränderlich auf einer Ebene, es hatte die Farbe des Gipses, es atmete nicht im Licht, und der Himmel darüber war aus Papier.

Ich konnte mir keinen einzigen Strauch ausdenken und ihn an den Berg heften, den Berg, der – das fürchtete ich am meisten – sich als elende Anhöhe entpuppen würde; ich konnte mir weder einen Felsabhang noch den Schatten vorstellen, den die Säulen werfen. Alles war aus verdünnter Milch und so fehlerfrei linear, daß das Auge und der im Auge verborgene Teil des Tastsinns an diesem Bild ohne Masse und Oberflächenrauheit abglitten wie an Glas.

Als ich hinfuhr, wuchs in mir die Angst, die Gegenüberstellung könne vernichten, was die Ahnung in vielen Jahren geduldig errichtet hatte. Würde ich den Mut zum Eingeständnis haben (und sei es nur vor mir selbst), wenn der heilige Hügel und die darauf erhaltenen Tempelreste mir nichts zu sagen hätten, wenn sie eine Ruine unter vielen wären und nicht die einzige oder wenigstens die besondere Ruine unter den vielen in der Welt verstreuten Ruinen? Würde ich teilhaben an der seit Jahrhunderten fortdauernden Verschwörung der Begeisterung, die – wir wissen es gut – nicht so sehr auf ständig sich erneuernder Erschütterung beruht als vielmehr auf der Kraft der Überredung, auf der Wiederholung des Glaubens.

Das Schiff legt im Hafen von Piräus an. Erste Enttäuschung: man sieht Athen nicht. Hafengebäude verdecken

die einige Kilometer landeinwärts liegende Stadt. Und doch hatte man geglaubt, gerade vom Meer aus müsse sich der erste Blick öffnen. Ich vermutete, es seien die Kunststücke der Fotografen, die die Akropolis wie ein Schiff auf den Wellenberg emporheben.
Man fährt mit dem Autobus in die Stadt. Ich setzte mich auf die rechte Seite. Häuserreihen, Lagergebäude, schmuddlige Geschäfte und Läden, mit weißem Staub bedeckt. Und plötzlich über einer engen Gasse völlig unerwartet hoch oben – sie!

I

Man kann auf dem Akropolis-Felsen noch den Kratzer des Dreizacks erkennen; es heißt, Poseidon habe das getan, als er mit Athene um die Macht über das Land stritt. *Pausanias*

Während des zweiten Perserkrieges drangen die Perser in die Akropolis ein. Die wenigen Verteidiger, die die Stadt nicht verlassen hatten, wurden erschlagen, die Tempel verbrannt und in Trümmer gelegt. Dieses Mal erfüllten sich die Worte des Orakels von Delphi. Als die Athener 479, nach den Siegen von Salamis und Platää, in ihre Hauptstadt zurückkehrten, war die Akropolis, wie jemand treffend gesagt hat, ein leerer Sockel.
Die großen Bauten der Perser oder die Pyramiden bleiben, was immer auch über ihre Schönheit gesagt werden mag, für uns anonyme Werke. Die Akropolis, wie sie sich erhalten hat, ist mit dem Namen des Perikles verbunden. Diese Gestalt hat sich in unserem Bewußtsein ausgeweitet. Seine politische Tätigkeit dauerte nur zweiunddreißig Jahre, und trotzdem nennen wir das ganze fünfte Jahrhundert das Jahrhundert des Perikles.
Viele Zeugnisse und zahlreiche widersprüchliche Urteile über ihn haben sich erhalten. Von den Autoren des Alter-

tums sind Thukydides und Plutarch entschieden für Perikles, Aristoteles und Plato gegen ihn. Plato zögerte nicht, ihn im *Gorgias* einen schlechten Politiker zu nennen. Sein Gesamtporträt entzieht sich der Feder von Wissenschaftlern und Romanschriftstellern. Einer der besten Kenner der griechischen Politik jener Zeiten, G. d'Aspermont Lynden, vergleicht ihn mit den großen englischen Whigs. In der Tat, dieser mediterrane Staatsmann erinnert stark an die britischen Gentlemen, die beherrscht und sanft erscheinen, ihre Pläne jedoch mit eiserner Konsequenz durchführen.

Er war einsam, d. h. nur von einem engen Kreis ähnlich gearteter Freunde umgeben, zu denen Phidias gehörte, nicht nur ein genialer Bildhauer, sondern auch eine Art Malraux an Perikles' Seite.

Viele seiner persönlichen Eigenschaften standen im Widerspruch zum klassischen Führerbild und weckten keine unmittelbare Sympathie. An den öffentlichen Vergnügungen nahm er nicht teil; er lachte nie. »Il n'allait jamais diner en ville«, sagt, einem antiken Autor folgend, einer seiner Biographen über ihn, und im Munde eines Franzosen bedeutet das den Verzicht auf einen der schönsten Reize des Lebens. Dieser reiche, hochgebildete Aristokrat wurde aus tiefem Patriotismus Führer der Demokratie entgegen der Familientradition. Dem Volk vertraute er nicht (in seiner Jugend verabscheute er es geradezu); er beobachtete aufmerksam die Stimmungen in seiner Stadt und warf in entscheidenden Momenten seine Autorität in die Waagschale kraft seiner unvergleichlichen Redekunst und Überzeugungsgabe. Perikles wußte, daß er nicht groß werden konnte ohne Athen (ein großer Politiker eines kleinen Staates ist eine Komödienfigur), und wie ein eifersüchtiger Liebhaber wollte er, daß Athen ihm allein Ruhm und Glück verdanke.

Sein Charakter und sein Privatleben standen hoch über

dem Durchschnitt; man wußte aber, daß der Führer der Volkspartei »einer unter vielen« sein oder zumindest sich so geben mußte. Perikles beging mindestens zwei Kardinalfehler, die ihn von dem »Mann auf der Straße« trennten. Er umgab sich mit Künstlern und – noch schlimmer – mit Philosophen wie Anaxagoras, der den Göttern die Sterne wegnahm und sie leuchtende Körper nannte, oder Protagoras von Abdera, dem Analytiker der Redekunst, der lehrte, »wie man aus schwächeren Argumenten stärkere machte«.

Den durchschnittlichen Athenern wäre ein rauhbeiniger Demagoge als Anführer lieber gewesen denn ein Intellektueller, sie empfanden anscheinend eine instinktive Furcht vor der dialektischen Trinität: Sprache (Redekunst) – Wirklichkeit – Macht.

Die Verbissenheit, mit dem das Volk, als die Gelegenheit sich bot, Perikles' Freunde verfolgte, weist darauf hin, daß er nicht populär war. 433 vertrieb man Anaxagoras aus Athen, sechzehn Jahre später traf das gleiche Schicksal Protagoras, und sein Traktat über die Götter wurde öffentlich verbrannt.

Aspasia. Man weiß, diese Frau war Perikles' große, lebenslange Liebe. Er ließ sich ihretwegen von einer reichen Athener Bürgerin scheiden, mit der er zwei Söhne hatte. Für die Athener war die Tatsache der Scheidung etwas Normales, Recht wie Brauch billigten sie. Als Skandal indessen empfand es die öffentliche Meinung, daß Perikles sich hartnäckig bemühte, seine neue Verbindung zu legalisieren. Aspasia stammte aus Milet. Das Athenische Recht erkannte sehr selten Mischehen an. Zu allem Übel war Aspasia zu intelligent, sie stand zu sehr mit den Männern auf gleicher Stufe, und die komischen Dichter, die Stimme des Volkes, stellten sie als Prostituierte oder als Inhaberin eines öffentlichen Hauses dar. Perikles reagierte auf diese Beleidigungen nicht, als man Aspasia jedoch wegen Gott-

losigkeit den Prozeß machte, flehte der fünfundsechzigjährige Staatsmann die Richter an, sie nicht zu verbannen.
Schließlich Phidias. Über diesen Prozeß oder diese Prozeßserie wissen wir wenig. Grundlage der Anklage war auch hier der bequeme, weil unklare Vorwurf der Gottlosigkeit. Man warf dem Bildhauer vor, er habe sich und Perikles auf dem Schild Athenes verewigt, der den Kampf mit den Amazonen darstellte. Ankläger war ein gewisser Menon, Ausländer und Phidias' Mitarbeiter. Gewiß verbarg sich hinter dem Rücken dieses Individuums einer der mächtigen Gegner des Perikles. Die Menge verbreitete ein Gerücht, der Bildhauer habe das für das Athene-Denkmal bestimmte Gold veruntreut. Phidias wurde verbannt.
Plutarch übermittelt eines der erschütterndsten und menschlichsten Porträts Perikles'. Er sitzt sorgenvoll am Hang der Akropolis und stützt seinen unschönen, großen, zwiebelförmigen Kopf in die Hand. Die Geschichte hat uns viele Namen großer Träumer überliefert, in ihrem Kreise jedoch ist Perikles einer der präzisesten und konkretesten.
Man hat ihm vorgeworfen, das gigantische Unternehmen des Wiederaufbaus der Akropolis habe einen bedeutenden Teil des (Mitte des fünften Jahrhunderts von Delos nach Athen verlagerten) Bundesschatzes der griechischen Städte verschlungen, der für Verteidigungszwecke bestimmt gewesen sei, nicht aber zur Ausschmückung der Stadt. Zu Perikles' Rechtfertigung ließen sich viele Argumente anführen.
Der Bau des Haupttempels, des Parthenon, begann zweiundzwanzig Jahre nach Beendigung des zweiten Perserkrieges und im vierzehnten Jahr des Perikleischen Prinzipats. Diese Jahre waren dem Wiederaufbau der Stadt gewidmet. Im Gegensatz zu den Häusern der Römer waren die der Griechen und ihre öffentlichen Bauten überaus bescheiden. Der Stolz, der den Athenern nach dem Sieg

über die asiatische Großmacht die Brust sprengte, die Rolle Athens, der tatsächlichen Hauptstadt Griechenlands oder, wie man sich vorsichtig ausdrückte, der »Schule von Hellas«, forderte ein Werk nach dem Maß ihres Ehrgeizes.
Lange Zeit herrschte die Ansicht, die Baukosten des Parthenon hätten die Summe von zweitausend Talenten überschritten. Der Archäologe R. S. Stanier ist nun, gestützt auf erhaltene Inschriften, zu der Überzeugung gelangt, der größte Tempel der Akropolis habe 469 Talente gekostet, also ungefähr soviel wie der alljährliche Tribut, den die Städte des Bundes an Athen zu leisten hatten.
Mauern, Säulen, Fußboden beanspruchten den Löwenanteil der Ausgaben, nämlich 365 Talente. Decke, Dach und Türen kosteten 65 Talente. Charakteristischerweise machten dagegen die Ausgaben für den Fries, die Giebelreliefs und die Metopen, die Arbeiten also, die wir so hoch schätzen und für Kunsterke halten, nur die relativ kleine Summe von 39 Talenten* aus.
Hier muß man hinzufügen, daß diese gesamte Kalkulation nur den Bau selbst betrifft. Man weiß, daß sich im Inneren des Tempels das Standbild der Athene befand, das Werk des Phidias. Der unschätzbare Pausanias, geduldiger Inventarisator so vieler verlorener Kunstwerke des Altertums, hat uns folgende Beschreibung überliefert: »Das Kultbild stellt Athene aufrecht dar mit einem Chiton bis zu den Füßen; und an ihre Brust ist das Medusenhaupt aus Elfenbein modelliert. Athene hält eine Siegesgöttin, etwa vier Ellen hoch, in der Hand und eine Lanze. Zu ihren

* Die Umrechnung der Währung zurückliegender Zeiten verursacht stets Mühe. Drachmen und Talente klingen für uns abstrakt. Bekanntlich bildeten 100 Drachmen eine Mine und 60 Minen ein Talent. Die athenische Drachme wog etwas über vier Gramm, ihr Wert wird mit 1/5 US-Dollar angegeben. Ein Sklave kostete 150-300 Drachmen und brachte einen durchschnittlichen Jahresverdienst von 60 Drachmen (man vermietete ihn für einen Obolus täglich). Ich weiß aber nicht, ob diese Berechnungen ein Licht auf die Kaufkraft des athenischen Geldes werfen.

Füßen lehnt der Schild, und neben der Lanze ringelt sich eine Schlange. Die Schlange stellt zweifellos Erichthonios dar. Der Sockel zeigt die Geburt der Pandora, der ersten Frau, die auf der Erde erschien, wie Hesiod und andere Dichter erzählen.«

Das Standbild ging verloren, und alle hypothetischen Rekonstruktionen, selbst die bekannteste des österreichischen Gelehrten Camillo Praschniker, versetzten uns in eine Art ästhetischer Verlegenheit; ein zwölf Meter hoher Koloß, im Inneren durch eine Holzkonstruktion gestützt, die Körperteile aus Elfenbein, das Gewand aus Goldplatten, die Augen aus Email, die Pupillen aus schwarzem Stein. Zum Glück verdeckten die Schatten des dämmerigen Naos das Denkmal. Dazu kostete das monströse Kleinod, wie man annimmt, viermal soviel wie das Gebäude, in dem es stand.

Athen erlebte eine Periode unerhörter wirtschaftlicher Entwicklung. Die intensiv ausgebeuteten Gruben von Laurion lieferten nicht nur das wertvolle Silber, sie erlaubten auch, eine wertbeständige und allgemein begehrte Münze zu prägen, die binnen kurzem internationale wurde. Die Hauptstadt des wenig fruchtbaren, trockenen Attika zählte zur Zeit der Peisistratiden ungefähr zwanzigtausend Einwohner, in der Epoche des Perikles dagegen zweihundertfünfzigtausend (einschließlich Metöken und Sklaven), was eine für die damalige Zeit ungewöhnliche Bevölkerungsdichte ergab (über 100 Einwohner pro km^2). Die Durchführung der großen öffentlichen Arbeiten war nicht nur eine Danksagung an die Götter für ihre Hilfe im Kampf mit den Persern, sondern auch eine wirtschaftliche Notwendigkeit.

Am besten stellt man sich sie so vor: Die Akropolis war das Werk eines großen Staatsunternehmens, das Tausende von Sklaven beschäftigte und das die Entwürfe selbstverständlich von den genialen Athener Architekten verwirklichen ließ: Iktinos, Kallikrates und Mnesikles; die freien Bürger hatten die Aufsicht bei der Ausführung, ihnen oblag auch ein Teil der bildhauerischen Ausgestaltung der Tempel. In Wahrheit aber ist die Akropolis eine »Gemeinschaftsarbeit« von – das scheint uns heute unbegreiflich – Hunderten kleiner Werkstätten. Jeder Bauteil wurde in den Baubuden am Fuß des heiligen Hügels ausgeführt und wanderte dann auf dem Rücken eines Maultiers hinauf zur Akropolis. Und noch eine unendlich wichtige und nutzbringende Einzelheit: Die Steinbrüche, aus denen man den Marmor holte, lagen keinen Tagesmarsch von Athen entfernt.

Die Beteiligung am Bau entsprach dem Vermögen der Bürger. Wer nur einen Sklaven besaß, war verpflichtet, zehn Karren voll Marmor herbeizuschaffen; wer zwei freie Handwerker und drei Sklaven beschäftigte, schloß einen Vertrag über die Errichtung einer Säule. Die Arbeit an einer Säule dauerte 50-110 Tage.

Der Kreis der Beschäftigten war natürlich nicht auf Steinmetzen und Bildhauer beschränkt, sondern umfaßte auch Zimmerleute, Seiler, Goldschmiede und Maler.

Wieviel verdienten sie? Wir kennen Rechnungen aus der Zeit der Errichtung des Erechtheions (Arbeitsbeginn im Jahre 409/408). Arbeiter, Handwerker, Architekten verdienten eine Drachme, das war das Unterhaltsminimum einer Familie (für 55 Liter Getreide zahlte man damals in Athen 2 Drachmen, ein Ochse kostete 50-100 Drachmen). Überraschend ist die fehlende Differenzierung der Löhne. Ein gewöhnlicher Steinmetz erhielt seine Bezahlung als Tagelohn, der Architekt dagegen alle paar Wochen. Frappierend ist auch der verhältnismäßig geringe Unterschied zwischen den Verdiensten schwer arbeitender und hochqualifizierter Bauarbeiter und den »Diäten« der verschiedenen Beamten, Richter und Magistratsschreiber. Die vorzüglichen athenischen Handwerker erhielten keinen Ge-

genwert für ihr Können, keine Prämie für ihr Talent.*
Die dem Auge verborgenen Teile wurden mit derselben Sorgfalt ausgeführt wie die an der Außenseite. Die Säulen wirkten wie aus einem Block gehauen. Diesen Effekt erreichte man durch den äußerst präzisen Schnitt der einzelnen Steintrommeln, sie paßten in fast idealer Weise aufeinander. Ungenauigkeiten an den Flächen beseitigte man durch Abschmirgeln mit Sand und Wasser. Mitten in der Säule befanden sich quadratische Öffnungen. Dort hinein schlug man Zapfen aus Olivenholz. Man verwandte also weder Mörtel noch Metallklammern.
Die erhaltenen Zeugnisse bestätigten übereinstimmend, daß die Arbeiten, die Phidias beaufsichtigte, in einer Atmosphäre der Freude und Begeisterung ausgeführt wurden.
Nur so kann man sich die ausgezeichnete Qualität der Konstruktion und die Geschwindigkeit erklären, mit der die Tempel emporwuchsen. Der Parthenon, 447 begonnen, war im Prinzip nach neun Jahren vollendet, wenn auch die Arbeiten an den Friesen noch weitere sechs Jahre dauerten. Die Propyläen, deren endgültige Vollendung der Peloponnesische Krieg unterbrach, wurden im Rekordtempo von fünf Jahren errichtet.
Die Überlieferung besagt, die Göttin Athene selbst habe die Arbeiten unmittelbar überwacht. Als einer der besten Handwerker vom Gerüst fällt und tödlich verletzt ist, erscheint Athene dem Perikles im Traum und empfiehlt

* Hier wäre hinzuzufügen, daß das persönliche Vermögen der Athener überaus klein war, unvergleichlich geringer als der Reichtum der Römer. Eine Ausnahme bildeten die paar athenischen »Krösusse«, die die Gruben von Laurion ausbeuteten; sie besaßen ein Vermögen von einigen hundert Talenten. Diogenes von Laërte führt in seinen Lebensbildern der Philosophen das Testament Platons an, eines – wie wir wissen – reichen Aristokraten, der außer zwei kleinen Grundstücken (Parzellen?) seinen Erben vier Sklaven und nicht viel mehr als acht Minen in sogen. Bargeld, Geräten aus Silber und in Darlehen hinterließ, die er, wie es scheint, gegen Zinsen vergeben hatte.

ihm ein Wundermittel, das dem Mitarbeiter an dem großen Werk das Leben rettet. Diese Geschichte wirkt, als wäre sie direkt den Bauchroniken der gotischen Kathedralen entnommen.

Der Berg, auf dem die Tempel der Akropolis stehen, ist schön, er fällt an drei Seiten steil, in fast senkrechten, blaugrauen Flanken ab. Nur nach dem Meer zu ist der Hang safter, immer jedoch hatte die Pilgerfahrt auf den heiligen Hügel den Charakter einer recht mühseligen Kletterei. Der Akropolis-Felsen erhebt sich fünfzig Meter hoch. Der flache Berggipfel hat annähernd die Form eines Dreiecks mit einer Basis von hundertfünfzig und einer Länge von dreihundert Metern. Schon in diesen Ziffern kann man den natürlichen Modul und den Proportionsgrundsatz erkennen, als hätte die Erde selbst den Rhythmen der Architektur den ersten Takt angegeben.

Man betritt die Akropolis heute durch das sogenannte Beulé-Tor. Eine poetische Inschrift in griechischer Sprache verkündet, Frankreich habe dieses Tor, aber auch die Mauern, Türme und Treppen entdeckt. Datum: das Jahr 1856.

Was der französische Archäologe für den Haupteingang hielt, war seiner Meinung nach aus der klassischen Epoche stammte, war nichts anderes als der Abstand zwischen zwei Pylonen, die zur späten Kaiserzeit errichtet wurden und ohne jede Spur griechischer Konstruktion sind. Wahrscheinlich wurden sie gebaut, als die Akropolis sich gegen Barbaren aus dem Norden verteidigen mußte.

Man könnte glauben, es gäbe in der Archäologie nichts besser Erforschtes als die Topographie der Akropolis. Das suggerieren einem die Reiseführer, die im großen und ganzen die Lage der Hauptgebäude in der Epoche Perikles' angeben. Doch darf man nicht vergessen, daß der heilige Hügel seit neolithischen Zeiten besiedelt war. Hier finden sich Spuren eines Palastes aus der mykenischen Zeit und

Reste zyklopischer Mauern ähnlich denen, die wir in Argos und Mykene sehen. Bestimmt haben hier hölzerne Tempel gestanden, später Tempel aus Stein, von den Tyrannen erbaut. Hier wurden die ersten legendären Könige Athens bestattet. Hier suchte man Schutz vor den Invasionen der Feinde. Diesen Doppelcharakter einer Festung und Kultstätte besaß die Akropolis im Gesamtverlauf der Jahrtausende ihrer stürmischen Geschichte.
Der alte Weg, den die Prozessionen nahmen, um auf den heiligen Hügel zu gelangen, wurde durch einen Serpentinen-Pfad unter Bäumen ersetzt, damit die Touristen es bequemer hatten. Je näher man dem Ziel kommt, desto mehr verschwinden die Bauten auf dem Hügel. Als erstes das Erechtheion, es wird von der massiven Wand der Pinakothek verdeckt, dann der Parthenon. Mächtige Säulenbasen, übereinandergelagerte Bastionen, senkrecht aufeinanderstoßende Steinmassen hemmen den Blick. Was sollten die Propyläen, auf die die Athener so stolz waren? Verteidigungszwecken dienten sie nicht, das steht fest. Sie drückten die irrige Hoffnung der Menschen der Perikles-Zeit aus, die Akropolis werde nie mehr eine Festung, ein letzter Zufluchtsort sein müssen. Wer immer aus dem scharfen Licht in den Schatten des mit einem heute nicht mehr existierenden Dach gedeckten Säulenganges trat, mußte Bewunderung und Respekt für die Macht der Stadt empfinden, die dieses Bauwerk errichtet hatte.
Wenn Spekulationen über die ästhetische Funktion der Propyläen erlaubt sind, waren sie ein steinerner Vorhang, ein Blickfang. Dahinter wartete die Begegnung von Angesicht zu Angesicht mit dem Parthenon. Sie waren wie das Einsaugen der Luft in die Lungen vor dem Schrei der Bewunderung. Jenseits der Propyläen taucht noch unerwarteter der Parthenon auf, größer, machtvoller, als wenn er vor unseren Augen auf der Wanderung Schritt für Schritt emporgewachsen wäre.

Man darf jedoch nicht vergessen, daß wir – abgesehen vom heutigen Zustand des Gebäudes – den Parthenon ganz anders sehen als die Menschen der Antike. Der Athener des fünften Jahrhunderts bemerkte nach dem Durchschreiten der Propyläen gerade noch den oberen Teil des Parthenon, seine Fassade wurde von der Umfassungsmauer rund um das heute nicht mehr vorhandene Artemis-Heiligtum verdeckt. Seinen Blick zog bestimmt zunächst das neun Meter hohe Standbild der Athena Promachos an, ein heute verlorenes Werk des Phidias. Links von der Athena-Statue stand eine Quadriga aus Bronze, rechts standen die Trophäen aus dem zweiten Perserkrieg: Schiffsschnäbel, Waffen, Helme und Schilde.
Die Touristen der Antike achteten weniger auf die rein ästhetischen Werte der Architektur – die Linien der Säulen, das Gleichgewicht der Massen –, viel mehr fesselten sie Kuriosa (wie das Modell des Trojanischen Pferdes), Denkmäler, Votivgaben, Trophäen, Stelen, Reliquien, Bäume und Steine mythischer Herkunft. Darauf weisen zum mindesten die minuziösen Beschreibungen dieser für uns unwichtigen Details aus der Feder antiker Reiseschriftsteller hin, z. B. des Polemon aus dem zweiten Jahrhundert vor Christus, der ihnen vier ganze Bücher seines Werkes widmet. Denn die alten Tempel, unter ihnen die Akropolis, waren nicht nur Kultplätze, sondern wahre Raritätenkabinette, Museen nationaler Andenken.
Die Propyläen, diese verschwenderische, hochmütige, schloßartige, man möchte sagen theatralische Dekoration, kosteten viermal soviel wie der Haupttempel der Akropolis. Mnesikles schaffte es, die Masse der Bauten vor dem Peloponnesischen Krieg fertigzustellen, doch beide Flügel zeugen vom plötzlichen Abbruch der Arbeiten.
An der Nordseite der Propyläen steht die Pinakothek, das heute leere Museum der griechischen Malerei, deren vollständiger Verlust uns zu Vermutungen und Erfindungen

verurteilt. War sie wirklich so naturalistisch, daß Apelles' Weintrauben die Vögel anlockten? Und wie soll man sich die Malerei des Pamphilos vorstellen, der Gewitter und Blitze malte und, wie Plinius schreibt, »das, was sich nicht malen läßt«.

Neben dem südlichen Flügel erhebt sich auf der am weitesten vorgeschobenen Bastion der kleine jonische Tempel der Athene-Nike, beunruhigend leicht und zart über dem Steilhang, den sich der unglückliche Ägeus hinunterstürzte.

Lange glaubte man, der Parthenon habe sich zu Perikles' Zeiten den Augen gezeigt, sobald die letzten Säulen der Propyläen hinter dem Besucher lagen. Indessen mußte man sich dazu seiner Westfassade nähern, wo sich ein dreieckiger Hof mit den kleinen Propyläen befand, durch die hindurchblickend man erst die ganze Masse des Bauwerks erfassen konnte. Die griechischen Architekten errichteten nicht nur ihre Tempel, sondern nützten auch das Gefälle des Terrains, die Terrassen und Mauern aus und schufen mit der gleichen Konsequenz und Finesse »Aussichtspunkte« wie die anderen architektonischen Details.

Der Parthenon ist bestimmt einer der schönsten dorischen Tempel. Er wirkt wesentlich größer und mächtiger, als die realen Maße ausweisen: 69 Meter Länge, 31 Meter Breite, 17 Meter Höhe. Der Eindruck des Riesenmaßes ergibt sich – wenn wir uns nicht mit der Bemerkung eines Ästheten zufriedengeben wollen, die griechischen Tempel hätten keine Maße, sondern nur Proportionen – auch daraus, daß das Bauwerk gleichsam von der Erde abgehoben ist. Es steht auf einem imposanten Stylobat von drei Stufen unterschiedlicher Höhe. Am höchsten ist die Stufe, auf die sich die Säulen stützen.

Das Bauwerk ist versehrt, der Skulpturen beraubt, die einen wesentlichen, unentbehrlichen Teil der Architektur bildeten. Der Blick der Griechen fiel unweigerlich auf die heute leeren oberen Partien des Tempels, in die Phidias den Streit zwischen Poseidon und Athene um Attika (Westgiebel) und die Geburt der Athene (Ostgiebel) gemeißelt hatte. Die Skulpturen waren polychrom: gold, blau, rot, bronze, keineswegs »diskret«, wie die blassen Ästheten wollen. Nicht für uns wurden diese bunten Bilder des antiken Himmels geschaffen, sondern für den Kaufmann aus Delos, den Bauern aus Böotien, für die Abgesandten ferner und armer verbündeter Städte, um sie zu blenden. Athene, mit der Stadt identifiziert, war wie in den homerischen Hymnen eine Demonstration der Stärke. Der Hohe Olymp bebte unter der Last der machtvollen Göttin mit den blaugrünen Augen:

»[...] Ringsum
Dröhnte die Erde entsetzlich. Es hoben sich schäumend des Meeres
Purpurne Wogen. Dann aber stockte urplötzlich das Salzmeer.«

Das Thema der Metopen war die Gigantomachie, die Eroberung Trojas, der Kampf mit den Amazonen und schließlich der Kampf der Zentauren mit den Lapithen. Die Wahl dieser legendären Episoden war durchaus nicht zufällig, sie hatte deutlich ideologischen Sinn. Diese Kämpfe bildeten den mythischen Prolog der Perserkriege, die mit dem Sieg Europas über Asien gekrönt wurden. Das Alte Testament der griechischen Legenden reicht hier der zeitgenössischen Geschichte die Hand.
Der teilweise erhaltene sogenannte innere Fries stellt die panathenäische Prozession dar.* Sie ist ein Gruppenporträt

* Der arme Perikles – auch dieser Traum ging ihm nur teilweise in Erfüllung. Die Panathenäen sind nie ein gesamthellenisches Fest geworden. Dem stolzen Athen zogen die Griechen arme, unpolitische Städte mit jahrhundertealter Tradition vor: Olympia, Delphi. Zum wirklichen Volksfest aber wurden nicht die allzu erhabenen,

der freien Bürger einer freien Stadt, die unterwegs sind, um ihrer himmlischen Protektorin zu huldigen. Wer in Wirklichkeit auf den Stufen des Tempels stand, wurde in die Nachbarschaft der Götter versetzt, nicht auf den Knien, sondern in einem Vorbeizug des Schönen, ohne falsche Bescheidenheit und ohne den herausfordernden Hochmut der Götterstürzer. Es ist beunruhigend (beunruhigend für die, denen die griechischen Tempel eine Heimstatt des Rationalismus sind), daß dieser Fries fast unsichtbar stets im Schatten der Decke des Peristyls lag.
Heute ist das alles nicht mehr vorhanden. Wir haben gelernt, die Werke der griechischen Kunst als Fragmente und Bruchstücke zu betrachten. Allzu leicht haben wir geglaubt, sie verdankten ihre Vollkommenheit und Schönheit der Tatsache, daß sie Fragmente und Bruchstücke sind. Wir können, ja wir wollen uns die Arme der Venus von Milo nicht vorstellen und ebensowenig irgendeinen griechischen Tempel, wie er wirklich aussah.
Wir schöpfen eine besondere (noch nie voll analysierte) ästhetische Befriedigung daraus, daß das Kapitell einer Säule nichts trägt, daß die Skulpturen in beschädigtem Zustand auf uns gekommen sind, daß die Marmorwange einer Göttin plötzlich ihre körperhafte Glätte verliert und zu rohem, rauhem Stein wird. Die ständige Nachbarschaft von Kunst und Natur, die deutliche Grenze zwischen dem, was der Meißel des Künstlers, und dem, was der Meißel der Natur geschaffen hat, weckt nicht die Phantasie zur gedanklichen Vollendung des Ganzen, im Gegenteil, sie schläfert sie ein.

allzusehr inszenierten Panathenäen, sondern die plebejischen, derben, vulgären großen und kleinen Dionysien, die in ihrem Charakter an die mittelalterlichen *Fêtes des Fous* erinnern, jene von der Kirche geduldete obszön-hermetische Kirmes mit ihrer Verspottung des Papstes und mit dem Wagen, der den Triumph des Bacchus darstellt und von nackten Zentauren und Zentaurinnen in Gesellschaft des Großen Pan gezogen wird.

Die Ästheten des neunzehnten Jahrhunderts (und auch heute ist dieses Verhältnis zu den antiken Werken nahezu allgemein) waren fast zufrieden, daß die griechischen Bauwerke ohne Farben und Skulpturen auf uns gekommen sind. Die Zeit hatte sie zum Skelett reduziert, zu rudimentärer Gestalt. Uns erfüllt eine mehr intellektuelle als sinnliche Freude, die aus der Analyse dieser Formen entspringt. Wir berauschen uns an den »optischen Korrekturen« der Griechen, die bei den hervorragendsten Bauten den Eindruck erwecken, als wären sie unter dem Meißel eines einzigen Bildhauers entstanden. Die Ecksäulen sind etwas dicker als die anderen, weil sie stärker dem Licht ausgesetzt sind, das die Eigenart hat, Gegenstände schlanker erscheinen zu lassen; auch stehen sie den benachbarten näher, damit sie nicht isoliert wirken. Die Linien des Stylobats und des Architravs sind nicht horizontal, sondern leicht gewölbt. Für Iktinos und Kallikrates, die großen Baumeister des Parthenon, waren jene »optischen Korrekturen« wohl nicht nur eine Sache der Ästhetik, sondern ein reales technisches Postulat: Sie sicherten dem Gebäude Geschlossenheit und Statik.

Nördlich des Parthenon, nahe der Mauer des Themistokles, befindet sich das erst im Jahre 407 vollendete Erechtheion. In klassischer Zeit trug es – entgegen der offenkundigen Chronologie – den Namen Alter Tempel. Herodot erzählt, als die Perser in die Akropolis eindrangen, hätten gerade hier die letzten Verteidiger Schutz gesucht und die Götter um ein wunderbares Eingreifen angefleht. Diese Episode weist darauf hin, daß dies die heiligste Stelle des heiligen Hügels war, vielleicht der Sitz eines Orakels in vorklassischer Zeit, vielleicht auch das Palais der mykenischen Könige.

Trotz der nun schon über Jahrzehnte fortdauernden Ausgrabungsarbeiten und Forschungen gehört das Erechtheion zu den am schwierigsten zu bestimmenden griechischen

Heiligtümern. Zahlreiche Kulte mischen und überlagern sich hier. »Das wahre Chaos einer heiligen Stätte«, wie jemand richtig gesagt hat.
Das Erechtheion macht nicht den Eindruck eines einheitlichen Bauwerkes wie der Parthenon; es besteht in Wirklichkeit aus zwei verbundenen Tempeln: Der östliche Teil ist Athene geweiht, der westliche Poseidon, den die Tradition manchmal mit Erechtheus gleichsetzte, einem der ersten Herrscher Attikas in mythischer Zeit. Nach der Absicht der Erbauer war das also ein Versöhnungstempel, denn beide Gottheiten hatten sich bekanntlich um die athenische Erde gestritten.
Der Nordteil des Erechtheions ist, was Plan und Bedeutung angeht, der geheimnisvollste. Wie man weiß, stand der Altar in der Regel vor dem griechischen Tempel; hier dagegen finden wir im Inneren gleich drei Altäre. Der Tempel diente zugleich auch als Mausoleum oder besser als eine geheiligte Grabstätte, wo unter einem Karyatiden-Portikus die Gebeine der ersten Könige Attikas lagen. Steinbänke längs der Mauern geben zu der Vermutung Anlaß, daß hier Initiationsfeiern stattfanden. So umhüllt der ionische Tempel das älteste Reliquiar athenischer Mythen und Kulte.
Was ist die Akropolis als Ganzes? Die Antwort aus den Schulbüchern würde lauten: ein harmonisches Ensemble der Architektur. Doch der unbefangene Blick entdeckt, daß es so nicht ist. Der monumentale dorische Parthenon steht neben dem ionischen Erechtheion, die mächtigen Propyläen neben dem eleganten, leichten, wie eine Zeichnung ziselierten Nike-Tempel.
Der Archäologe A. W. Lawrence kam aufgrund eines Vergleiches der Akropolis mit dem Palast von Persepolis zu dem Schluß, Perikles habe mit dem prunkvollen Bau der besiegten persischen Monarchen wetteifern wollen. Beweis dafür sei der in der griechischen Kunst unbekannte Grund-

satz der Dissymmetrie, die Konzentration der Hauptakzente auf ein nicht zentral gelegenes Gebäude, der prächtige palastartige Eingang, auch eine gewisse übertriebene Verschwendungssucht bei der Außendekoration.
Eine einfachere und wahrscheinlichere Antwort auf die Frage, warum die Akropolis kein Ensemble mit einheitlichem Ausdruck ist, gibt allein schon die Chronologie der Entstehung der einzelnen Bauwerke. Wir kennen Perikles' Pläne nicht, denn sie wurden nie ganz verwirklicht. Der Kriegsausbruch und der Tod des Anführers haben die Arbeiten unterbrochen. Sein Werk sind der Parthenon und die Propyläen. Beide sind aus demselben Geist geboren. Monumental und klar in der Anlage, bringen sie voller Stolz und Zukunftsglauben den Triumph der Demokratie zum Ausdruck.
Als Perikles seine – durch Thukydides überlieferte – Grabrede zu Ehren der im ersten Jahr des Peloponnesischen Krieges gefallenen Athener hielt, hätte man eine lange Litanei von Göttern erwartet, deren Schutz er das Geschick der Bürger empfahl. Dabei war es ein Loblied auf die Stadt. Der Name Athen erklang nicht nur in erhabenem, sondern in einem fast religiösen oder mystischen Ton.
Der Peloponnesische Krieg gebot der Macht Athens Einhalt. Seinen Schatten kann man an den Gebäuden auf der Akropolis deutlich verfolgen. Der Parthenon ist zwanzig Jahre älter als das Erechtheion (weniger als ein Menschenalter), doch die Tempel scheinen aus ganz verschiedenen Epochen zu stammen. Der erste, machtvolle ist einem einzigen Gott oder auch der vergöttlichten Stadt gewidmet. Der zweite hat einen kapriziösen Plan, Säle auf zwei Ebenen, drei Eingänge, er ist geschmückt mit übergroßen, ihrer Funktion nicht entsprechenden Karyatiden, und versammelt unter seinem Dach viele Heroen und Götter. Man kann darin eine für die Zeiten des Niedergangs bezeich-

nende Flucht in die Vergangenheit finden, eine Rückkehr zu Früherem, ein eifriges Suchen nach Tradition. Die Säulen des Parthenons sind wie der versteinerte Chor aus der *Antigone*.* Das Erechtheion kündigt, ähnlich wie Euripides, die hellenistische Welt an, eine Welt der zerstrittenen Imperien und der Unruhe.

2

> Athen – voll von Ruinen alter Paläste – ist ein großes, armes Spital, in dem es soviele Elende gibt wie Christen. *Babin*

Im Laufe von fast zweieinhalbtausend Jahren ist die Akropolis von Kriegen, Belagerungen, Raubzügen, Profanationen überflutet worden. Es kommt einem ganz unwahrscheinlich vor, daß es möglich war, einen Teil von Perikles' Werk wiederherzustellen. Ein paar gotische Inschriften, türkische Grabsteine und venezianische Löwen sind die einzigen Zeugen der stürmischen Geschichte dieses heiligen Hügels.
Alexander der Große wußte, daß Athen die Hauptstadt der antimazedonischen Irredenta war und es noch lange sein würde. Doch das Prestige der alten Hauptstadt Griechenlands war so groß, daß er nach der Schlacht am Granikos, die ihm die Tore Asiens öffnete, zwanzig erbeutete Schilde dorthin sandte; sie wurden an den Säulen des Parthenons aufgehängt.
Der Sohn eines seiner Generäle, ein gewisser Demetrios mit dem Beinamen Städteeroberer, ließ sich eine Profanation zuschulden kommen, wie sie die Geschichte der Akropolis weder vorher noch nachher verzeichnet. Er

* Nebenbei gesagt war Sophokles, ein Freund des Perikles, zur Zeit des Baus des Parthenon Vorsitzender der Finanzkommission, der die Verwaltung des Bundesschatzes oblag.

nahm einfach Wohnung im Parthenon, d. h. er verwandelte einen Teil des Tempels in seine private Residenz, wobei er den Athenern erklärte, die Göttin habe ihn persönlich in ihr Haus eingeladen. Dort benahm er sich überaus freizügig. Er veranstaltete pompöse Gastmähler in Gesellschaft bekannter Kurtisanen, und als der Skandal alle Grenzen überschritten hatte, fand eine theatralische Versöhnung mit der Göttin statt. Plutarch spricht davon mit schöner Zurückhaltung: »Mit Rücksicht auf den Ruhm der Stadt ist es nicht nötig, genau und mit Einzelheiten von all den Schändlichkeiten und Nichtswürdigkeiten zu erzählen, die hier verübt worden sind.« Die Demetrios-Episode wirkt wie unmittelbar den Kaiserbiographien des Sueton entnommen.

Korinths Zerstörung durch die Römer im Jahre 146 (suggestive Beschreibung bei Polybios: »In den Staub geworfene Bilder und auf ihnen ausgestreckt würfelnde Soldaten«) hätte ein drohendes Memento für Athen sein müssen. Doch in dieser Stadt, wo jeder Rhetor ein unbefriedigter Liebhaber der Freiheit war, wartete man nur auf die Gelegenheit zur Rache. Die inneren Schwierigkeiten Roms bewogen Mithridates, den König von Pontus, sich mit Roms Gegnern im Osten und in Griechenland zu verbünden. An die Spitze der antirömischen Bewegung in Athen tritt der Rhetor Aristion, den das Volk zum Strategen ausruft. Der römische Senat schickt Sulla gegen Mithridates. Seine Truppen waren schwach, doch mit unvergleichlicher Grausamkeit warf er die Griechen auf die Knie. Die Schatzkammern von Olympia, Epidauros, Delphi wurden beraubt, die heiligen Haine gefällt. »Wir sind Soldaten der Götter, weil die Götter uns bezahlen.«

Die Belagerung Athens dauerte neun lange Monate. Am ausdauerndsten verteidigte sich die Akropolis. Als Aristion, der allzuviel Vertrauen in die Beredsamkeit setzte, zwei Rhetoren entsandte, um den römischen Heerführer von der Notwendigkeit zu überzeugen, die Belagerung aufzuheben, antwortete Sulla kurz: »Senat und Volk von Rom haben mich hierhergeschickt, nicht damit ich Unterricht in der Redekunst nehme, sondern damit ich die Anführer bestrafe.« Im Mai 86 fällt die Akropolis. Ein Massaker unter den Verteidigern, der Selbstmord der besten Bürger – und Schiffe voller Kunstschätze und Handschriften schwimmen mit Kurs auf die neue Hauptstadt der Welt.

Es fällt schwer, auch nur annähernd eine Bilanz der Opfer und Verluste aufzustellen, die Griechenland erlitten hat, um die Schule Roms zu werden. Zu den Kriegsplünderungen muß man nämlich noch die große Zahl derjenigen Werke hinzurechnen, die private Sammler verschleppt haben.

Ein paar Jahre vor dem Ersten Weltkrieg bedeutete es eine archäologische Sensation, als man auf dem Meeresgrund nahe der tunesischen Küste, etwa auf der Höhe von Mahdia ein Schiff voller Kunstwerke, Möbel und sogar Baumaterialien wie vier Meter lange Säulenstücke, architektonische Teile, Marmorblöcke, Kapitelle fand. Diese Objekte besaßen hohen Kunstwert, und die Gelehrten stellten mühelos mit Hilfe von Inschriften auf Grabstelen fest, daß sie aus Athen stammten. Die Schiffskatastrophe mußte Anfang des ersten Jahrhunderts vor Christus erfolgt sein. Zweifellos war das eines der Schiffe, die Sullas Raubgut vom Piräus nach Rom brachten. Überladen scheiterte es im Sturm vor der tunesischen Küste. Aus anderer Quelle wissen wir, daß Sulla aus Athen Säulen herbeischaffte, die zum Wiederaufbau des im Bürgerkrieg niedergebrannten Kapitols verwendet wurden.

Der berühmte, durch Ciceros Anklagerede verewigte Verres-Prozeß aus dem Jahre 70 v. Chr. liefert uns wertvolle Analogien und gibt einen Eindruck von dem römischen »Kunsthunger«. Während der drei Jahre seines hohen Amtes auf Sizilien, raubte Verres alles, von Götterstatuen aus den Tempeln bis zu Ringen, die er an den Fingern reicher Sizilianer bemerkte. Der Wolfshunger der neuen Herren der Welt ging keineswegs Hand in Hand mit ihrer Kennerschaft, und oft stoßen wir bei den Römern auf überraschende Ignoranz. Der Konsul Mummius, der Korinth einnahm und plünderte, drohte den für den Abtransport der griechischen Kunstwerke nach Rom Verantwortlichen, er werde sie zwingen, die Meisterwerke neu zu schaffen, wenn sie beschädigt würden – als ob das möglich gewesen wäre!

Cicero selbst übrigens, ein leidenschaftlicher Sammler, wovon seine Briefe an Atticus zeugen, als dieser sich in Griechenland aufhielt (»Wenn du Standbilder findest, die für mich geeignet sind, zögere nicht und kaufe sie mir«), machte in seiner Rede gegen Verres eine Reihe von Fehlern (falsche Zuschreibungen, mangelnde Unterscheidung wesentlicher künstlerischer Werte usw.).

Seit August praktizierten die Cäsaren Athen gegenüber eine eher liberale Politik. Petronius witzelt im *Satiricon,* es sei in Athen leichter, Göttern zu begegnen als Menschen. In der Tat, unter der römischen Herrschaft erlebte die ehemalige Hauptstadt Griechenlands eine wahre Invasion von Denkmälern, die nicht nur Götter und Kaiser darstellten, sondern auch zweitrangige Protektoren und Wohltäter der Stadt. Von Augustus gab es mehrere Standbilder in Athen und mindestens eines auf der Akropolis. Nahe dem Parthenon, zwanzig Meter von seiner Ostfassade entfernt, errichtete man einen der Roma und dem Kaiser geweihten Tempel. Von ihm sind nur geringe Fragmente erhalten geblieben, aus denen zu entnehmen ist, daß dieser kleine, schwerfällige Rundbau dicht neben dem Meisterwerk aus Perikles' Zeiten ein ästhetisches Mißverständnis war. Neben der Westwand der Pinakothek befindet sich bis heute ein riesiger Sockel aus grauem Marmor, auf dem nachein-

ander Denkmäler zu Ehren eines der Könige von Pergamon, dann des Antonius* und der Kleopatra und schließlich des kaiserlichen Schwagers Agrippa standen, der, wie wir wissen, einige Privilegien für die Stadt erwirkt hatte.
Nicht nur die Sockel wechselten ihre Besitzer. Oft montierte man ganz einfach einen neuen Kaiserkopf und eine neue Inschrift, so daß dieselbe Statue der Reihe nach Tiberius, Nero, Vespasian oder Titus darstellte.
Der Apostel Paulus hat den Athenern viel zu sehr geschmeichelt, als er sie die religiösesten unter den Menschen nannte, weil er in Athen den Tempel des unbekannten Gottes sah. Es war nur eine schlichte Vorsichtsmaßnahme, genauso wie die Denkmäler der Cäsaren keinen Enthusiasmus, sondern Opportunismus beweisen.
In dieser Skizze interessieren uns hauptsächlich die Geschichte der Akropolis und ihre architektonischen Wandlungen. Den Kaisern Claudius und Caligula wird die Errichtung der großen Treppe zu den Propyläen zugeschrieben, die im Stil der kapitolinischen gehalten ist. Einer der authentischen Freunde von Hellas, der Kaiser Hadrian, realisierte seine Verschönerungspläne für Athen außerhalb des heiligen Hügels. Doch notiert Pausanias, sein Denkmal habe sich im Inneren des Parthenons befunden; man weiß nicht, ob deshalb, weil Hadrian sich für einen neuen Theseus hielt, oder aber, weil man auf den mit Denkmälern überfüllten heiligen Hügel keinen entsprechenden Platz fand.

* Es ist bekannt, daß sich Antonius, dieser unvergleichliche Bonvivant, im Jahre 39 in Athen aufhielt und daß damals mit großem Pomp (vielleicht auf der Akropolis) seine Vermählung mit Athene stattfand. Bei dieser Gelegenheit entlockte der römische General den Athenern eine »Mitgift« in Höhe von vier Millionen Sesterzen. Reiner Zynismus oder politisches Spiel? Eher das zweite, denn außerdem setzte sich Antonius (was seinem Charakter mehr entsprach) auch mit Dionysos gleich und »ernannte« Kleopatra zur Aphrodite. Diese mythologischen Kombinationen waren nötig zur Begründung und Belebung der Idee Alexanders des Großen, der Vereinigung Europas mit Asien.

Julian Apostata war der letzte Kaiser, der den Göttern von Hellas den Olymp und Griechenland seinen früheren Ruhm wiedergeben wollte. In einem Brief an Senat und Volk Athens schreibt der Kaiser: »Wieviel Tränenströme habe ich vergossen, wieviel Seufzer ausgestoßen, während ich meine Hände der Akropolis entgegenstreckte und Minerva bat, sie möge ihren Diener beschützen und nicht verlassen.«

Die Legende besagt, er habe Gesandte nach dem von den Herulern geplünderten Delphi geschickt, um den Rat des Orakels, den Segen für seine Pläne zu erlangen. Die Antwort lautete: »Sage dem Kaiser: In Ruinen liegt der Tempel, einst ein frohes Bauwerk; der Gott ist ohne Obdach; verstummt sind Quellen und Lorbeerhaine; selbst das Wasser hat aufgehört zu reden.«

Vergessen ist der Name des Dexippos. Damals gab es keinen Plutarch, der sein Lebensbild geschrieben, keinen bedeutenden Bildhauer, der uns sein Porträt überliefert hätte. Und doch verdient dieser athenische Orator und Schriftsteller, daß die Philhellenen seiner gedenken. Als Mitte des dritten Jahrhunderts die Goten Attika eroberten und sich innerhalb der Mauern Athens festsetzten, organisiert Dexippos in den Schluchten des Pentelikon und des Parnaß eine improvisierte Bürgerarmee, die die Goten verjagt. Pragmatisch gesehen, war dieser Sieg der Griechen ohne Bedeutung. Im Louvre befindet sich eine Inschrift zu Dexippos' Ehren. Wir erfahren aus ihr, daß er Archont und Mitglied des Ehrenkomitees der großen Panathenäen war, was vom (mindestens nominellen) Fortleben der traditionellen athenischen Institutionen zeugt.

Gegen Ende des vierten Jahrhunderts kommt Athen unter die Herrschaft von Byzanz. In Konstantinopel entsteht im Jahre 425 die vom Staat kontrollierte und dotierte »Universität«. Die freien Schulen der athenischen Philosophen haben nun eine ernsthafte Konkurrenz. Jahrhundertelang hatte Athen im Wettbewerb mit anderen antiken Zivilisationszentren standgehalten, aber die neuplatonische Lehre, die sich im vierten und fünften Jahrhundert so üppig entfaltete, wurde als der Staatsreligion, dem Christentum, feindlich beurteilt, ein Grund mehr für die Vertreibung der Philosophen und Rhetoren aus Athen durch das Edikt Justinians im Jahre 529. Dieser Verwaltungsakt wirkte nachhaltiger als jede verlorene Schlacht. Athen wurde zu einer kleinen Garnisonstadt des Oströmischen Kaiserreiches.

Um die Wende vom sechsten zum siebten Jahrhundert wurde der Parthenon in eine Kirche der Göttlichen Weisheit umgestaltet. Eigentlich war es nur eine Adaptierung des in unverändertem Zustand fortbestehenden griechischen Tempels. Zwischen den Säulen des Peristyls entstand eine Mauer. Auf der Westseite schuf man einen Eingang, der alte wurde zugemauert, eine Apsis mit Fresken angebaut. Unter der flachen Decke fügte man ein byzantinisches Kuppelgewölbe ein. Die Wände wurden mit Fresken bedeckt, der Bischofsthron aus dem Dionysos-Theater »entliehen«. Alle diese Arbeiten veränderten jedoch die Konstruktion des Parthenon nicht. Sein äußeres Gesicht blieb unberührt. Auf ähnliche Weise verwandelte man das Erechtheion in eine Kirche der Mutter Gottes.

Die Herrscher von Byzanz besuchten die frühere Hauptstadt Griechenlands selten. Größtes Aufsehen erregte der Besuch Basileios' II. zu Anfang des elften Jahrhunderts; er hatte die Akropolis gewählt, um hier seinen Sieg über die Bulgaren zu feiern – eine Verneigung vor der seit langem toten Tradition.

Eine Vorstellung vom geistigen Zustand Athens gegen Ende des zwölften Jahrhunderts geben die erhaltenen Homilien des Michael Akominatos, der dreißig Jahre lang Erzbischof von Athen war. Er residierte auf der Akropolis und zelebrierte die Messe im Parthenon – man könnte also sagen, er habe den Gipfel der Träume aller Humanisten erreicht. In seinen blumigen Predigten mischte dieser Gelehrte, Christ und Verehrer des Altertums die Mythologie mit der Heiligen Schrift und begeisterte seine Schäfchen damit, sie seien der »goldene Samen«, sie seien wegen ihres Glaubens Ajax, Diogenes, Perikles und Themistokles moralisch überlegen.

Die armen, analphabetischen Schäfchen (dazu noch eine ethnisch ziemlich komplizierte Mischung, die eine vom klassischen Griechisch weit entfernte Sprache redet) hörten zu und verstanden nichts. Der Erzbischof Michael konnte einen Ausruf der Enttäuschung nicht unterdrücken: »O Athen, Mutter der Weisheit, wie tief bist du in Unwissenheit versunken! Wenn ich meine so einfachen Predigten bar aller Künstlichkeit und Prätention halte, kommt es mir vor, als spräche ich Unverständliches, als benützte ich die Sprache der Perser oder Skythen.

> Was leid' ich Weh! Was sage ich, was schreib' ich nur;
> Athen bewohn' ich, sehe nirgend doch Athen,
> Nur wüsten Staub und keine echte Seligkeit.
> Wohin sind deine Heiligtümer, ärmste Stadt?
> Vergangen ohne Spur ist aller Ruhm Athens,
> Kein Zeichen blieb, kein noch so dunkles, als Beweis.«

Die Wellen der Kreuzzüge schwächten das Byzantinische Reich, das ohnehin schon durch die ständigen Kämpfe mit Türken und Bulgaren erschöpft war. Griechenland fällt endgültig von Byzanz ab und wird in eine Reihe von Fürstentümern aufgeteilt. Athen kommt an Otton de La Roche, der den Titel Megas Kyr annimmt und vom König von Frankreich auch einen Fürstentitel erwirbt. So entsteht eine fränkische Dynastie, die drei Generationen lang über Attika herrscht, bis der letzte attische de La Roche 1308 ohne Nachkommen stirbt. Während dieser Zeit wird die

Akropolis in eine mittelalterliche Burg verwandelt. Mauern mit Schießscharten umgeben sie, und am Südflügel der Propyläen erbaut man einen riesigen viereckigen Wachtturm, der bis zum letzten Viertel des 19. Jahrhunderts standhält.
Nahe der Stelle, wo Philipp von Mazedonien die Griechen niederwarf und Sulla den Sieg über das Expeditionskorps des Mithridates errang, werden die Franken von den Katalanen geschlagen. Das waren Söldner, die der byzantinische Kaiser Andronikos Palaiologos zum Kampf gegen die Türken angeworben hatte. Bald jedoch fingen sie an, Eroberungen auf eigene Rechnung vorzunehmen. Die Niederlage der fränkischen Ritter war total. Athen und Theben fielen in die Hand der Katalanen, aber ihre Herrschaft dauerte nicht lange und hinterließ keine Spuren in der Architektur auf dem heiligen Hügel.
Dank den Florentinern aus der reichen Kaufmannsfamilie Acciaiuoli, den nächsten Herrschern des Fürstentums Athen, erlebte die Akropolis eines ihrer seltsamsten architektonischen Abenteuer. Einer der Acciaiuoli namens Nerio hatte den Ehrgeiz, Athen dürfe den Fürstenhöfen des italienischen Trecento nicht nachstehen. Die Hauptgebäude der Akropolis, der Parthenon und das Erechtheion, waren Kirchen. Blieben die Propyläen, die man in einen Palast italienischen Stils verwandelt hat. Der monumentale Eingang aus Perikles' Zeiten wurde zugemauert, in die Mauern schlug man Fenster und erhielt so vier große Säle für Empfänge. Dieser eigenartige italienisch-dorische Palazzo d'Accropoli wurde mit der Pinakothek verbunden, auf deren Flachdach man ein neues Stockwerk errichtete.
Im Jahre 1456, kurz nach dem Fall von Konstantinopel, nimmt Omar, der Statthalter Mohammeds II., Athen in Besitz. Für die Türken war das ein strategischer Punkt und mehr nicht*.

* In der zweiten Hälfte des 18. Jahrhunderts, also gegen Ende der Türkenherr-

Die neue Kriegstechnik, die entscheidende Rolle der Artillerie, die während der Eroberung von Byzanz Triumphe gefeiert hatte, erforderte gründliche Veränderungen in den Verteidigungsanlagen des heiligen Hügels. Die Befestigungen der mittelalterlichen Fürsten von Athen waren unzureichend. Die Propyläen wurden zu einem Teil der Wehrmauer, innerhalb der Festung entstanden militärische Gebäude, Munitionsmagazine. Den Parthenon verwandelte man in eine Moschee. Die einzige von außen sichtbare architektonische Zutat war ein auf das Dach des klassischen Gebäudes aufgesetztes Minarett. Im Erechtheion wurde der Harem des Burg-Agas untergebracht.

Das Pulvermagazin befand sich innerhalb der Propyläen, in einem eigens dafür erbauten Kuppelsaal. Die örtliche Überlieferung, von einem französischen Reisenden weitergegeben, besagt, der Aga der Akropolis habe 1656 während eines der mohammedanischen Feste beschlossen, die Kirche des hl. Demetrios zu beschießen. In der Nacht vor der Ausführung dieses schändlichen Planes sei ein Gewitter ausgebrochen, ein Blitz habe die Propyläen getroffen und eine Explosion verursacht, die Dach, Decke und Architrav zerstörte. Das Pulvermagazin sei darauf in den Parthenon verlegt worden, dessen solide Konstruktion, so meinte man, die Sicherheit gewährleisten würde.

Über zwei Jahrhunderte dauerte die türkische Herrschaft, durch keine Intervention von außen beeinträchtigt, abgesehen von einer kurzen und bedeutungslosen Expedition der Venezianer ein paar Jahre nach Umwandlung der Akropolis in eine türkische Festung. Der Ehrgeiz der Seerepublik lebte nach der schweren Niederlage der türkischen Elitetruppen 1683 bei Wien wieder auf. Diese weit entfernte Schlacht entschied über das Los des berühmtesten Bauwerks der Akropolis.

schaft, zählte die Bevölkerung Athens knapp dreitausend Türken und fünftausend Griechen.

Schon im Frühjahr 1684 werden die Beziehungen zwischen Venedig und der Türkei abgebrochen. Im Sommer des folgenden Jahres landet die venezianische Armee unter Francesco Morosinis Führung auf dem Peloponnes, erringt eine Reihe von Siegen und gewinnt schließlich die Herrschaft über die gesamte Halbinsel. Morosinis Truppen führen Offiziere verschiedener Nationalität an: Schweden, Deutsche und Franzosen. Bei den Kampfhandlungen zeichnet sich Graf Otto Wilhelm von Königsmarck aus, der Sohn des berühmten Heerführers aus dem Dreißigjährigen Krieg. Seiner Frau dient als *dame de compagnie* Anna Åkerhjelm, deren Tagebücher und Briefe eine wertvolle Quelle für die Kenntnis dieses unseligen Feldzuges darstellen.
Die Unterwerfung des Peloponnes stellte die Venezianer nicht zufrieden, zumal die Türken eine defensive Taktik verfolgten. Es gehört zu den Konsequenzen des Krieges, daß Eroberungen ausgeweitet werden; so erwägt Morosinis Stab zwei Projekte: einen Angriff auf die Insel Euböa und die Eroberung Athens. Schließlich wird der zweite Plan angenommen. Die Türken bereiten sich auf die Belagerung vor und verstärken ihre Verteidigungsanlagen. Opfer dieser Operationen wird der Tempel der Athene-Nike, den die türkischen Ingenieure dem Erdboden gleichmachen, um Platz für eine Bastion zu gewinnen; auf dieser werden Geschützbatterien postiert.
Das Material des Tempels wird zur Verstärkung der Befestigungen verwandt.
Die Venezianer bedienen sich eines hinterhältigen Manövers, das den Türken vortäuschen soll, Angriffsziel sei die Insel Euböa. Tatsächlich landet man in Piräus, und Morosinis Truppen nähern sich, ohne auf ernstlichen Widerstand zu stoßen, der Akropolis, dem zentralen Verteidigungspunkt. Artillerie und Infanterie der Venezianer schließen einen Ring um die Festung. Beide kämpfenden

Parteien richten sich auf eine lange und ermüdende Belagerung ein.
Die Beschießung der Akropolis durch Mörser hat, um die zeitgenössische Terminologie zu gebrauchen, den Charakter eines Störfeuers. Am 26. September 1687 jedoch durchschlägt ein Geschoß, abgefeuert aus einem nahe dem Lysikrates-Denkmal stehenden Geschütz, das Dach des Parthenon und verursacht eine ungeheure Explosion. In die Luft fliegen mehr als zwanzig Säulen, Riesenstücke des Architravs, das Gewölbe, das Dach und die Mauern des Naos. Unter den Trümmern sterben der türkische Pascha, der Chef der Garnison und viele Soldaten. Drei Tage später weht über den kläglichen Trümmern die Fahne mit dem Löwen von St. Markus.
Der Sieg der Venezianer wurde durch Schuldgefühle getrübt. Graf Königsmarck war sicherlich kein gewissenloser General. Er hatte in seiner Jugend ein richtiges Studium absolviert und auf der Universität Leipzig in lateinischer Sprache einen Diskurs über das unglückliche Geschick Athens gehalten, das sich in den Händen der Barbaren befinde. Die Geschichte machte ihn zu dem Mann, der der bewunderten Stadt den empfindlichsten Stoß versetzte. Anna Åkerhjelm notiert, wie aufrichtig und tief der Graf bedauert, den schönen, dreitausend Jahre alten Minerva-Tempel (eine kleine chronologische Ungenauigkeit) zerstört zu haben, und sie drückt die Überzeugung aus, der Tempel werde nie wieder aufgebaut werden. Das klingt ziemlich nach Heuchelei. Die Vermutung liegt nahe, daß griechische Spione Königsmarck über den Verwendungszweck des Parthenon informiert hatten, und daß das fatale Geschoß kein zufälliges war.
Aus dem Trümmerhaufen der Akropolis wünscht Morosini das Mittelstück des Parthenongiebels, das das Gespräch Athenes mit Poseidon darstellt, nach Venedig mitzunehmen. In einem Bericht an den Senat schreibt er: »Die

Räumung Athens voraussehend, kam ich auf den Gedanken, einige der hübschesten Dekors mitzunehmen, die dem Ruhm der Republik Glanz verleihen könnten. Zu diesem Zwecke habe ich mich bemüht, von der Fassade des Minerva-Tempels, wo sich die schönsten Skulpturen befinden, das Standbild des Jupiter und das Relief zweier herrlicher Pferde abzutrennen. Doch kaum war mit dem Abnehmen dieser Skulpturen begonnen worden, stürzte alles aus riesiger Höhe in die Tiefe; und es ist ein Wunder, daß den Arbeitern kein Unglück widerfuhr.«*

Die Eroberung Athens durch Morosini war auch strategisch ein Unsinn. Die Venezianer zogen sich aus der Stadt zurück und nahmen einen Teil der ansässigen christlichen Bevölkerung mit. In das verlassene Attika kehrten die Türken zurück und befestigten von neuem die Akropolis. Mitten in dem zerstörten Parthenon wie in einem Käfig mit ausgerissenen Stäben errichtete man eine kleine Moschee ohne Minarett.

Es fällt schwer, die Wechselfälle Athens oder auch nur der Akropolis im Laufe der Jahrhunderte zu verfolgen, weil das ikonographische Material so dürftig ist. Zeichnungen aus Mittelalter und Renaissance stellen Athen geradezu phantastisch dar, als flandrische Küstenstadt mit gotischen Kirchen oder als eine düstere nordische Burg. Auf den Seekarten hieß Athen Setine, und die Akropolis diente, vom Meere her gesehen, nur als Orientierungspunkt.

Reisen nach Griechenland und Beschreibungen der erhaltenen Altertümer wurden eigentlich erst im 17. Jahrhundert möglich, als zunächst von Frankreich, dann von England diplomatische Beziehungen mit der Hohen Pforte angeknüpft wurden. In Athen entstanden Missionen, die

* Hier und da begegnet man in den europäischen Museen soldatischen Mitbringseln aus jener Expedition. So befinden sich im Museum zu Kopenhagen die Köpfe eines Lapithen und eines Zentauren, dorthin verschleppt durch den Hauptmann Hartmand.

wir heute Konsulate nennen würden; sie hatten politischen und kommerziellen Charakter, und die Personen, die z. B. die französische Kolonie bildeten, konnte man an den Fingern beider Hände abzählen: der Konsul, ein paar Missionare, ein verirrter Büchsenmacher und noch einige Leute unbekannter Profession. Die Akropolis zu besichtigen war im Grunde unmöglich, da die Türken aus Furcht vor Spionen Fremde nicht in die Festung ließen.

Deshalb sind die Berichte hartnäckiger Reisender zu bewundern, denen es gelang, trotz der Bedrohung ihrer persönlichen Sicherheit Beschreibungen und Pläne von Athen und von der Akropolis anzufertigen. Stellen wir uns diese Enthusiasten vor: Sie ritten tagelang auf Eselsrücken, schliefen in abgelegenen Berghütten bis sie schließlich die Stadt ihrer Träume erreichten. Hier kam es zu komplizierten Verhandlungen mit dem Festungskommandanten, die sie mit Kaffeesäckchen und fetten Gänsen unterstützten. Am Ende bekamen sie eine Besichtigungserlaubnis, eingeengt von Vorbehalten und Beschränkungen. Sie tummelten sich also in Eile zwischen türkischen Zelten, militärischen Gebäuden und Tempeln, unter den wachsamen Augen mißtrauischer Soldaten, mit ihren Meßgeräten, dem Skizzenblock und dem unentbehrlichen Pausanias, dem einzigen Baedeker seit vielen Jahrhunderten. Alles hing von der Laune des Festungskommandanten und seiner Soldaten ab.

Zwei Mitglieder des Londoner Dilettanten-Clubs, der viele archäologische Reisen in den Orient finanzierte, die Gentlemen Stuart und Revett, konnten unbehindert die antiken Monumente Athens vermessen, doch der Engländer Vernhum und der Franzose Robert de Dreux wurden mit Steinen beworfen und mit Gewehren bedroht, als sie das Theater des Herodes Atticus vermessen wollten.

Amüsant beschreibt der englische Zeichner Edward Dodwell seine Abenteuer. Er arbeitete auf der Akropolis mit einer Camera obscura, dem Prototyp des Fotoapparates, der eine verkleinerte Abbildung der Gebäude lieferte und somit möglich machte, in der Zeichnung die Proportionen des wiedergegebenen Bauwerks genau zu wahren. »Eines Tages, als ich mit Hilfe meiner Camera obscura den Parthenon zeichnete, fragte mich der Garnisonskommandeur mit spürbarer Unruhe, was ich denn für Zaubereien mit meiner ungewöhnlichen Maschine mache.« Dodwell versuchte, ihm die Wirkungsweise seines Apparats zu erklären und zu demonstrieren. Der türkische Offizier war sichtbar erschreckt. »Als ich das sah [. . .], wechselte ich den Ton und drohte, ich würde ihn, wenn er mich störte oder belästigte, in meinen schwarzen Kasten stecken [. . .].« Von da an arbeitete Dodwell ohne Behinderungen.

Unter den Reisenden, die uns wertvolle Berichte über die Akropolis überliefert haben, und zwar aus der Zeit, ehe Morosinis Bomben dort niederfielen, seien der französische Jesuit Babin und der Londoner Arzt und Altertums-Liebhaber James Spon genannt. Besonders genau beschreibt den Parthenon Babin, was für uns deshalb von außerordentlichem Wert ist, weil Pausanias (bekanntlich ein Liebhaber von Kuriositäten) in seinem Werk über den schönsten Tempel der Akropolis schweigt. Für den französischen Jesuiten ist er eine Verkörperung der Vollkommenheit, übertrifft ästhetisch die Hagia Sophia in Konstantinopel, und die Skulpturen an Fries und Giebeln lassen sich mit keinem Kunstwerk des 17. Jahrhunderts vergleichen. Für die Zeit des Hochbarock ist Babins Urteil außergewöhnlich und im Hinblick auf den Geschmack seiner Epoche fast provozierend.

Der dreibändige Rechenschaftsbericht über die griechischen Wanderungen James Spons erschien in Lyon 1678. Kenner behaupten, es sei die »erste moderne Reise nach Athen, die diesen Namen verdient«. Es ist heute leicht, diesem gebildeten Reisenden Fehler und Ungenauigkeiten vorzuhalten, so die Verwechslung der beiden Giebel des Parthenon, oder, was noch schlimmer war, daß sie den Bildhauern der Epoche Hadrians zugeschrieben werden. Griechenland war ein von Architekten unberührtes Land. Spons Buch wurde in Europa bald sehr populär und hatte auch in Königsmarcks Koffer, was Anna Åkerhjelm erwähnt, nicht gefehlt.

In der Nationalbibliothek in Paris hat sich eine Mappe mit Zeichnungen erhalten. Ein Konservator der napoleonischen Zeit hat ihr einen recht seltsamen Titel gegeben: *Minerva-Tempel in Athen, erbaut von Hadrian, gezeichnet auf Befehl des Herrn Nointel, Botschafter bei der Hohen Pforte, ehe dieser Tempel von den Venezianern zerstört wurde.* Der Marquis Nointel war zweifellos einer der begabtesten und tüchtigsten Diplomaten Ludwigs XIV. Nachdem er in der türkischen Hauptstadt einige komplizierte Verträge abgeschlossen hatte, begab er sich in Begleitung einer zahlreichen Suite nach Griechenland und Athen, wo er im Sommer des Jahres 1674 eintraf.

»Zum ersten Mal betrat ich feierlich unter dem Dröhnen der Kanonen das Schatzhaus« (d. h. den Parthenon), »wo jene Wunder verschlossen sind, und kehrte dort incognito vier oder fünf Mal zurück, um die schönen Skulpturen, die mein Maler sehr gut wiedergegeben hat, besser bewundern und kennenlernen zu können.«

Die Parthenon-Zeichnungen – ihr Autor heißt Jacques Carrey – sind kein Meisterwerk, was sein Gutes hat, denn ein Künstler mit Phantasie wäre nicht so genau. Zweifellos wurden sie in Eile angefertigt in einer unbequemen Stellung, ohne hilfreiche Gerüste, doch ihr dokumentarischer Wert ist unschätzbar.

Nointel war sicherlich ein aufrichtiger Verehrer der antiken Kunstwerke, und die Sorge um ihr Schicksal, aber auch weniger uneigennützige Beweggründe werden in den Berichten des Botschafters deutlich. »Die Originale verdienten es in höchstem Maße, in den Kabinetten oder Galerien Euerer Königlichen Majestät aufgestellt zu werden, wo sie sich des Schutzes erfreuen würden, den Euere Majestät der Kunst und dem Wissen, das diese Kunst schafft, angedeihen läßt, [. . .]; sie würden der Entehrung und Beleidigung durch die Türken entgehen, die es sich, um die Idolatrie zu verhindern, zugute halten, den Skulpturen die Nasen oder andere Teile abzuschlagen [. . .].«

Die während Nointels Reise angefertigten Zeichnungen beweisen, daß eine Anzahl von Skulpturen des Parthenon-Giebels tatsächlich beschädigt war, doch der bildhauerische Hauptkorpus, wenn man so sagen darf, war vollständig erhalten.

Ein Jahrhundert später wurde der Graf Choiseul-Gouffier französischer Botschafter in Konstantinopel. Als Vierundzwanzigjähriger hatte er eine Reise nach Griechenland unternommen, die er in seinem bekannten Buch *Voyage pittoresque de la Grèce* beschrieb. Der gebildete Humanist, Mitglied der Académie des Inscriptions, später der Académie Française, träumte gewiß wie Nointel davon, für Frankreich eine Sammlung griechischer Skulpturen zu gewinnen. In Athen wirkte sein Agent Louis Fauvel als Konsul, Maler und Zeichner. In einem seiner Briefe empfiehlt der Botschafter Fauvel die Beschaffung einer der Karyatiden des Erechtheions, in einem anderen schreibt er ganz offen, Fauvel möge sich keine Gelegenheit entgehen lassen zu rauben, was zu rauben sei. Die Beute dieser Bemühungen war sehr mager: wahrscheinlich eine Metope vom Giebel, die der Sturm herabgerissen hatte und die sich jetzt im Louvre befindet.

Was den Franzosen nicht gelang, erreicht ein Mann, dessen Name bis heute den Zorn der Philhellenen erregt: Thomas Bruce Elgin. Byron sagt von ihm mit beißender Ironie: »Quod Gothi non fecerunt, Scotus fecit.« Im Jahre 1789 zum englischen Vertreter bei der Hohen Pforte ernannt,

machte Lord Elgin sich mit unerhörter Energie daran, die Skulpturen der Akropolis »an einen sicheren Ort« zu schaffen, wobei er alle ihm zugänglichen politischen und finanziellen Mittel in Bewegung setzte. Es gelang ihm, von den türkischen Behörden die Genehmigung zu erhalten, Gipsabgüsse herzustellen sowie Steine mit Inschriften und Bruchstücke von Skulpturen fortzuschaffen. Rund um den Parthenon wurden Gerüste errichtet. Zwei italienische Architekten, zwei Spezialisten für Gipsabgüsse (ebenfalls Italiener), der russische Maler Fjodor Iwanowitsch, nicht gerade höflich »Lord Elgins Kalmück« genannt, und Dutzende von Arbeitern gingen unter Leitung des Malers Lusieri an die Arbeit. Ihr intensivster Abschnitt fällt in die Jahre 1801 bis 1803. Die »paar Skulpturen«, von denen die türkische Genehmigung spricht, kann man heute im Londoner British Museum bewundern. Es ist in Wirklichkeit eine riesige Sammlung, bestehend aus zwölf großen Giebelfragmenten, fünfzehn Metopen und 56 Reliefs vom Fries, der die Panathenäen-Prozession darstellt.
Elgins Abenteuer könnten als Vorwurf für einen spannenden Roman dienen: Verhaftung des Lords in Frankreich, Flucht Lusieris nach Ausbruch des Türkenkrieges, Untergang der Jacht mit der unschätzbaren Ladung und Bergung der Skulpturen durch Schwammtaucher, schließlich jahrelange Polemiken und Diskussionen im Parlament und der Presse, die die moralischen, ästhetischen und finanziellen Aspekte der ganzen Angelegenheit behandelten. Schließlich, wenn auch erst im Jahre 1816, kaufte die englische Regierung die Sammlung, für die Elgin 136 000 Pfund gefordert hatte, zum Preise von 35 000 Pfund Sterling. Für jene Zeiten eine Riesensumme, und ein Teil der englischen Presse ließ denn auch seinem Ärger freien Lauf, indem er auf satirischen Zeichnungen John Bull inmitten einer verelendeten Familie darstellte, die rief: »Kauf diese Steine nicht, Vati, gib uns Brot.«

Wie oben erwähnt, berücksichtigte man auch den ästhetischen Wert der Skulpturen des Phidias und seiner Schule. Vermutlich wäre die englische Regierung weniger geizig gewesen, wenn die von Lord Elgin herangeschafften Marmorstatuen aus hellenistischer Zeit gestammt hätten. Es fehlte nicht an enthusiastischen Stimmen, doch eine Kommission, bestehend aus den hervorragendsten englischen Künstlern jener Zeit, wertete die Werke des Phidias und seiner Schule geringer als den Apollo von Belvedere oder die Laokoon-Gruppe.

Um die Wende vom 18. zum 19. Jahrhundert taucht in Griechenland ein neuer Touristentyp auf: der romantische Pilger. Viele Zeichnungen zeigen einen hochgesinnten Jüngling in schwarzer Pelerine, der, gestützt auf eine zerbrochene Säule, seinen melancholischen Blick auf die verstreute Schafherde inmitten der marmornen Ruinen richtet. »O Solon! O Themistokles! Das Oberhaupt der schwarzen Verschnittenen ist Eigentümer von Athen, und alle anderen Städte Griechenlands beneiden die Athener um dieses hohe Glück!« Dieser Ausruf stammt von François René de Chateaubriand. Der Verfasser des *Génie du Christianisme* hielt sich auf seiner Reise von Paris nach Jerusalem (1806) einen Tag in Sparta und vier Tage in Athen auf. Ohne sich als Archäologe, Soziologe oder Kunsthistoriker zu gerieren, hat er uns in seinem *Itinéraire de Paris à Jérusalem* Seiten hinterlassen, die in unvergleichlicher Weise das Athen der Zeit ungefähr zwanzig Jahre vor Ende der türkischen Sklaverei beschwören.

Es ist früh am Morgen. »[. . .] Athen, die Akropolis und die Trümmer des Parthenon waren mit dem schönsten Pfirsichblütenrot gefärbt, und die Bildwerke des Phidias, waagerecht von einem goldenen Lichtstrahl beleuchtet, wurden belebt und schienen sich durch die Schattenwirkung der Reliefs auf dem Marmor zu regen. Das Meer und der Piräus glänzten fern in weißem Licht, und die Burg von

Korinth glühte im Widerschein der aufgehenden Sonne am Rande des Abendhimmels wie ein Fels in Purpur und Flammen.«

Chateaubriand fing aber nicht nur Stimmungen ein. In Begleitung des Konsuls Fauvel, des unvergleichlichen Kenners athenischer Altertümer, war er hergekommen, um hier eine »klare Vorstellung von den Bauten, dem Himmel, der Sonne, den Perspektiven, der Erde, vom Meer, von den Flüssen, den Wäldern und Bergen Attikas« zu gewinnen. Es freut ihn, daß es ihm gelungen ist, seine Vorstellung zu korrigieren, sie mit Farbe und Lokalkolorit zu füllen.

Vor allem überrascht ihn die Kraft und Harmonie des Parthenon. Er bewunderte Iktinos, der in seinem Bauwerk dorischen Ernst mit korinthischer Leichtigkeit zu einigen wußte, indem er die schweren Säulen ohne Basis auf die drei hohen Stufen des Stylobats stellte, was dem Tempel Ruhe und Schwung verlieh. Mit Recht sagte er, die Harmonie des Ganzen sei ein Ergebnis des Gespürs für das richtige Verhältnis von Architektur und Umgebung und ebenso der Vollkommenheit der Einzelteile.

Chateaubriands Berichte, seine Präzision, sein Interesse für technische Einzelheiten, seine Genauigkeit und der literarische Glanz seiner Beschreibungen stellen ihn in die erste Reihe der Griechenlandreisenden aus der »vorarchäologischen Epoche«. Es gelang ihm nicht, Fehler zu vermeiden (wie leicht sind sie heute nachzuweisen), z. B. schreibt er unter dem Eindruck der Berichte Spons die Skulpturen des Parthenon-Giebel Künstlern aus der Zeit Hadrians zu. Doch von der richtigen Intuition geleitet, sagt er gleichzeitig, unmöglich könne Phidias die Giebel leer gelassen haben.

Das Mitgefühl mit dem in Ketten geschlagenen Heimatland Europas, das von so vielen Romantikern geäußert wird, bewegt Chateaubriands Feder zu Beschreibungen wie der folgenden: »Dieser Disdar wohnt auf der Burg unter den Meisterwerken von Phidias und Iktinos, ohne zu fragen, welches Volks diese Trümmer zurückgelassen habe, ohne aus dem verfallenen Hause zu treten, das unter den Trümmern der Denkmäler des Perikles erbaut worden war. Nur zuweilen schleppt sich der tyrannische Automat an die Türe seiner Hütte und sitzt da mit gekreuzten Beinen auf einem schmutzigen Teppich und blickt, während der Dampf seiner Pfeife zwischen den Säulen des Minerva-Tempels emporsteigt, mit dumpfer Gleichgültigkeit auf die Küste von Salamis und das Meer von Epidaurus.«

Im Frühjahr 1821 bricht der griechische Aufstand gegen die Türken aus. Man glaube ja nicht, im Geiste derer, die zur Waffe griffen, sei die Idee vom ewigen Hellas, vom Vaterland der Philosophen und der Künstler Quelle der Begeisterung und Motor des Handelns gewesen.

Einer der Philhellenen konstatiert melancholisch, in keiner Epoche seiner Geschichte sei das griechische Volk gegen die geretteten Überreste antiker Bauwerke gleichgültiger gewesen als in dem Vierteljahrhundert vor der Befreiung. Nicht im Namen des Perikles kämpften die griechischen Aufständischen, sondern im Namen des Nazareners und der vier Evangelisten. Im Laufe vieler Jahrhunderte hatte die Ostkirche das Gefühl der nationalen Besonderheit konserviert, wie das Salz den Fisch konserviert.

Athen war durchaus kein strategisch wichtiger Punkt. Es war eine Kleinstadt und zählte kaum einige tausend Bewohner. Im Verlauf der Kämpfe wechselten die Stadt und die Zitadelle Akropolis mehrfach den Besitzer. Doch war das mehr ein Ringen um das Symbol, um die Fahne. Das Schicksal dieses Krieges entschied sich auf anderen Schlachtfeldern.

Zunächst beschränken sich die Türken in Athen darauf, Geiseln festzunehmen (Ostern 1821) und sie in den fränkischen Turm zu sperren. Die Janitscharen-Garde schloß die

Stadttore, um ein Eindringen der Aufständischen unmöglich zu machen, doch gelang es diesen, sich der Stadt zu bemächtigen. Ein Segen für die Akropolis als Baudenkmal war die schlechte technische Aufrüstung der kämpfenden Parteien, besonders der chronische Mangel an Artillerie auf seiten der Aufständischen. Die Belagerten improvisieren einen Ausfall aus der Festung. Eine Abteilung Türken unter Führung eines riesigen Negers, der direkt aus einem orientalischen Märchen zu stammen schien, griff unerwartet unter furchtbarem Geschrei die Schanzen der Aufständischen an. Die Abteilung wurde jedoch dezimiert, und die Türken exekutierten die Geiseln zur Vergeltung auf der Stelle. Die Hinrichtung fand auf der Mauer des Themistokles statt. Die abgeschlagenen Köpfe rollten den Hügel hinab bis vor die Schwellen der ersten Häuser*.

Den Abgeschnittenen in der Festung eilte der Pascha Brioni an der Spitze von viertausend Albanern zur Hilfe. Wie in klassischer Zeit verließ die Bevölkerung die Stadt und brachte sich auf Salamis in Sicherheit. Als Brioni sich zurückzog, kehrten die Athener wieder, und die Blockade der Festung begann von neuem. Doch war das nur eben der Anfang des mörderischen Kontertanzes rund um den heiligen Hügel.

Nach fast einjähriger Belagerung kapitulierten die Türken, deren Munitions- und Wasservorräte erschöpft waren. Begeisterung, Chaos, wechselseitiges Morden unter der christlichen und mohammedanischen Bevölkerung. Zum

* Die Geschichte der Kämpfe während des Aufstandes enthält der zeitgenössische Bildband des Makryannis, aufbewahrt im Museum der Hauptstadt mit aller Verehrung, die nationalen Andenken gebührt. Er ist ein griechisches Gegenstück zu den *Images d'Epinal*: naive, erzählende, melodramatische Malerei, die beim heutigen Betrachter ein sanftes Lächeln hervorruft. Die europäischen romantischen Maler, vor allem die Franzosen, nahmen das Thema des Aufstandes mit unvergleichlichem theatralischem Schwung, mit Grandeloquenz, mit Sinn für Dramatisches und Grausames auf; sie ließen ihren Empfindungen in heißen Ocker- und Kobalttönen freien Lauf.

Festungskommandanten wurde Odysseus Androutsos ernannt, eine von den Historikern widersprüchlich beurteilte Gestalt: Manchen ist er ein Nationalheld, ein Opfer mangelnden Verständnisses von seiten der Führer des Aufstandes, anderen ein Unruhestifter und Verräter. Die Archäologen können ihm die Zerstörung des Löwen von Chäronäa nicht verzeihen, unter dem dieser Odysseus einen legendären Schatz zu finden gehofft hatte.
Der neue Kommandant machte sich mit Energie an die Vorbereitungen zur Verteidigung. Nahe der Pinakothek entdeckte er einen antiken Springbrunnen, der mit einer Bastion umgeben wurde. Nach dem Muster der früheren großen Bauherren zögerte der Kommandant nicht, eine Inschrift anbringen zu lassen, die verkündet: »Diese Bastion wurde vom Fundament her errichtet durch General Odysseus, Sohn des Androutsos, im Monat September des Jahres 1822.«
Von der Bastion ist keine Spur übriggeblieben, und ihrem Erbauer war ein tragisches Los beschieden. Mit den Führern des Aufstandes verzankt, stellte er sich an die Spitze einer türkischen Bande, die Attika plünderte. Nach seiner Gefangennahme wurde er in ein Verließ des fränkischen Turms gesperrt und später getötet. Seinen Körper, mit einer Schnur umwickelt, warf man später aus dem Fenster, um einen Fluchtversuch vorzutäuschen.*
Im Sommer des für den Aufstand schwarzen Jahres 1826, in dem Jahr des Blutbades von Missolunghi, belagern die Türken unter Reschid Pascha wieder die Akropolis. Vom Museumshügel aus beschossen Batterien die Westfassade des Parthenons. Musketiere löcherten die Mauer der Pina-

* Im Athener Museum für Geschichte und Ethnographie befinden sich hölzerne Brustbilder berühmter Männer der Antike, die als Galionsfiguren aufständischer Schiffe gedient haben. Ein Themistokles oder Solon mit riesiger Nase und bedrohlichem Schnurrbart hat wenig gemein mit dem klassischen griechischen Porträt. Sie sehen wilden kretischen Hirten und Seeräubern zum Verwechseln ähnlich.

kothek und der Propyläen. Von einem Geschoß getroffen, stürzte die Kuppel des einstigen Harems im Erechtheion ein und riß viele antike Überreste mit.

Es hatte den Anschein, als würde der Akropolis dieses Mal der Todesstoß versetzt, als sollte sich die Geschichte Morosinis wiederholen. Da Reschid Pascha die Festung nicht im Sturm nehmen konnte, ließ er seine Sappeure unter dem Hügel einen langen Stollen vortreiben, der als eine große Mine verwendet werden sollte. In den Stollen schafften die Türken dreieinhalb Tonnen Pulver, eine Menge, die ausgereicht hätte, mindestens die Hälfte der Zitadelle in die Luft zu sprengen. Der Pascha war seines Erfolges sicher, er zog die Belagerer aus der ersten Linie zurück. Aber die umsichtigen Griechen gruben zwölf tiefe, unterirdische Stollen, die die ganze Kraft der Explosion zunichte machten. Der Berg hatte die sprichwörtliche Maus geboren.

Nun erscheint auf dem Athener Kriegstheater der Oberst Charles Fabvrier. Dieser aus Lothringen stammende französische Berufsoffizier hat sich mit einem Turban auf dem Kopf, in einer Lammfelljacke und mit einem großen Krummschwert an der Seite porträtieren lassen. Neben romantischem Enthusiasmus brachte Fabvrier etwas Unbezahlbares mit: gute Kenntnis des Kriegshandwerks und rationales Herangehen an die Kampfaufgaben. Er organisierte reguläre aufständische Einheiten und brachte in die anachronistische und laienhafte Führung die Idee von Ordnung und Disziplin.

Im Winter 1827 trat er an die Spitze eines kleinen Korps, dessen Aufgabe es war, den Belagerten in der Athener Festung Hilfe zu bringen. Es war ein eigentümliches Unternehmen, denn es sollte weniger die Garnison der Verteidiger verstärken, als vielmehr Kriegsmaterial hineinschaffen. Die von Fabvrier geführte Abteilung war fast unbewaffnet, dafür aber bis zur Grenze menschlicher Tragfähigkeit belastet mit Säcken voll Pulver und Patronen. Es lohnt, den trockenen Bericht des Führers zu wiederholen: »Mit den Philhellenen an der Spitze gelangten wir bis auf halbe Pfeilschußweite an die türkischen Schanzen heran; sie waren tief gestaffelt und gut bewacht. Eine Stunde vor Mitternacht; Vollmond. Als man uns bemerkte, rückten wir im Schritt vor wie zum Angriff, doch mit ungeladenen Waffen. Wir liefen durch die Schanzen und über den Zwischenraum, der sie von der Festung trennte, unter ziemlich starkem Kartätschen- und Gewehrfeuer. Wir hatten vier Tote und zwölf Verwundete.«

Fabvriers kühne Expedition verlängerte die Verteidigung der Akropolis bis zum Juni 1827. Vom militärischen Standpunkt aus war es eine Episode minderen Ranges, doch die Ausdauer der Verteidiger hatte große moralische und politische Bedeutung. In dem Augenblick, da die Griechen die Festung verließen, stand das Geschick ihres Vaterlandes bereits fest. Der 1829 in Adrianopel geschlossene Friede gab Griechenland die Unabhängigkeit wieder. Athen zählte damals dreihundert Häuser und zweitausend Einwohner. Einer der ersten Regierungsakte König Ottos war die Entmilitarisierung des heiligen Hügels. Die von den Soldaten verlassenen Plätze nahmen Archäologen und Architekten ein.

In einer Herbstnummer der *Revue des Deux Mondes* aus dem Jahre 1838 konnte man einen Brief lesen, der den Zustand der Baudenkmäler gut wiedergab: »Auch Sie, lieber Freund, haben die Akropolis gesehen und bewundert; doch um gegenwärtig dorthin zu gelangen, muß man den ganzen Befestigungsring durchqueren, eine Bastion und dann eine und noch eine Batterie umgehen. Wenn Sie zu Füßen der Propyläen angelangt sind, suchen Sie die Propyläen vergeblich. Vor sich haben Sie das Pulvermagazin, von dicken Mauern umgeben, in denen Sie nur mühsam die gefangenen Säulen entdecken. Gehen Sie auf dem Weg durch den schmalen Durchgang nach rechts weiter, so suchen Sie vergeblich nach dem Tempel der Siegesgöttin ohne Flügel. Aber das war doch hier, sagen Sie sich mit Pausanias' Buch in der Hand, gerade hier, an dieser Stelle der Akropolis, von der aus man das Meer sieht und von der sich einst Ägeus, den Blick auf die Schiffe geheftet, die seinen Sohn Theseus, den Besieger des Minotaurus, heimbringen sollten, hinabstürzte, getäuscht durch die schwarzen Segel, die er am Horizont gewahrte. Hier gerade, an dieser Stelle, müßte der Tempel der Nike ohne Flügel stehen. Doch die Geschütze der Venezianer haben 1687 das Bauwerk zerstört, und Türkenhände haben das Material verschleppt, haben den Marmor weggeschafft und die Stelle selbst unkenntlich gemacht. Wenn Sie dann endlich, immer noch die Propyläen suchend, auf der Akropolis angelangt sind, wollen Sie wenigstens die Pinakothek entdecken, die den linken Flügel dieses herrlichen Eingangs bildete. Gegenwärtig finden Sie in dem Gedränge türkischer Häuser nur einen Saal, der bis zu drei Vierteln seiner Höhe mit Trümmern gefüllt ist. In diesem Saal hat der Architekt Stuart sich bemüht, den Siegestempel zu rekonstruieren, weil er ihn nirgendwo anders finden konnte.«

In den ersten Jahren der Monarchie überdachte man das Problem des Ortes für den neuen Königssitz. Der deutsche klassizistische Architekt Karl Friedrich Schinkel schlug die Akropolis vor. Das Modell dieses zum Glück nicht verwirklichten Traumes versetzt uns noch heute in Besorgnis und Entsetzen. Der Parthenon versank in einer Flut von Säulenhallen und schweren Rotunden. Dazu sollten noch hängende Gärten, Rosarien, Gruppen von Zypressen und Palmen diese falsche Architektur schmücken. Über der steinernen Dekoration (wie in einer schlechten Oper) sollte sich ein Athene-Denkmal erheben, das mit Phidias' Geist kaum etwas gemein hätte.

Wenige Touristen, die heutzutage die Akropolis besuchen, sind sich darüber im klaren, daß das, was sie sehen, ein

Werk mühevoller, über hundert Jahre andauernder Rekonstruktion ist. Das Wort Rekonstruktion ist irreführend. Zur Bezeichnung dieser Arbeiten verwendet man einen Neologismus: Anastylos. Er bezeichnet die Wiederaufrichtung einer Säule und im weiteren Wortsinn alle Arbeiten, die mit der Anordnung in der ursprünglichen Weise, der Sicherung authentischer Architektur-Fragmente, entsprechend den genauen archäologischen Grundsätzen, verbunden sind.

Gegen Ende der dreißiger Jahre des vorigen Jahrhunderts wurde als erster der Anastylos des von den Türken zerstörten Athene-Nike-Tempels vorgenommen. Während dieser Arbeiten beging man jedoch zwei große Fehler: Man sicherte die Bastion nicht, auf der sich der Tempel erhob, man achtete auch nicht auf die antiken Fundamente. Hundert Jahre später mußte man das Bauwerk Stein für Stein abtragen und neu errichten.

Der dem Anschein nach einfache Grundsatz des Anastylos bringt in der Praxis einige nicht leicht zu lösende Probleme mit sich. Der griechische Architekt Balanos, der die Arbeiten auf der Akropolis in unserem Jahrhundert leitete, beschreibt die Schwierigkeiten mit einem einzigen Fragment des Erechtheions folgendermaßen:

»Gregorios Soutzos Lithographie zeigt uns die 1827 fast völlig zerstörte Fassade mit den Karyatiden. Der Ephor Pittakis fand in der Stadt einen Karyatidenkopf, der dem bayerischen Bildhauer Imhoff zu konservierender Behandlung übergeben wurde. Ein neben der Ostwand des Tempels liegendes Bruchstück vom Oberkörper dieser Karyatide (man glaubte bisher, es befinde sich im Vatikanischen Museum) wurde von dem griechischen Bildhauer Androuli während der Arbeiten Paccards im Jahre 1844 gefunden und erneuert. Die durch neue Marmorblöcke ergänzte Decke wurde mit hölzernen Säulen abgestützt, die man 1872 durch eiserne ersetzte. Eine dieser Eisenstützen führte durch den Terrakotta-Kopf einer Karyatidenkopie (das Original hatte Elgin nach London geschafft) und trug einen Teil der Decke. Doch die Köpfe der Karyatiden, selbst der 1844 erneuerte, befanden sich in sehr schlechtem Zustand, weil die ungeschickt eingefügten Eisenstützen nachgaben; außerdem mußte man die Terrakotta-Karyatide gegen eine Zement-Karyatide auswechseln. Die Untermauerung des Portikus mußte ebenfalls ausgetauscht werden. Aus diesen zahlreichen Gründen beschloß man, die ganze Fassade völlig auseinanderzunehmen und neu zusammenzufügen.«

Der Wiederaufbau der griechischen Tempel erlaubte einen Einblick in die Geheimnisse der antiken Architektur. Die erste genaue Vermessung des Parthenon führte 1845 der englische Gelehrte F. C. Penrose durch. Er erfaßte die subtilen optischen Korrekturen wie z. B. die leichte Abweichung des Stylobats von der Horizontalen; sie beträgt 228 Millimeter, ein Tausendstel der Breite des Haupttempels auf der Akropolis. Was jahrhundertelang als Werk kühler Geometrie galt, erwies sich in Wirklichkeit als kompliziertes Spiel gekrümmter Linien.

Der von Balanos geleitete Anastylos des Parthenon brachte die Entdeckung mit sich, daß die einzelnen Säulen und ihre jeweiligen Trommeln schon im Altertum mit Buchstaben bezeichnet worden waren. Fehlende Säulenteile ersetzte man durch Zementabgüsse, da neuer Marmor nicht die berühmte goldene Patina des Parthenon gehabt hätte. Die Arbeiten erforderten eine große, man möchte sagen uhrwerkmäßige Präzision. Die zur Stützung der Konstruktion nötigen neuen Blöcke des Architravs schob man genau an die Stelle fehlender Stücke, nachdem man sie zuvor zur Verminderung der Reibung eingeölt hatte. Mit bewundenrungswürdigem Takt enthielt man sich einer vollständigen Rekonstruktion, die den Parthenon in eine traurige Zitadelle des akademischen Klassizismus verwandelt hätte.

Der Weg war lang und verwickelt, die Chance, zum Ziel zu gelangen, gering. Ich mußte Hindernisse überwinden, Behördenmauern, geschlossene Türen, Korridore und eine Menge kleiner Zerberusse hinter Schreibtischen, Beamte, die zögerten, ihren magischen Stempel aufzudrücken, die mit ihren Fingern den Faden meines Abenteuers verwirrten.

Man kann sich mit den Berichten anderer, mit den Zeugnissen der Sachkenner begnügen, man kann sich damit abfinden, daß der Gegenstand unserer Sehnsucht für immer außerhalb der Reichweite unseres Blicks und unseres Tastsinns bleibt. Warum also dieser übermächtige Wille zur Gegenüberstellung, diese Leidenschaft, die zu physischer Annäherung drängt, dieses Verlangen, die Hände daraufzulegen, sich körperlich damit zu vereinen, um sich dann loszureißen, fortzugehen und mitzunehmen – ja, was? Ein Bild? Einen Schauder?

Nie hatte ich zu glauben aufgehört, daß die Akropolis wirklich vorhanden ist, und die Begegnung von Angesicht zu Angesicht wäre zur Festigung dieses Glaubens gar nicht nötig gewesen.

Manchmal habe ich in Gegenwart anderer Orte, der Monumente früherer Kulturen ein Gefühl von Fremdheit erfahren und den Eindruck gehabt, als wären weder ich, der Betrachtende, noch das, was ich betrachtete, wirklich, als bestünde all das aus Lichtmaterie, aus Rauch, aus Täuschung. Ganz anders die Akropolis, sie ist ein Wunder der Wirklichkeit. Sie führt die Sinne nicht in Versuchung, sie verspricht nicht, mehr zu sein, als sie ist. Sie erfüllt sich ganz, sie ist sich selber gleich.

Ich sagte also die plumpe Formel vor mich hin: Sie ist und ich bin, und der ungeheure Zeitraum, der unsere Geburtsdaten voneinander trennt, schrumpfte zusammen, verging. Wir waren gleich in der Zeit.

Nach Athen kam ich am späten Nachmittag. Hotelsuche,

Bosheiten der Gepäckträger, erstes unsicheres Herumirren in der Stadt, Verlust kostbarer Zeit beim Postkartenschreiben, Kaffeetrinken, Schaufensterbetrachten. Mir war klar, daß ich unbewußt den Augenblick der Begegnung mit der Akropolis hinauszögerte, als bemühte ich mich, die Kraft des Eindrucks zu steigern.

Es war schon Nacht. Wenn ich mich dieses Augenblicks richtig erinnere, so begann ich zu zählen, ganz einfach die Säulen zu zählen: acht, siebzehn und wieder acht, siebzehn, genauso viele, wie man in den Schulheften gezeichnet hatte. Dieses Vermögen, diese unerwartete Erbschaft wollte ich kühl und verstandesmäßig entgegennehmen.

Binnen kurzem kam mir zum Bewußtsein, daß in mir zwei Akropoleis existierten: die des Tages und die der Nacht.

Die erste war eine Frucht der Analyse: mit dem Kopf im Reiseführer. Untersuchung der Struktur des Ganzen, Vorstellung des Verlorenen – ein bißchen wie das Studium eines fossilen Tiers. Die ersten Versuche der Aneignung und der Gewinnung eines persönlichen Verhältnisses zu dem Baudenkmal. Ich wählte »für mich« die Propyläen und den Parthenon wegen ihres Schwungs, ihrer Masse und Ordnung. Der Nike-Tempel war zu filigranhaft, um seine steinerne Stofflichkeit zu empfinden, er machte mir den Eindruck einer gelungenen Kopie, einer guten Klassenarbeit über ein klassisches Thema. Am schwersten fiel mir die Verständigung mit dem Erechtheion. Den Karyatiden-Portikus verdarben die metallenen Stützröhren, die dem Bauwerk seinen Sinn und seine geplante Leichtigkeit nehmen. Die Karyatiden selbst, verletzt und ihres Zaubers beraubt, wirkten wie angehalten auf halbem Wege zwischen Menschengestalt und Säule. Über dem dunklen Teich alter athenischer Kulte spricht dieser ionische Tempel gleichsam von der Unmöglichkeit, den früheren Glauben mit dem neuen architektonischen Ausdruck zu verbinden.

Die zweite Akropolis – die nächtliche, ist am Himmel

entzündet, dem Blick als Ganzes preisgegeben. Ich setzte mich oft auf den Musenhügel, dicht neben das Philopappos-Denkmal. Von unten, aus dem armen Stadtteil Plaka, drang der Alltagslärm herauf. Kalkweiße Häuser leuchteten in der Dunkelheit. In der Luft schwebte der Duft von Hammelfleisch, Olivenöl und Knoblauch. Eine Akropolis im Kranz aus Zwiebelduft.

Zwischen den Bäumen links fand jeden Abend das Schauspiel Son et Lumière statt. Sophokles' Chöre weinten abwechselnd auf französisch und auf englisch. Das Licht hob Fragmente des Hügels aus der Nacht hervor. Der von Scheinwerfern ausgestrahlte rote Glanz imitierte Brände.

Damals war die Akropolis für mich kein Architektur-Ensemble, sondern eine Skulptur. Die zerstörte, südliche Säulenreihe des Parthenon, die tief unten abgeschnittenen Säulenschäfte verursachten einen Herzkrampf. Die Steine kämpften mit der andringenden Leere.

In meinem Bewußtsein hatte sich die Akropolis aus der ästhetischen in die historische Ebene verlagert. Ich konnte weder die Rührung noch das Gebet eines Humanisten des vorigen Jahrhunderts nachvollziehen. In meiner Kehle blieben die Worte eines rationalistischen Glaubens stekken: »O noblesse, o beauté simple et vrai! Déesse dont le culte signifie raisons et sagesse, toi dont le temple est une leçon éternelle de conscience et de sincérité.«

Die Akropolis, wie ich sie vor Augen hatte: auf das Skelett reduziert, des Körpers beraubt, war für mich ein Werk des Willens, der Ordnung und auch des Chaos, der Künstler und der Geschichte, des Perikles und des Morosini, des Iktinos und der Plünderer. Und indem ich mit dem Blick ihre Wunden und Verletzungen berührte, widerfuhr mir ein Gefühl, in dem sich Bewunderung mit Erbarmen verbindet. Wenn ich das besondere Glück, das Glück der Bedrohten empfand, dann entsprang es wohl aus dem Bewußtsein der ungewöhnlichen Tatsache, daß »ich es noch geschafft hatte«, bevor sie und ich das Schicksal aller menschlichen Schöpfungen auf dem dunklen Kap der Zeit, vor der unbekannten Zukunft erfahren werden.

Über die Etrusker

Die Etrusker sind in Mode, als hätte man sie vor kurzem entdeckt, als wären sie die letzte Offenbarung der Mittelmeer-Archäologie. Das Interesse für diese geheimnisvolle Zivilisation geht über die Kreise der Gelehrten hinaus. Die Namen der zerstörten etruskischen Städte und erregende, aber falsche Informationen über die endgültige Entzifferung ihrer Schrift tauchen in den Spalten der Tageszeitungen auf. Literaten vieler Nationen produzieren Romane, die die tragischen Geschicke der Vorgänger des römischen Volkes wiedererwecken. Italienführer preisen den Touristen Orte an, die abseits der traditionellen Reiserouten liegen: Volterra, Tarquinia, Veji. Weder die letzte noch die erste Welle der Etruskomanie.

Sie erschienen auf der Apennin-Halbinsel um das Jahr 800 vor Christus. Zwischen den Flüssen Tiber und Arno und der Küste des Tyrrhenischen Meeres schufen sie die erste vorrömische historische Zivilisation.

»So groß war die Macht Etruriens, daß sein Ruhm Land und Meer erfüllte von einem Ende Italiens bis zum anderen, von den Alpen bis zur Straße von Messina«, sagt Titus Livius. Nach einem jahrhundertelangen Zeitraum des Glanzes beginnt etwa im vierten Jahrhundert vor Christus der Niedergang ihres, wenn man so sagen darf, kurzlebigen Imperiums. Im zweiten Jahrhundert ist Etrurien schon völlig verschluckt und verdaut von den machtvollen Römern. Die Historiker der Sieger arbeiten daran, die Rolle der Überwundenen gänzlich zu verwischen. Wir, die Erben des Verbrechens und des Verschweigens, bemühen uns, der Vergangenheit Gerechtigkeit widerfahren zu lassen, den großen Stummen der Historie, den in der Geschichte erfolglosen Völkern, die Stimme wiederzugeben.

Wenn man uns fragte, welche Ereignisse und Vorgänge in

der antiken Geschichte wir für die wichtigsten halten, würden wir ohne Zögern den Kampf der Griechen gegen die Perser und die Eroberungen der Römer nennen. Den Ausschlag dabei geben unzweifelhaft die mächtigen Autoritäten Herodot, Xenophon und die römischen Geschichtsschreiber. Deshalb sicherlich zeichnet sich in unserem Bewußtsein der unendlich wichtige und seit Beginn der historischen Zeiten andauernde Prozeß der Besiedelung des Mittelmeerbeckens so nebelhaft ab. Selbst für Historiker ist dieses große Abenteuer der Menschheit wie ein an vielen Stellen verwischtes Fresko, wie ein Palimpsest mit vielen Schichten, gemalt von den Händen der Griechen, Phönizier, Etrusker, Karthager, Römer, der die wenig bekannten Völker der Ligurer, Kelten, Iberer an die Oberfläche der Geschichte treten läßt.
Zu Beginn des ersten Jahrtausends vor Christus lebte die Bevölkerung Italiens auf prähistorischem Niveau, ähnlich der Bevölkerung ganz Europas, die außerhalb der großen Zivilisationsherde des Ostens blieb. Die spärlich auf der Halbinsel verstreuten Dörfer oder im Höchstfalle die befestigten Sammelpunkte auf den Gipfeln der Anhöhen waren bewohnt von Bauern und Hirten, die sich primitiver Geräte aus Kupfer oder Bronze bedienten. Im neunten, vielleicht auch erst im achten Jahrhundert wurde Italien durch die Etrusker aus dem langen prähistorischen Schlaf gerissen. Von der Po-Ebene bis nach Kampanien, entlang dem Ufer des Tyrrhenischen Meeres entstehen volkreiche Städte, entwickelt sich der Handel, wird die Metallurgie geboren, erblüht zum ersten Mal auf der Halbinsel eine große Kunst. Die Etrusker haben alle Voraussetzungen, eine der entscheidenden Mächte der Mittelmeerzivilisation zu werden: fruchtbare Erde und Bergwerke, Armee und Flotte. Die Alten schrieben ihnen eine Reihe wichtiger Erfindungen auf dem Gebiete der Navigation zu, unter anderem die Entdeckung des Steuers, und selbst wenn das

keine präzise Information ist, weist sie doch darauf hin, daß die Etrusker einen ehrenvollen Platz unter den antiken Seemächten einnahmen.

Latium, die Wiege römischer Macht, ist bis zur Mitte des siebenten Jahrhunderts ein wenig wichtiges Land, bewohnt von vierzig Stämmen, die untereinander in recht loser Verbindung stehen. Was ist das Ewige Rom, ehe Klio gesprochen hat? Ein paar kümmerliche Dörfer auf den berühmten Sieben Hügeln und eine Bevölkerung unterschiedlicher Abkunft und Sitte, die in einem Zustand nahe der Barbarei lebt.

Man muß Romulus und Remus samt ihrer Ernährerin in das Museum der Mythen verweisen und sagen, daß die eigentlichen Schöpfer Roms die Etrusker waren. Sie zwangen den Latinern mühelos ihre Oberherrschaft auf und gründeten die Hauptstadt des künftigen Imperiums, in der von 616 bis 510 die etruskische Dynastie der Tarquinier herrschte. Die Tatsache, daß Rom zu jener Zeit eine etruskische Stadt war, ist keineswegs eine Hypothese, sie findet vielmehr ihre Bestätigung durch die jüngsten archäologischen Entdeckungen. Man fand nicht nur attische Keramik, ähnlich jener aus den etruskischen Städten, sondern auch Reste der ältesten Mauern, die die Tradition Servius Tullius zuschreibt, dem zweiten König aus der Tarquinier-Dynastie. Ein Werk etruskischer Ingenieure ist die Cloaca Maxima, die das sumpfige Gelände des Forums entwässert. Auf dem Kapitol entdeckte man unter dem gegenwärtigen Museum der Konservatoren ein Jupiterheiligtum mit der für die toskanische Bauweise charakteristischen dreifachen Cella. Zwei in Rom gefundene etruskische Inschriften beweisen, daß in dieser Stadt auch etruskisch gesprochen wurde. Es kann sein, daß der Name Rom nicht von Romulus herkommt, sondern von der etruskischen Familie Ruma; auf jeden Fall ist das älteste Symbol Roms, jene Wölfin, eine etruskische Bronze aus dem fünften Jahrhundert.

Für die Etrusker bedeuteten die Latiner zunächst weder Konkurrenz noch Gefahr. Ihre wirklichen Feinde waren die Griechen.

Traditionsgemäß lokalisiert man die Etrusker zwischen den Flüssen Arno und Tiber. In der Tat lag ihr Hauptzentrum in der heutigen Toskana, aber ihr Appetit reichte sehr viel weiter: im Norden bis zur Lombardei, der Kornkammer Italiens, im Süden bis nach Kampanien. Die Etrusker landeten auf Korsika, auf Sardinien. Wenn man Diodor von Sizilien glauben darf, planten sie sogar die Besiedelung einer sagenhaften Insel im Ozean jenseits der Säulen des Herkules (sicherlich Madeira oder eine der Kanarischen Inseln), also am Rande der damaligen Welt.

Den Siedlern gingen gewöhnlich die Kaufleute voraus. Die Visitenkarte der Etrusker für die Archäologen ist der für die toskanische Keramik charakteristische schwarze Bucchero, den man in Marseille, auf der Iberischen Halbinsel und in Karthago ausgegraben hat.

Sehr früh kreuzten sich die Wege der Etrusker und der Griechen wie Schwerter. Schon die ersten Siedler aus Euböa stießen im östlichen Sizilien auf die Toskaner; der Kampf um die Liparischen Inseln bricht aus. In Kampanien gelingt es den Griechen, den Hafen Cumae unweit des etruskischen Capua, also mitten im feindlichen Land, zu halten. Die Etrusker verbünden sich mit den Karthagern und besiegen im Jahre 540 die griechische Flotte an der Küste Korsikas. Der Sieg war nicht entscheidend, das schwankende Gleichgewicht sollte kaum einige Jahrzehnte andauern.

Das fünfte Jahrhundert prophezeit den Etruskern den Beginn einer langen Agonie. Der Verlust Roms wäre für sie nicht so bedrohlich gewesen, hätte er nicht die Geburt der zukünftigen Herren der Welt bedeutet. Nachdem die Römer sich Latium untergeordnet haben, treten sie fast sofort zum Angriff auf das nahe Veji an. Der Bericht vom Kampf

dieser beiden Städte, den man bei den römischen Historikern und besonders bei Titus Livius finden kann, gibt ein beredtes Zeugnis davon, daß in der Zeit dieses Ringens die römische Idee von der Unterwerfung der Welt aufkeimt. Die dramatische und epische Beschreibung des hundertjährigen Ringens hat gewissermaßen den Trojanischen Krieg zum Vorbild. Die Stadt fällt endgültig im Jahre 396 (wie Troja nach zehnjähriger Belagerung), die Bevölkerung geht in die Sklaverei oder wird massakriert; das Standbild der Juno wird das neuerbaute römische Heiligtum auf dem Aventin schmücken. Etruriens Schicksal ist entschieden. Der Fall der glanzvollen etruskischen Städte Tarquinia, Ceare, Vulci, Volsinii ist nur noch eine Frage der Zeit.
Am selben Tage, an dem – wenn man Nepos glauben will – der grausame M. Furius Camillus Veji erobert, brechen die Horden der Kelten in die Po-Ebene ein. Die Einkreisung Etruriens ist nun vollständig. Zwar begnügen sich die Kelten mit der Eroberung der fruchtbaren Ebene (sie schaffen dort die Gallia Cisalpina), ihre Raubzüge aber quälen das Land. Der Krieg mit den Römern ist trotz aller Grausamkeit ein Krieg zweier gleichrangiger, einander im Zivilisationsniveau angenäherter Partner. Man kann in ihm die anerkannten Grundsätze der Taktik und das diplomatische Spiel anwenden. Die anarchischen Banden der Barbaren jedoch brachen herein wie Hagelschlag, Dürre und Seuche. Sie mußten ein ähnliches Gefühl des Grauens und der Ratlosigkeit wecken wie die Wikinger, die das mittelalterliche Europa überfielen.
Indem wir vom Kampf der Etrusker mit den Römern sprechen, machen wir uns einer irreführenden Verallgemeinerung schuldig. In Wirklichkeit war Etrurien nie ein Staat in der heutigen Bedeutung dieses Wortes, sondern eine Konföderation von Städten und zu diesen gehörenden Gebieten, ohne deutliches politisches Zentrum, ähnlich wie im alten Griechenland. Es gab zwar das Phänomen der

Hegemonie (Tarquinia, Ceare, später Chiusi), aber jede Stadt führte ihre eigene Politik. Das erleichterte den Römern ihr Handeln unendlich. Nie stießen die vereinigten Armeen der Etrusker mit den Römern zusammen. Zur Zeit tödlicher Bedrohung eines Teils der Städte paktierte der andere mit Rom oder sah der Katastrophe seiner Nachbarn gleichgültig zu. Auch verstanden es die Etrusker nicht, die vorübergehenden Niederlagen ihrer Gegner wie z. B. in der Zeit der Samniterkriege für sich auszunutzen. Die Römer dagegen schalteten methodisch, mit lateinischer Konsequenz, ein Widerstandszentrum nach dem anderen aus. Schlossen sie einen Waffenstillstand, dann nur, um sich für den nächsten Feldzug vorzubereiten. Für die Etrusker bedeutete Friede das fatalistische Warten auf den Todesstoß. Ihre Taktik war eine verzweifelte Defensive.

Womöglich ist dieses Schicksalsbild der Etrusker das Resultat der Tatsache, daß wir sie ausschließlich im Licht fremder Quellen sehen. Sie sind also gewissermaßen Objekt der Geschichte und nicht bewußtes Subjekt, das sich rechtfertigt, das seine Niederlagen entschuldigt, das von den Nachfahren ein mildes Urteil und Nachsicht fordert.

Selbst angenommen, wir kennten alle wesentlichen Tatsachen der Geschichte Etruriens, wie blaß und abstrakt erscheint ihre Schilderung neben der Historie Roms voll großer Gestalten, Helden, Senatoren und Generale. Aber dieser Mangel wird ausgeglichen durch eine neue Schau der Menschheitsgeschichte und weist auf den biologischen Charakter des Phänomens Zivilisation hin. Die Historie der Etrusker ist gleichsam die Historie einer ausgestorbenen Tiergattung. Ein hoher, scheinbar unmenschlicher Beobachtungspunkt.

Anfangs waren die etruskischen Stadtstaaten Monarchien, an deren Spitze ein Souverän stand, der »Lucumo«, der die höchste religiöse, gesetzgebende und militärische, mithin

die absolute Macht besaß. Die Krise dieser Macht zeichnete sich ähnlich wie in Rom zwischen dem sechsten und fünften Jahrhundert ab, und ähnlich wie auf der ganzen Welt erwiesen sich die Symbole dem, was sie ursprünglich bedeuteten, an Lebenskraft überlegen. Die goldene Krone, die sella curulis – der mit Elfenbein verzierte Thron, die Liktorenbündel und das zweischneidige Beil (ähnlich wie bei den Minoern) wurden von den Römern »entliehen« und zu Attributen der höheren Beamten und der Triumphatoren gemacht. In Etrurien verwandelte sich die ursprüngliche Monarchie in die Regierung einer Oligarchie; diese verteidigte ihre Privilegien gegen die Drohung der Einzelherrschaft und gegen die plebejischen Bewegungen, die trotz Aufständen wie z. B. im Jahre 264 in Volsinii das steife und komplizierte Regierungssystem nicht zu modifizieren vermochten. Dem aristokratischen etruskischen Staat war ein stufenweiser Ausgleich der Unterschiede zwischen Patriziat und Plebejern fremd, wie wir ihn aus den ersten Jahrhunderten der römischen Republik kennen. Sogar die bewunderten Künstler – griechische Handwerker, die sich sehr früh in der Toskana ansiedelten – hatten in diesem Land den Status von Metöken, ganz zu schweigen von der Sklaven, deren Los nicht besser war als in anderen antiken Staaten, wovon blutig unterdrückte Aufstände zeugen. Man darf weder dem glauben, was sentimentale Romanschriftsteller von der Sanftmut der Etrusker schreiben, noch den Szenen der Fresken (sie sind nämlich ein Film aus dem Leben der Oberschichten), wo zwischen den Tischen des Festmahls schöne Mundschenken, Flötisten und Tänzer sich betätigen.
Tausende von Statuetten etruskischer Krieger, denen man in italienischen Museen begegnen kann, wecken ein Gefühl des Entzückens und zugleich des sanften Mitleids. Schlanke Körper, schöne helmgeschmückte Köpfe, Speere, die leicht wie Federn gehalten werden, erinnern eher an

Ballettmeister als an blutgierige Soldaten. Trotz dieser ästhetischen Suggestion scheint es, als sei die Armee der Tyrrhener durchaus schlagkräftig gewesen, bestimmt aber sehr gut ausgerüstet und organisiert. Eine in der Nähe von Bologna gefundene Bronze stellt sie auf dem Marsch dar. An der Spitze befindet sich die Kavallerie, danach das Fußvolk, deutlich getrennt in drei Treffen: das des ersten Stoßes und die zwei Linien der Schwerbewaffneten. Den Zug beschließen leichtbewaffnete Soldaten. Das entspricht genau der Einteilung der römischen Legion in hastati, principes und triarii. Sogar auf diesem Gebiet wurden die Etrusker – zu ihrem eigenen Verderben – Lehrmeister der Römer.

Was aber sind Strategie und Panzer gegen den Blitz des Gottes und das droben aufgezeichnete Schicksal. Die Etrusker waren zweifellos eines der religiösesten Völker des Altertums, aber der Charakter ihres Glaubens verlieh ihnen, selbst wenn er ihnen Tröstungen herabsandte, gewiß keine Flügel wie den Arabern oder Juden der ihre. Im Gegenteil, er scheint seine Bekenner in das dichte Netz des Fatalismus verstrickt zu haben. Im Gegensatz zur griechischen und römischen Religion war es eine Offenbarungsreligion. Eines Tages erhob sich aus der Ackerfurche vor den Augen des Landmannes Tarchon, des Gründers von Tarquinia, ein übernatürliches Wesen. Es war der Gott Tages. Er hatte die Gestalt eines Kindes, aber die Weisheit eines bejahrten Alten. Auf den Schrei des entsetzten Tarchon hin liefen die Leute zusammen. Tages begann seine Belehrung.

Was wir von der etruskischen Religion wissen, verdanken wir römischen, griechischen und byzantinischen Kommentaren. Sie stammen aus einer späten Epoche, als die Zivilisation der Tyrrhener schon tot war. Gewiß muß man damit die geringfügigen Nachrichten über die Essenz der Religion, also über ihre Metaphysik und Moral, erklären.

Die Aufmerksamkeit der Kommentatoren konzentrierte sich hauptsächlich auf ihre, wenn man so sagen darf, technische Seite, auf das Wahrsagen, nach der Meinung der Alten über Etrurien die *genetrix et mater superstitionum.*
Die etruskische Disziplin, wie die römischen Kommentatoren sie nannten, war eine Sammlung von Vorschriften, die das Verhältnis zwischen Göttern und Menschen regulierten, und sie stützte sich hauptsächlich auf die Zeichendeutung. Zwischen dem menschlichen Mikrokosmos und dem Makrokosmos der Götter walteten präzise, formale, in jener Disziplin kodifizierte Zusammenhänge. Es war Sache der Priester, die Geschichte der Menschen und des Volkes herauszulesen.
Die heiligen Bücher der Etrusker – ihre Tradierung erfolgte ursprünglich wie bei den keltischen Druiden mündlich – teilten sich grundsätzlich in drei Gruppen: die *libri haruspicini,* die von der Kunst des Wahrsagens aus den Eingeweiden der Tiere (hauptsächlich aus der Leber) handelten, die *libri fulgurales,* Interpretationen der Blitze, und schließlich die *libri rituales,* eine sehr umfangreiche Sammlung von Vorschriften sowohl für das individuelle Leben als auch für den Staat, die Methoden für die Gründung von Städten und den Bau von Heiligtümern, ferner die Verfassung sowie die Auslegung von Träumen und Wundern enthielt.
In dem kleinen städtischen Museum der Ortschaft Piacenza befindet sich eine Bronze in Form einer mit Inschriften bedeckten Leber. Nun war die Leber nach der antiken Überzeugung der Sitz des Lebens und besonders für die Etrusker ein Miniaturbild des Kosmos. Jene in den siebziger Jahren des vorigen Jahrhunderts gefundene Bronze war eine Art Handbuch für die die Eingeweide untersuchenden Priester. Ihre Oberfläche ist in sorgfältig gezeichnete geometrische Figuren eingeteilt, in deren Mitte die Namen der Götter eingeschrieben sind. Sie ist also gewis-

sermaßen ein kleiner Himmelsspiegel, eine Topographie der Götter im lebendigen Körper. Aller Wahrscheinlichkeit nach untersuchte der Priester sehr genau die Leber des Opfertieres, und aufgefundene Anomalien waren für ihn Zeichen, die Stimme eines konkreten Gottes.
Auch durch Blitze redeten die Götter. Elf Arten von Blitzen waren in der Hand von neun Göttern. Nur Tinia (Gegenstück des römischen Jupiter) verfügte über drei Blitze, aber die Bedingungen für ihre »Ingangsetzung« waren sonderbar. Den ersten konnte er nach eigenem Willen schleudern, das war der warnende Blitz. Der zweite, gefährlichere, durfte erst fallen, wenn die zwölf göttlichen Genossen Tinias zugestimmt hatten. Der dritte, das mörderische und vernichtende Himmelsfeuer, konnte nur unter der Bedingung auf die Erde hinabgeschleudert werden, daß alle sogenannten höheren Götter einverstanden waren. Diese eigenartige Kollegialität weist auf eine weitgehende Kompliziertheit der himmlischen Hierarchie hin und forderte von den Priestern subtile Beobachtungsmethoden. Der Himmel der Tyrrhener war in sechzehn Teile eingeteilt. Die Entdeckung des Punktes, wo der Blitz entsteht, und des Punktes auf der Erde, wo er einschlägt, erlaubte den etruskischen Priestern, die redende Gottheit zu identifizieren.
Die Beschreibung einer Religion darf nicht auf ein Götterinventar reduziert werden. Die Aufzählung der Götter und ihrer Attribute sagt wenig vom Wesentlichen. Im Fall der Religion der Etrusker ist das zudem eine besonders heikle Sache wegen der Bruchstückhaftigkeit der Dokumente und des starken Einflusses fremder Glaubensvorstellungen, vor allem aus der griechischen, babylonischen und chaldäischen Religion. Man muß dabei die tiefgreifenden historischen Wandlungen berücksichtigen, denen die Religion der Etrusker unterlag, und ebenso die Tatsache, daß einzelne Götter keinen allgemeinen Charakter besaßen, sondern an

einen bestimmten Ort, eine Stadt, ein Heiligtum gebunden waren.
Den höchsten Platz im etruskischen Pantheon nimmt die himmlische Dreiheit ein: Tinia, Uni, Menerva (der in Rom die männliche Trias Jupiter, Mars, Quirinus entspricht). Aus Volsinii stammt Vertumne, ein jünglinghafter Vegetationsgott voller Kraft und Schwung in tausend wechselnden Gestalten wie die Natur. Der Schutzherr der Weinrebe, zunächst in Populonia, dann in ganz Etrurien verehrt, trug den klangvollen, an einsaugendes Weinschlürfen gemahnenden Namen Fufluns. Sein unter den Tyrrhenern ungemein verbreiteter orgiastischer Kult bedrohte die Sittlichkeit der Römer, wovon die Notiz eines der Historiker zeugt. Die bekannteste weibliche Gottheit war Turan, die etruskische Verkörperung der mittelmeerischen Muttergöttin, Beschützerin der Frauen und der Liebe.
Diese Aufzählung der Götter in Beispielen könnte suggerieren, die Religion der Etrusker wäre voll freudiger Weltbejahung gewesen. In Wirklichkeit gab es, vielleicht außer den Ägyptern, kein antikes Volk, das so sehr das Gesicht dem düsteren Jenseits zuwandte. Angst, Pessimismus (der sich infolge der politischen Niederlagen ständig vertiefte), unablässige Todesgegenwart bilden die charakteristischen Züge dieser Religion.
Die frühen etruskischen Gräber sind noch voller Jagdszenen, Festmähler, Tänze und Musik. Die Schatten scheinen ein sorgloses und fröhliches Leben zu führen. Aber vom vierten Jahrhundert an tauchen an den Wänden der Todeshäuser Dämonen auf, schrecklich wie Nachtvögel: Charun und Tuchulcha. Das Grab der Auguren in Tarquinia ist ein erschütterndes Dokument für die grausamen Beerdigungsspiele zu Ehren der Toten. Das Wandgemälde stellt zwei miteinander ringende Gestalten (gewiß Sklaven) dar, deren Blut den Seelen der Toten Linderung bringen sollte. Eine der Gestalten hält einen riesigen Hund an der Leine und

greift einen Mann an, dessen Kopf in einen Sack gebunden ist und der sich mit einer Keule wehrt.

Diese evidente Grausamkeit störte die Menschen der Antike nicht, und keiner der uns bekannten Schriftsteller hat den Etruskern aus diesem Grunde Vorwürfe gemacht. Übrigens haben viele blutige römische Schauspiele, und wären es nur die Gladiatorenkämpfe, ihren Ursprung in Etrurien. Solche Dinge lagen außerhalb der moralischen Wahrnehmungsfähigkeit der Zeitgenossen. Dagegen waren charakteristischerweise die Sitten der Etrusker in den Augen der Griechen und Römer wahrhaft anstößig. Gegenstand der wütenden Kritik war ihr Verhältnis zu den Frauen. Die ungewöhnlich hohe Stellung der Frau in der Gesellschaftsordnung der Tyrrhener, die »Weiblichkeit« ihrer Zivilisation ärgerte besonders die Römer maßlos. Man kann ohne Übertreibung sagen, daß Aeneas' Nachfahren aus den Etruskern so etwas wie ein negatives Persönlichkeitsvorbild machten, den schwarzen Hintergrund, auf dem ihre strengen Tugenden leuchten sollten.

Es ist eine uralte und unfehlbare Methode, den Nachbarn zu beleidigen, wenn man die Tugend seiner Frau oder Tochter in Zweifel zieht. Man könnte eine umfangreiche Anthologie von griechischen und römischen Texten zusammenstellen, welche die – nach der Ansicht der Autoren – fatale Konduite der tyrrhenischen Frauen zum Gegenstand haben. Herodot schreibt, in Lydien (also in der angeblichen Heimat der Etrusker) betrieben alle Mädchen Prostitution, um auf diese Weise ihre Mitgift zu verdienen.

Plautus versäumte nicht, offenbar diesem Vorbild folgend, die sittenlosen Mädchen der Tyrrhener zu beschimpfen:

> . . . non enim hic, ubi ex tusco more
> Tute tibi indigne dotem quaeres corpore.

Ein griechischer Historiker des vierten Jahrhunderts, Theopomp, schildert das Leben der Etrusker als nicht endende, schamlose Orgie.
Auf den Wandgemälden, die sich in den etruskischen Grabstätten befinden und Gastmähler, Vergnügungen, Feste darstellen, sehen wir stets Frauen an der Seite der Männer. Wohl nur in der kretisch-mykenischen Zivilisation erreichen sie eine so hohe Stufe der Freiheit und Unabhängigkeit. Der Zusammenhang der beiden weit entfernten Kulturen drängt sich der Einbildungskraft mit besonderem Nachdruck auf. Dieser Empfindung ist auch ein so präziser Geist wie Ventris erlegen, der in einem frühen Werk festzustellen versuchte, bis zu welchem Grade trotz der doch geringen historischen Wahrscheinlichkeit die etruskische Schrift an die Linear-B erinnert. Die im Altertum eine Ausnahme bildende hohe soziale Stellung der etruskischen Frauen wird durch die Tatsache unterstrichen, daß man den männlichen Namen nicht den des Vaters, sondern den der Mutter hinzufügte.
Wie es auch immer stand mit der Moral, gewiß ist, daß die Etrusker Meister auf dem Gebiet der Lebenskunst waren. Ein anziehender, kindlicher Leichtsinn kennzeichnet sie, ein Kult des Vergnügens, eine Neigung zu raffinierter Eleganz und zum Luxus. Die toskanischen Renaissancehöfe sind wie ein fernes Echo dieser Zivilisation.
Das Haus, zunächst nur ein Raum, später mit vielen Zimmern rund um das Atrium, bildete den Rahmen einer Existenz voller Intimität und Zauber.
»Sie hatten die Gewohnheit, sich zweimal täglich zwischen Schmuckteppichen aus Blumen und verschiedenen Silbergeräten zum Gastmahl niederzusetzen. Bei Tisch wartete ihnen eine große Zahl von Dienern auf, die unter den Anmutigsten ausgewählt worden waren und mehr oder weniger kostbare Gewänder trugen, je nach der Art des Empfangs. Alles, sowohl die Gemächer als auch die Gast-

geber und die Diener, war herrlich. [. . .] Jetzt haben sie ihre alte Stärke und den Kriegsruhm ihrer Vorfahren bereits eingebüßt; sie verbringen das Leben bei Gastmählern und flüchtigen, weibischen Vergnügungen, und dieser Niedergang hat seinen Ursprung vielleicht im Reichtum ihres Landes.«

Ihre Küche muß vorzüglich gewesen sein. Das Wandgemälde im Golini-Grab in Orvieto ist sozusagen voll schmackhaften Küchenduftes. Mit erstaunlichem Realismus hat man das ganze komplizierte Laboratorium der Feinschmecker, die klug erdachten Küchenutensilien, die an Haken aufgehängten Fleisch- und Wildbretseiten dargestellt.

Musik und Tanz begleiteten das Gastmahl. Hätten wir eine Tonreportage aus dem Leben der Etrusker, so wären modulierte, unaufhörliche, leidenschaftliche Flötentöne darin der dominierende Akzent. »Beim Ton der Flöte schritten die Tyrrhener zum Faustkampf, mischten sie den Brotteig, geißelten sie ihre Sklaven.« Ein erstaunlicher Satz des antiken Beobachters. Die etruskische Legende spricht auch von einer wahrhaft orphischen Jagdmethode: Ein im Dikkicht verborgener Flötist lockte mit dem Ton seines Instruments das Wild in die Netze.

Von Musik und Tanz ist es nur ein Schritt zum Theater. Seine Genesis soll nach Ansicht eines römischen Autors die folgende gewesen sein: Junge Leute, die zu den Göttern beteten, vollführten eine Reihe von Gesten, ungeschickt zuerst, dann aber so, daß sie den Inhalt der Bitten an den Himmel ausdrückten. Etruskische Tänzer, Mimen und Schauspieler zogen bald in Rom ein und wurden dort unendlich beliebt (das Wort *histrio* ist etruskischer Herkunft). Die zweite Quelle des Dramas waren die Gesänge der Bauern, die ihren himmlischen Schutzherren Opfer darbrachten. Der berühmteste Mittelpunkt derartiger Feierlichkeiten war die Ortschaft Fescenium. An diese Volks-

lieder voll bäuerlicher Verse, voll Humor und Derbheit erinnert Horaz und unterstreicht dabei ihre sprichwörtliche Freiheit und ihren derben Sarkasmus. Von der gesamten dramatischen Literatur der Etrusker ist nichts übriggeblieben, sofern man nicht den verirrten und seiner Werke beraubten Namen des Autors toskanischer Tragödien, eines gewissen Volnius, mitzählen will.
Doch war das Leben in Etrurien kein Fest ohne Ende. Etrurien war ein Land der Kunst und der düsteren Religion und einer gegenüber der römischen sehr anderen Lebensauffassung. Scheinbar paradox (für uns, die wir aus Erzählungen das Leben der Millionäre kennen) ist die etruskische Verschmelzung der Angst vor dem Tode mit dem raffinierten Luxus.
Wir haben gesagt, die Etrusker seien im achten Jahrhundert in Italien erschienen. Das klingt, als wäre die Rede von einem Geist aus einer romantischen Ballade. Das Problem ihrer Herkunft bewegte schon die Menschen des Altertums leidenschaftlich. Herodot läßt sie aus Lydien, das an der Küste Kleinasiens liegt, stammen.
»Zur Zeit des Königs Atys, Sohn des Manes, suchte eine furchtbare Hungersnot ganz Lydien heim. Die Lyder ertrugen sie eine Zeitlang geduldig, dann aber, als sie nicht aufhörte, suchten sie nach Gegenmitteln, wobei der eine auf dies, der andere auf jenes verfiel. Damals erfand man das Würfelspiel, das Knöchelspiel, das Ballspiel und alle anderen Arten von Spielen mit Ausnahme des Brettspiels; diese Erfindung nämlich nehmen die Lyder nicht für sich in Anspruch. Nach der Erfindung der Spiele verhielten sie sich dem Hunger gegenüber folgendermaßen: Einen Tag lang spielten sie, um nicht an das Essen zu denken, ohne Pause, am zweiten Tag spielten sie nicht und aßen. Auf diese Weise verbrachten sie achtzehn Jahre. Als jedoch die Hungersnot nicht verging, sondern sich immer mehr verschärfte, teilte der König alle Lyder in zwei Gruppen ein

und ließ sie losen: Die eine Gruppe sollte im Lande bleiben, die andere in die Ferne ziehen. Dem Teil, dem das Los, im Lande zu bleiben, zugefallen war, bestimmte er sich selbst zum König, den Emigranten aber seinen Sohn namens Tyrrhenos. Die das Los getroffen hatte, verließen das Land, zogen nach Smyrna und bauten sich Schiffe. Auf sie brachten sie alle bewegliche Habe, die sie benötigten, und fuhren ab, um sich Lebensunterhalt und Land zu suchen. Nachdem sie an vielen Völkern vorbeigefahren waren, kamen sie schließlich zu den Umbrern, wo sie Städte gründeten und bis zum heutigen Tage leben. Den Namen Lyder ersetzten sie durch einen anderen, von dem Namen des Königssohnes, der sie hergeführt hatte, abgeleiteten: nach ihm schufen sie den Namen und nannten sich Tyrrhener.«

Andere Historiker geben die Inseln des Ägäischen Meeres als die Wiege der Etrusker an. Dionys von Halikarnass hält sie für Autochthone. Die Griechen nannten sie Tyrsenoi, Tyrrhenoi, die Römer Tusci, Etrusci; sie selbst bezeichneten sich mit dem Namen Rasenna, Rasna. Die gegenwärtigen Wissenschaftler sprechen sich mehr für die Theorie der östlichen Herkunft der Etrusker aus. In einer seiner Arbeiten sagt Massimo Pallottino, der Papst der Etruskologen, nicht ohne Verärgerung, es genüge, wenn in einem Salon ein Erforscher dieser toten Zivilisation auftauche, er werde sofort überschüttet mit Fragen nach nichts anderem als nach der Abstammung der Etrusker. Dagegen quält niemand die Gelehrten mit Fragen nach der Herkunft der Griechen und Römer, als ob diese Probleme endgültig geklärt und allgemein bekannt wären, während sie doch in Wirklichkeit ebenso kompliziert und rätselhaft sind wie die Genesis der Etrusker.

Die Verärgerung des Gelehrten ist berechtigt, doch was tun gegen die menschliche Neugier und das Bedürfnis, zu den Anfängen vorzudringen? Die, deren Herkunft wir nicht kennen, existieren für uns nur unsicher und unvollkommen. Die antiken Geschichtsschreiber haben dieses Bedürfnis verstanden. Ihre Werke sind voll von meist erdachten Genealogien. Wir sehen die Gesamtheit durch das Prisma des einzelnen und der Familie aus reiner genealogischer Linie, die sich herleitet von dem Stammvater-Helden. Wo Herodot von Leonidas spricht, kommt er nach einer biblischen Aufzählung der Vorfahren zu Herkules und stützt die historische Gestalt durch den mythischen Ahnen.

Für die Griechen waren die Etrusker ein beunruhigendes Rätsel. Nicht nur deshalb, weil sie das erste ernstliche Hindernis ihrer kolonisierenden Eroberungen bildeten, sondern auch, weil sie sich nicht völlig in der Kategorie der Barbaren unterbringen ließen. Sie besaßen nämlich eine Kultur und eine politische Organisation, die der griechischen sehr nahe stand, ja, ihr in vieler Hinsicht glich, und sprachen dazu noch eine Sprache, die an den Dialekt der Ureinwohner von Lemnos vor der Eroberung dieser Insel durch die Athener erinnerte, wovon eine aufgefundene steinerne Grabstele zeugt, die Inschriften in einer dem Etruskischen verwandten Sprache trägt.

Wie kommt man heraus aus dem Teufelskreis der Vermutungen und Hypothesen, in die auch schon die Alten verstrickt waren? Franz Altheim und Massimo Pallottino schlagen vor, die Frage nach der Herkunft der Etrusker durch die sinnvollere Frage zu ersetzen, wie sich dieses Volk auf der Apennin-Halbinsel geformt hat. Unabhängig davon, ob sie Autochthone waren oder aus dem Osten kamen, ihre Zivilisation entstand und blühte auf in Italien, und sie war gewiß ein Ergebnis vieler Faktoren, einer ethnischen Mischung und nicht eines reinen Stammes. Denn wenn wir von den Franzosen (oder von sonst einer großen Nation) sprechen, wissen wir, daß zum Begriff dieser Nation so verschiedene Völker wie die Kelten,

Ligurer, Römer, Franken beigetragen haben, um sich nur auf die erstbesten zu beschränken. Ein Stein mehr in den Garten der Wahnsinnigen, die an die ethnische Reinheit der Nationen glauben.

Das Geheimnis der etruskischen Sprache zieht seit mehr als drei Jahrhunderten den Geist der Forscher an. Die Entzifferung einer unbekannten Schrift ist gewöhnlich ein Suchen nach phonetischen Entsprechungen und nach dem Sinn der Zeichen. So war es bei den Hieroglyphen wie bei der Keilschrift. Mit der etruskischen Sprache steht es diametral entgegengesetzt und geradezu paradox. Wir können nämlich die etruskischen Texte ziemlich leicht lesen, aber wir verstehen sie nicht, genauer – wir verstehen wenig. Anders gesagt, das alphabetische System der Etrusker ist uns (trotz der Wandlungen, denen es im Lauf der Jahrhunderte unterlag) bekannt. Wir wissen, daß das tyrrhenische Alphabet wahrscheinlich vom griechischen abgeleitet ist und daß die einzelnen Zeichen Laute darstellen, ähnlich wie im Griechischen. Die Phonetik dieser Sprache jedoch ist entschieden anders als die griechische (z. B. fehlt völlig der Selbstlaut o, den in der Sprache der Etrusker das u ersetzt).

Das linguistische Material einer unbekannten Schrift, die zu entziffern wir uns bemühen, muß groß genug und – wichtiger noch – unterschiedlich genug sein. Die Zahl der etruskischen Sprachüberreste ist zwar beträchtlich, denn sie beträgt 10 000, aber außer drei wertvollen Funden (von denen der größte, in Zagreb aufbewahrt, 1500 Wörter zählt) sind die Texte kurz und entsetzlich monoton. Fast alle sind Grabepigraphen folgender Art: »Vel Patunus, Sohn des Velthur und der Ramata Satnei, starb im achtundzwanzigsten Lebensjahr.« Diese reiche Zivilisation überliefert uns statt einer Dichtung und heiliger Bücher, deren Existenz wir zu Recht vermuten, eine hoffnungslos graue Sammlung von Todesanzeigen.

Das undankbare Material hat die Forscher indessen nicht abgeschreckt. Bis ein glücklicher Fund ihnen den ersehnten zweisprachigen Text in die Hand gibt, bemühen sie sich um die Entzifferung des Etruskischen. Die einen bedienen sich der deduktiven Methode: Sie unterlegen dem etruskischen Text eine der bekannten antiken Sprachen, die, wie sie annehmen, mit dem Etruskischen verwandt ist. Die Liste dieser Experimente ist lang. Geduldige Sprachkenner haben versucht, die dunklen Texte mit Hilfe des Hebräischen, Griechischen, Ägyptischen, Assyrischen, Hethitischen, der italischen Dialekte zu erhellen. Doch die Sprache der Tyrrhener erwies sich bei diesen Versuchen als ungewöhnlich widerspenstig. Andere verwenden die induktive Methode: Sie bedienen sich des bereits erheblichen Wissens von Religion und Zivilisation der Etrusker, suchen Wiederholungen, ähnliche Ausdrücke, die sich auf die Praktiken der religiösen Rituale, auf die Titel in der sozialen Hierarchie oder auf aus anderen Quellen bekannte Fakten beziehen können. Beide Methoden, die viel Vorsicht und Subtilität erfordern, haben bisher nur zu bescheidenen Resultaten geführt.
Der französische Etruskologe Raymond Bloch erzählt, während archäologischer Arbeiten in der Toskana habe der Besitzer des untersuchten Terrains ihm anvertraut, er habe eine ganz mit Inschriften bedeckte Säule gefunden. Ein Teil der Säule sei mit Zeichen des lateinischen Alphabets, der andere mit für den Bauern völlig unverständlichen bedeckt gewesen. Weil er nicht gewußt habe, was er mit dem riesigen Stein anfangen solle, habe er ihn einfach in der Erde vergraben.
»Man kann sich meine Erregung leicht vorstellen. War das nicht der so sehr ersehnte zweisprachige lateinisch-etruskische Text? Ich erbat und erhielt unverzüglich die Erlaubnis meines Informators, sein Besitztum zu durchforschen. Leider! Die Grabung ergab nichts, jedenfalls nicht das, worauf

ich gehofft hatte. Ein Haufen Steine, der zweifellos zu einigen Gebäuden aus römischer Zeit gehörte, wurde herausgeholt, aber keiner der Blöcke trug auch nur die geringste Spur irgendeiner Inschrift. Ich dehnte den Bereich meiner Suche aus, aber vergeblich. Enttäuscht und erregt zugleich, wollte ich den Grund dieses Geheimnisses aufklären. [. . .] Mein Informator, ein Bauer, hatte sicher sein Besitztum in der Hoffnung durchsucht, etruskische Gegenstände zu finden, denn die ganze Gegend war reich an toskanischen Gräbern, die wertvolles Material enthielten. Wie es oft geschieht, fand diese Suche des Nachts statt, um jede Indiskretion zu vermeiden und sich vor den neugierigen Blicken der Vorübergehenden und der Nachbarn zu verbergen. [. . .] Nachts wird die Einbildungskraft der Schatzsucher lebhafter und kühner [. . .]. Mag sein, man hatte von meinem Verlangen gehört, eine lateinisch-etruskische Inschrift zu finden, und realisierte in der Einbildungskraft den Gegenstand meiner Wünsche. Das ist nicht unmöglich. Auch eine andere Erklärung ist wahrscheinlich: Die Inschrift wurde wirklich gefunden, aber statt sie, wie er behauptete, zu vergraben, hat sie unser Schatzsucher vielleicht zerstört, indem er sie mit dem Hammer zerschlug und als Baumaterial verwandte, was in verschiedenen Ländern häufig vorkommt. Nie jedoch hätte er diese Heiligtumsschändung zugegeben.«

Das Fragment illustriert gut das erregende Spiel der Archäologie mit dem Zufall.

Die bisherigen Forschungen wurden hauptsächlich im Bereich der Nekropolen und nicht der Städte durchgeführt. Es ist mehr als wahrscheinlich, daß etruskisch-römische Dokumente, Bekanntmachungen und Dekrete über die Verwaltung und andere öffentliche Dinge existiert haben. Die Hoffnung, auf ein solches Dokument zu stoßen, gerade in den noch wenig ausgebeuteten Städten, ist um so größer, als die Sieger Sitte und Sprache der Besiegten nicht ausgerottet haben und die etruskisch-römische Epoche bis in das dritte Jahrhundert unserer Zeitrechnung fortgedauert hat. Ausgrabungen in Kampanien, also in einem Gebiet einander widerstreitender etruskischer und griechischer Einflüsse, und auch in Kleinasien können eine Lösung des Rätsels bringen. Trotz zahlreicher Mißerfolge kapitulieren die Gelehrten nicht. Der Kampf des Intellekts mit dem Geheimnis dauert an.

Die Armut schriftlicher Überlieferungen wird in hohem Grade ausgeglichen durch das reiche Material auf dem Gebiete der Kunst, das es uns erlaubt, das politische und private Leben der Etrusker wiedererstehen zu lassen. Nicht zum ersten Mal vertritt die Kunst die Schrift, wird sie zum Zeichen und Zeugnis bewahrter Gegenwärtigkeit. Statt monoton die Texte zu murmeln, ist es uns erlaubt, diese Zivilisation zu betrachten. Das ist eine Chance nicht nur für Wissenschaftler, sondern auch für Amateure. Diese suchen, wie D. H. Lawrence schreibt, nicht die objektive Wahrheit, sondern den Kontakt. »Die Etrusker sind weder eine Theorie noch eine These. Wenn sie etwas sind, so sind sie Erfahrung.«
Lange Zeit hindurch war ich blind für die etruskische Kunst. Mein Blick streifte in den Museen etruskische Bronzen, als wären es zweitrangige Werke der Griechen; die Grabskulpturen schienen mir römische Kopien zu sein. Verkürzt erlebte ich die Geschichte der Verachtung der Etrusker und der Bezauberung durch sie.
Bis zum Ende des neunzehnten Jahrhunderts wurde ihre Kunst für eine wenig interessante Kopie der griechischen gehalten. Dieser Beurteilung lag die positivistische, heute bereits überwundene Theorie vom »Fortschritt« der Kunst zugrunde. Krone der Antike war angeblich die naturalistische griechische Skulptur des hellenistischen Zeitabschnitts. Ein schlechter, akademischer Geschmack, ver-

bunden mit einer aus dem Gebiet der Sozialwissenschaften verpflanzten Theorie, verschmähte die Etrusker. In seinem 1889 herausgegebenen Buch *Die etruskische Kunst* konnte Jules Martha ungestört kundtun, sie sei auf mehr oder weniger ungeschickte Nachahmungen zurückzuführen.
Seit Beginn unseres Jahrhunderts aber haben sich die Perspektiven stark geändert. In nicht geringem Maße haben dazu die revolutionären Programme und Manifeste der zeitgenössischen Kunst beigetragen. Die Aufmerksamkeit der Historiker, der Kritiker und auch der Öffentlichkeit wandte sich Zeitabschnitten und Schulen zu, die man bisher verächtlich als primitiv, dekadent, barbarisch im Vergleich mit dem klassischen Ideal bezeichnet hatte. In der Polemik gegen dieses Ideal wurde die Kunst der Etrusker zu einem der wichtigsten Argumente.
Jene Polemiken und Umwertungsversuche beantworteten jedoch nicht die entscheidende und zu den kompliziertesten Problemen der Kunstgeschichte gehörende Frage nach der Autonomie und Originalität der etruskischen Plastik. Man sprach zwar von so kennzeichnenden Zügen in den Werken der Etrusker wie ihrer Ausdrucksintensität, die erreicht wird durch die Betonung des Details unter Vernachlässigung der gleichsam weniger geschätzten Harmonie des Ganzen, ihrem Sinn für die Bewegung, ihrer Vorliebe für die malerische Skizze, der freien, offenen Struktur ihrer Werke und auch von ihrer Neigung zu abstrakten Formen. All das war schön gesagt, aber der Umgang mit der etruskischen Kunst bedeutete für mich ein unablässiges Schaukeln zwischen Begeisterung und Enttäuschung, sie entwaffnete den kritischen Sinn und die Fähigkeit zur Analyse. Ein Abenteuer, das man den Ungeduldigen und den Klassifikatoren empfehlen sollte.
Für viele beruht der Kontakt mit einem Kunstwerk auf der Bestätigung eines allgemein angenommenen Schönheitsideals. Für diese wird die etruskische Kunst fest und

endgültig verschlossen bleiben. Um sie voll nachzuempfinden, muß man in sich die Fähigkeit spontanen, unmittelbaren Reagierens entwickeln, die fröhliche Neugier auf andere Dinge als jene, die wir zu akzeptieren uns gewöhnt haben. Die Lektion, die die Etrusker erteilen, ist eine Lektion des Sichbefreiens von ästhetischen Vorurteilen zu etwas schwer Definierbarem, zum uneigennützigen Spiel der Augen mit dem Objekt.

Das Gefühl des sich steigernden Chaos begleitete mich, während ich neue etruskische Nekropolen, neue Bronzen, neue Skulpturen kennenlernte. Es ist schwer, eine deutliche Entwicklungslinie dieser Kunst oder eine sinnvolle, erhellende Einteilung in Schulen und Abschnitte zu erkennen. Zweifellos sind die großen Werke, ohne die das Museum unserer Einbildungkraft ärmer wäre – der Apoll von Veji, der Sarkophag des Ehepaares aus Volterra –, vermischt mit Kunstgegenständen, deren Seriencharakter und artistische Zweitrangigkeit verletzen und abstoßen. Fast in jedem Werk der Etrusker sind drei Zeiten enthalten: das Erbe einer sehr fernen Vergangenheit, der gleichzeitige Einfluß der griechischen Kunst und die Vorwegnahme der römischen. Die Etrusker scheinen auf künstlerischem Gebiet, ähnlich wie im Leben, unablässig hinter der ungreifbaren Form und Kristallisation herzujagen.

Eine melancholische Promenade: Cerveteri, Tarquinia, Volterra, Veji; steinerne Grabhügel, mit dichtem Gras überwachsen. Im Königreich der Pinien, Grillen und Zypressen dicht unter der Erde, auf den Wänden festgehalten, Gastmahl, Jagd, Ballett. Am tiefsten prägen sich dem Gedächtnis die Grabskulpturen ein: ein Mann, auf den Ellbogen gestützt, den Kopf erhoben, mit einem Gewand bedeckt, das seinen Oberkörper enthüllt, als wäre die Ewigkeit eine lange, heiße Sommernacht.

Seigneur de Montaignes Reise nach Italien

Il est bon voyager quelquefois; cela étand les idées et rabat l'amour-propre. *Sainte-Beuve*

Wenn einst die Körperkräfte nur noch ausreichen, das Kopfkissen aufzuschütteln, sollte man ein Werk schreiben – ein Buch also und nicht eine kleine Skizzensammlung – mit dem Titel: Einleitung zu einer Theorie des Reisens.

Um das abgründige Thema in Grenzen zu fassen, müßte man darauf verzichten, die vielen Arten von Reisen zu beschreiben, und sich auf die edelste beschränken, die die Deutschen Bildungsreise nennen.

Mir schien die Idee einleuchtend, daß wir durch die Analyse der Reiseberichte von der Zeit der Renaissance bis mindestens ins 19. Jahrhundert (selbst wenn wir nur die Beschreibungen Italiens in Betracht ziehen) interessantes Material über die künstlerische Sensibilität der Vertreter verschiedener Epochen, über den Wandel des Geschmacks, des ästhetischen Kanons, über die Morgen- und Abendröten der Meisterwerke gewännen.

Aus der reichen Literatur zum Thema habe ich fürs erste Montaignes *Voyage en Italie* in der Hoffnung gewählt, daß sich in dem Buch des glänzenden Schriftstellers und zugleich typischen Vertreters seiner Zeit alles konzentriere, was Italien und seine Kunst für den Menschen der Renaissance war.

Die Handschrift, spät und zufällig, nämlich erst 1774 durch einen Kanoniker, der Material zur Geschichte von Périgueux suchte, in einem alten Koffer auf Schloß Montaigne entdeckt, gehört nicht zu den bekannten und vielgelesenen Werken. Das Manuskript von der Hand des Autors der *Essais* und seines Sekretärs wird zu den Randergebnissen im Werk Montaignes gerechnet. Es ist literarisch nicht bearbeitet (und gewiß nicht zur Veröffentlichung bestimmt), dafür aber ein ehrliches Reisetagebuch. Ein eigenartiges Buch, das mich zunächst abstieß, weil ich nicht gleich fand, was ich erhofft hatte, und das, je länger ich darin las, meine Aufmerksamkeit um so stärker fesselte.

Es ist keine Indiskretion, wenn man sagt, daß das Motiv für Montaignes Reise nicht ausschließlich die Wißbegierde war, sein »humeur avide des choses nouvelles«, sondern ein physisches Leiden: er hatte Nierensteine. Der toskanische Ort Villa bei Lucca war berühmt durch seine Heilquellen. Montaigne, der über die Ärzte spottete und wie ein Römer die Bäder (also die Natur) verehrte, brach am 22. Juli 1580 auf – um Heilung zu finden. Bei dieser Gelegenheit – wie wir heute sagen würden, damals aber bedeutete das eine zusätzliche Expedition – besuchte er natürlich Rom, das Ziel und den Traum aller Humanisten. Für Montaigne war das besonders wichtig, hat er doch über sich geschrieben, seine Muttersprache sei das Lateinische, er habe die Angelegenheiten Roms früher kennengelernt als die des eigenen Hauses. Auf dem Rückweg suchte er die durch ihre Wunder berühmte Ortschaft Loreto auf. Villa und Loreto – das rührende Symbol einer doppelten Versicherung.

Montaignes Buch ist kein Führer zu den Altertümern. Dagegen nehmen Beschreibungen von Herbergen und gastronomische Probleme darin einen bedeutenden Raum ein. Es ist überraschend, daß auf dem Höhepunkt der Renaissance einer ihrer großen, schöpferischen Menschen so wenig Interesse für die Fragen der Kunst beweist. Nur den Namen eines Malers finden wir auf den Seiten des Tagebuchs. Während seines Besuchs in Pisa erwähnt Montaigne die Fresken »d'un Gondi de Florence« (vermutlich der verballhornte Name des Giovanni Gaddi).

Die Entscheidung, ob das ein Zufall oder das Ergebnis der persönlichen ästhetischen Neigungen des Autors ist, fällt schwer, fest steht aber, daß Montaigne der Plastik erheblich mehr Aufmerksamkeit schenkte. In San Lorenzo bemerkt er die Statuen Michelangelos und findet sie ausgezeichnet. Er besucht die Villa d'Este in Tivoli und führt eine Liste von über einem Dutzend Bildhauerarbeiten auf, die ihn besonders interessiert haben, übrigens ohne den Versuch einer genaueren Beschreibung. In dieser Liste erscheinen anerkannte Meisterwerke des Altertums: der Laokoon, Antinous, der Apoll aus dem Belvedere, die Wölfin, der Dornauszieher. Unter den zeitgenössischen Statuen fällt Montaignes Wahl nochmals auf Werke Michelangelos.

In der Architektur bewundert der Autor der *Essais* nicht die Proportionen, den Stil, also den ästhetischen Wert, sondern Größe, Eigenart und technische Vollendung. Deshalb gefallen ihm der schiefe Turm in Pisa, der Palazzo della Ragione in Padua, weil sein größter Saal nicht auf Säulen gestützt ist, sowie der Palast in Urbino, weil er soviel Räume hat wie das Jahr Tage. Doch die größte Aufmerksamkeit widmet er der religiösen Architektur, wobei er übrigens lakonisch schreibt, diese oder jene Kirche habe ihm am meisten gefallen. Im allgemeinen aber mag er die Kirchen Italiens, vor allem Roms, weniger als die deutschen oder die französischen. Aufgabe der religiösen Architektur – das legt die Lektüre des Reisetagebuchs nahe – ist es nicht, Bewunderung zu wecken, sondern religiöse Stimmung.

Dasselbe pragmatische und nicht ästhetische Verhältnis hat Montaigne zur Landschaft. Wir finden bei ihm weder Beschreibungen von Bergen noch von Waldeinsamkeiten, wie sie den Herzen der Romantiker so teuer sind. Montaignes Neigungen entsprechen ganz dem Geschmack der Menschen des Altertums, die eine bewohnte Landschaft mit Weinbergen und gepflügten Feldern hochschätzten. Die nicht unterjochte Natur weckte Grauen. Zu Montaignes Zeiten war das Gleichgewicht zwischen der Jungfräulichkeit der Erde und der Zivilisation noch nicht in Frage gestellt.

Den größten Eindruck auf Montaigne indes machten die Altertümer Roms. Beim Anblick des Forums überkommt den Verfasser der *Essais*, der auf seiner Reise den Speisen und der Sauberkeit der Bettwäsche so viel Aufmerksamkeit schenkt, eine poetische und pathetische Stimmung. Seine an den alten Autoren geschulte Nüchternheit (Montaigne erinnert häufig an einen Renaissance-Plinius) erlaubt es ihm nicht, in sentimentaler Begeisterung zu zerfließen. So untersucht er wie ein Archäologe die Topographie des Forums und wundert sich, daß so viele aus den antiken Texten bekannte Gebäude sich auf so kleinem Raum befinden. (Das ist im übrigen die charakteristische Differenz zwischen der Phantasie und dem, was man mit eigenen Augen sieht, so geht es allen, die geschichtsträchtige Orte besuchen.) Auch stellt er fest, das Bodenniveau habe sich so gehoben, daß man das Aussehen des früheren Rom nicht rekonstruieren könne. Er bedauert, daß die Ruinen ein Haufen von Ziegeln und Steinen sind, daß man keine Marmorverkleidungen antrifft, nicht weil sie schön waren, sondern weil sie Inschriften trugen – wieder also die Bemerkung eines Forschers und nicht eines Künstlers.

Wie läßt es sich erklären, daß in Montaignes Reisetagebuch die Beobachtungen zur Kunst so knapp und so uninteressant sind? Die Behauptung, es habe ihm an ästhetischer Sensibilität gefehlt, scheint ungerecht und simpel. Eher muß man wohl den Schluß ziehen, daß für die Renaissance-Menschen das Kunstwerk etwas sehr viel Natürlicheres war als für uns, man brauchte es nicht abzuheben von der umgebenden Wirklichkeit und in Museen zu versenken. Seit jener Zeit sind die Rahmen der Bilder alter Meister dicker geworden (sie sind für uns Grenzen von Welten), ist die Luft rund um die Statuen dicht geworden wie Bernstein, haben sich die Wände der Kathedralen mit Firnis überzogen. Montaignes Blick berührte sie freundschaftlich und vertraut wie Dinge unter Dingen, verbunden mit dem Holz, mit dem Leben, mit der Linie der Landschaft.

Die vollständige Erklärung dieses Phänomens muß zurückgestellt werden, bis die Geschichte der Sensibilität geschrieben ist. Man hat bemerkt, daß die französischen Dichter und Schriftsteller des 16. Jahrhunderts (Rabelais stellt hier eine Ausnahme dar) sich in der Beschreibung des Geruchs, des Geschmacks, des Gehörs bedienten. Es sieht so aus, als hätten sie eine Person oder einen Ort nicht »abmalen« können, so daß sie »real« wurden, gewissermaßen mit den Augen durch den Leser nachprüfbar. In ähnlicher Weise manifestierte sich für die antiken Schriftsteller, für die der Mensch ein Bündel innerer Eigenschaften war, seine Realität in Worten und Taten und weniger in äußeren, physischen Zügen. Lucien Febvre sagt: »Wenn wir die Schriftsteller des 16. Jahrhunderts kennenlernen, überrascht uns die Tatsache, daß sie, von wenigen Ausnahmen abgesehen, nicht imstande sind, dem Leser eine Skizze anzufertigen, Ähnlichkeiten zu erfassen, einen Helden aus Fleisch und Blut zu schaffen.« Die chronikalische Monotonie der Beschreibungen Montaignes hat vielleicht gerade hier ihre Quelle.

Nebenbei gesagt: Wenn man kleine stilistische Änderungen vornähme und gewisse Stellen wegließe, könnte man die *Voyage en Italie* heute als neueste literarische Sensation aus der Schule des *nouveau roman* herausgeben. Ich zweifle allerdings, ob der Autor der *Essais* damit einverstanden wäre.

Montaigne war empfänglicher für das Seltsame, Sinnreiche, technisch Neue als für das Schöne. Er versäumt es nicht, irgendeine angetroffene Besonderheit zu notieren. Und vor allem wecken seine Aufmerksamkeit alle Mechanismen, speziell die Wasserkünste, etwa jener Brunnen, aus dem man mittels eines Pedals Wasser schöpft, verschiedene Arten von Mühlen, ein Garten mit verborgenen Fontänen zum unerwarteten Bespritzen der Besucher. Dem Verteidigungssystem von Augsburg widmet er volle drei Seiten. Er untersucht hingegeben den Bau einer Orgel in Bozen. Seine grenzenlose Bewunderung erregt Pratolino, eine Besitzung des Großherzogs von Toskana, mit ihrer künstlichen Grotte, der hydraulischen Orgel, den sich bewegenden Statuen, den Kanonenschlägen und dem Vogelgezwitscher. Dieses etwas jahrmarkthafte Spektakulum versieht Montaigne mit dem Kommentar: »Das übertraf alles, was wir je gesehen.«

Sein Buch, von dem wir gehofft hatten, es werde ein Schreiten durch die höchsten Regionen des Geistes sein, erinnert eher an einen Hotel- und Gaststättenführer. Der Autor scheint die Kathedralen oft zu vergessen, beugt sich aber mit nie nachlassender Neugier über den Teller. Er bedauert, seinen Koch nicht mitgenommen zu haben, der die Spzialitäten der deutschen und schweizerischen Küche hätte lernen können, und notiert wie für ihn, was er gegessen hat. Nie vergißt er, die Ortschaften zu verewigen, wo er gutes Brot, guten Wein oder guten Fisch vorgesetzt bekam. Bis in die Einzelheiten gibt er die Preise der Dienstleistungen an, schreibt aber auch auf, ob die Bettwäsche sauber war; er beklagt sich, wenn es irgendwo keine Vorhänge am Bett gab und wenn die Servietten bei Tisch nicht häufig genug gewechselt wurden, was der italienische Herausgeber mit dem gekränkten Kommentar versieht: Die Franzosen bedienten sich im 16. Jahrhundert bei Tisch nicht der Gabel, wie das die zivilisierten Italiener taten (siehe das gelehrte Werk über das Besteck *La forchetta da tavola in Europa* von P. Lumbroso).

Montaigne schreibt so wenig über Paläste und Kirchen, als

wären diese für alle sichtbaren Werke der Beachtung weniger wert als die verborgenen, zu denen Scharfsinn und Neugier vordringen. In einer durch ihre Kathedrale berühmten Stadt lenkt er seine Schritte zu einer kleinen Abtei, wo er die – wie er sagt – riesigen Knochen der dort begrabenen Ritter bewundert und einen aus Jerusalem eingetroffenen Mönch besucht, der ihm die Bibliothek und Besonderheiten des Gartens zeigt. Das eben ist es: Eine reichhaltige Bibliothek, ein Garten mit seltenen Pflanzen, ein interessanter Mensch sind Gegenstände von Montaignes touristischer Suche. Im Verlauf der gesamten Reise läßt er keine Gelegenheit aus, berühmte Theologen zu treffen (Diskussionen mit ihnen waren seine Leidenschaft). Um alle Stimmen der Welt zu hören, opfert er Zeit selbst für Plaudereien mit den Dirnen von Venedig und Rom. In der Ewigen Stadt verneigt er sich vor seinem Lieblingsbuch: Dank seiner guten Beziehungen zur Kirche erlaubte man ihm, die seltene Handschrift der Aeneis in der Vatikanischen Bibliothek zu betrachten. Er notiert voller Befriedigung, daß er in dem Manuskript die ersten vier Verse nicht fand, die er schon immer für ein späteres Einschiebsel gehalten hatte.

Er hört. Er hört allen zu und vernimmt alles. Er hört, was die Leidenden in Villa über ihre Krankheiten und über wunderbare Heilungen erzählen. Er hört von einem geheimnisvollen Stein aus Indien. Er hört unwahrscheinliche Geschichten, wie man sie sich in Dörfern und Kleinstädten erzählt: von einem Mann, unter dem der Kirchenfußboden sich öffnete, und von einem Mädchen, das sich, während es über eine Pfütze sprang, plötzlich in einen Jungen verwandelte. Er assistiert beim Beschneidungsritual und widmet diesem – wie er meint – ältesten religiösen Brauch volle fünf Seiten.

Die Reise des Seigneur de Montaigne war mühselig und langwierig. Gemächlich zieht die Landschaft vorbei. Klei-

nigkeiten haften im Gedächtnis wie der Staub auf dem Gesicht. In jener Zeit war das Gefühl des Verschmelzens mit der konkreten Andersartigkeit der Landschaften, der Menschen und Erscheinungen erheblich größer als für den Reisenden der Gegenwart. Vor dem Alltäglichen schützen diesen das internationale Hotel, die Konventionalität des Tourismus, der Reiseführer, die Pläne für die schnelle Begegnung mit beachtenswerten Dingen, das Gebot des Umgangs mit universalen Werken und nicht mit der unwiederholbaren, individuellen Schönheit des Lebens. Die Räume sind leer (auf der Windschutzscheibe zerstäubt der Schaum der Wälder und Städte, der Länder und Meere). Man reist heute von . . . nach . . . ohne die guten Gottheiten des Abenteuers und des Zufalls und gleichsam nur deshalb, um eine bekannte Reproduktion mit dem Original zu vergleichen.
Sollte man nicht doch den Seigneur de Montaigne darum beneiden, daß der Sand auf den Wagenrungen seiner Kalesche einschläfernd, gleichförmig und eintönig sang?

Holy Iona

Seit ein paar Jahren sucht mich – ich weiß nicht warum – das Bild einer Insel heim. Inseln gehören nicht zum Landschaftsbild meiner Kindheit. Ich bin in Mitteleuropa geboren, auf halbem Wege zwischen der Ostsee und dem Schwarzen Meer. Die Landschaft meiner Jugend ist die Gegend um Lemberg: Schluchten, sanfte Hügel, mit Kiefern bestanden, auf denen der erste, lockere Schnee am schönsten blüht. Dort ist das Meer etwas Unvorstellbares, und das Wort Insel hat einen märchenhaften Klang.
Es war Spätherbst, als ich mich in dem kleinen schottischen Hafen Oban entschloß, auf eine der Inneren Hebriden zu fahren. Ziel der Reise war Holy Iona. Das Eigenschaftswort vor dem Namen bedeutet heilig, weil der Hl. Columban von diesem Fleckchen Erde aus im frühen Mittelalter die Bekehrung der Kelten begann. Nach glaubwürdigen Überlieferungen landete er auf dem sandigen Strand in Begleitung einiger Ordensbrüder. Das war eines der friedlichsten religiösen Missionsunternehmen, weniger farbig (durch Blut und Feuer) als die Kreuzzüge, dafür aber geistlicher. Die Tradition berichtet von langen Nachtgesprächen des Hl. Columban mit den keltischen Druiden.
Nur dank der ungewöhnlichen Freundlichkeit schottischer Fischer – die Jahreszeit war schon vorgeschritten und die reguläre Schiffahrt seit ein paar Wochen eingestellt – erreichte ich die Insel Mull. Mit einem fast leeren Autobus gelangte ich an ihr anderes Ende, in eine kleine Fischersiedlung (wenn man einige verstreute Häuser so nennen darf), genau Holy Iona gegenüber. Hier klingelte die Hausfrau, bei der ich Unterkunft fand, mitten in der Nacht die Fischer heraus, die mich hinüberbringen sollten.
Ein kalter, feuchter, grauer Morgen. Ich stehe nicht weit vom Landungssteg, einem ins Meer führenden Betonpfad.

Der Ozean ist stürmisch. Hohe Wellen zerschellen an den Felsen des Steilufers. Plötzlich taucht aus dem Nebel ein kleines Fischerboot, das auf mich zuhält. Es war, als reichte ich einem Traum die Hand.
Auf Holy Iona stehen Kloster und Kirche – eine der schönsten romanischen Baugruppen des Nordens. Gegen Westen durch einen Kranz von Hügeln geschützt, trotzdem von salziger Brise erfüllt; gedrungen, erbaut aus Sandstein in rostroter Schattierung. Die Mauern sind dick, der Gebäudekomplex überrascht durch den einheitlichen Stil, er macht den Eindruck einer Festung gegen die Winde. Das Auge muß sich erst eine Weile anpassen, ehe es im Schatten des Kircheninneren schön behauene Kapitelle und architektonische Einzelheiten wahrnimmt, die von blaßgrüner Farbe und verwischter Zeichnung sind, als hätte man sie vom Meeresgrund heraufgeholt.
Inmitten der Gebäude der Kreuzgang des Klosters. Ein italienischer Kreuzgang ist stets ein Paradies, umschlossen von der Architektur der Arkaden, ein Paradies mit Springbrunnen, bunten Blumen und Sträuchern. Hier nur saftiges Gras und in der Mitte eine sehr moderne, die Stimmung aber nicht störende Madonnenskulptur. Auf ihr eine Inschrift – damit es seltsamer wirke, in französischer Sprache. Die Inschrift lautet: »Leo Lipschitz, ein Jude, treu dem Glauben seiner Vorfahren, hat diese Madonna geschaffen, auf daß die Menschen einander verstünden und der Geist herrsche auf Erden.«
Da machte ich mir klar, daß ich durch Europa reise, um aus der langen und dramatischen Menschheitsgeschichte die Spuren, die Zeichen der verlorenen Gemeinsamkeit heraufzuholen. Deshalb waren die romanische Säule in Tyniec bei Krakau, das Tympanon von St. Petronell bei Wien und die Reliefs der St. Trophime-Kathedrale in Arles für mich nicht nur Quelle ästhetischer Erlebnisse, sie ließen mich auch erkennen, daß es ein größeres Vaterland gibt als die

eigene Heimat. Und ich bin dem jüdischen Bildhauer dankbar, daß er, der so viele Worte des Hasses bereit haben mußte, sich zu Worten der Versöhnlichkeit aufgeschwungen hat.
Zum Hafen, wo mein geduldiger Fischer auf mich wartete, geht man über den Friedhof. Im gelblichen Gras liegen die Grabplatten schottischer Herren. Durch modernde Blätter und salziges Wasser schwimmen in die Schale ihrer Panzer gehüllte Ritter einer fernen Ewigkeit zu. Ihre Züge sind nicht zu erkennen. Flache, einander ähnliche Gesichter großer Insekten.
Ich kehrte zurück zur Insel Mull. Nach dem Abendbrot bat mich die Wirtin, meine Nachttischlampe in das Fenster zu stellen, das nach Holy Iona hinüberblickt. So sei es Sitte. Nachts sprechen die Lichter beider Inseln miteinander.
Niemand weiß, was die Zukunft bringen und wie lange die Zerrissenheit der Welt dauern wird. Solange aber wenigstens in einer Nacht des Jahres die Lichter dieser Erde einander grüßen, ist wohl nicht alle Hoffnung begraben.

Bibliothek Suhrkamp

Alphabetisches Verzeichnis